Infographie
de la
Rome Antique

用資訊圖表
讀懂古羅馬

約翰・施德 John Scheid
米蘭・梅洛可 Milan Melocco　著

尼可拉・吉耶哈 Nicolas Guillerat　設計

洪夏天　譯

推薦序

提供不同視角，發現新可能

──國立成功大學歷史學系教授　翁嘉聲

　　傳統羅馬史研究十分質性，強調說故事的敘述能力。羅馬史如此悠久，故事垂手可得。李維、塔西陀等古典大師的作品仍然扣人心弦；這偉大的敘述傳統繼續由吉朋發揚光大，而孟森《羅馬史》甚至獲得諾貝爾文學獎肯定。通俗文化（如好萊塢電影）對羅馬主題興致未曾稍減。在台灣，或許少有西洋史主題在出版量上能勝過古羅馬。這是台灣讀者的福氣！

　　但台灣讀者將更有福了！《用資訊圖表讀懂古羅馬》以量化及圖像化來呈現羅馬超過千年的歷史。數據是羅馬史學者的最愛及最恨，取得過程費時費力費心，必須從文獻及考古爬梳分析解讀，來精釀濃縮萃取。以數據為根據來量化、視覺化、甚至空間化羅馬史，對傳統歷史是種極大的挑戰，近乎典範轉移，讓我們徹底反省、質疑那以線性敘述及時間順序來理解歷史，是否是唯一方式？這甚至強迫我們從新角度來思考日常世界，包括是否能以一眼的最短時間來吸收最全貌的資訊？另外，本書由不同專家集體合作，象徵歷史學不再只是躲在寂寞星球的個人寫作，而是如網路般地互動，貢獻不同專長來集體創作。

　　本書內容豐富，但集中在三大主題。第一是人口及土地的基本事實。第二則是集中如何統治、意識形態和統治的經濟基礎。第三則是羅馬強大的軍事組織。對初次接觸羅馬史者，這三大主題的簡潔說明能引導如何按圖索驥，理解資料。對已登堂入室之人，本書提供不同視角，重新思考舊議題，發現新可能，而種種數據更是寶藏！本書極富創意及深度，但卻又可親，十分值得推薦並珍惜典藏。

目錄

前言

羅馬的歷史悠久。據估計，羅馬於西元前753年建城，直到君士坦丁堡於1453年陷落，時間橫跨超過2,000年；羅馬帝國疆域遼闊，北起蘇格蘭，南至撒哈拉，西抵直布羅陀，東達黑海。本書內容僅涵蓋至西元476年滅亡的西羅馬帝國，原因在於，羅馬建國頭幾個世紀的資料雖然缺乏，但相對而言已涵蓋了相當長的時間。再者，西羅馬帝國最後一世紀的情勢非常混亂，接連遭到各方侵略，本書篇幅實在難以收錄如此複雜的內容。此外，羅馬帝國並非一個中央集權的帝國，而是由多元制度與文化鑲嵌而成，各城邦依循自己的邏輯運作，要講述這些同時發生、難以計數的故事，實為不可能。基於此，我們認為本書最重要的核心是羅馬國，也就是羅馬人民的共和國（Res publica du peuple romain），並瞭解羅馬世界的居民如何定義自己的身分，哪些人掌控了這群廣大人口的政治中心與高階政權，同時簡略介紹各行省和城邦。

我們在處理西元前5世紀至西元4世紀這段漫長的歷史時，又遇到第二個難題：我們所握有的資料數量和種類有限，再加上資料來源對這類主題的研究造成種種限制，特別是數據的不足。愈朝建國時期的歷史回溯，我們所找到的資料就愈少也愈難以使用。雖然羅馬建國頭幾個世紀的考古資料的確逐漸增加，時有令人驚豔的發現，但這些資料並不會說話，而且面對歷史文本以及完全由後世編纂流傳的神話，我們也不能不深入探討批判就直接引用。羅馬國王包含哪些人？我們知道他們的名字嗎？他們是不是後人編寫的傳奇人物？塞爾維烏斯（譯注：Servius，？～前534年，羅馬王政時期第六位君主）的名字是否真暗示他是奴隸出身，還是人們利用他的名字編織出一個神話？羅馬王政時期的體制為何？歷史來由又為何？那麼多的疑問至今仍無解答。我們的確找到一些非常古老的銘文，可嘆的是它們無法帶來實質幫助。其中一個銘文出土自羅馬廣場一塊被稱為「黑色大理石」（Lapis niger）的碑石下方的神聖空間，年代約莫是西元前6～5世紀，我們由此得知羅馬國曾有個國王（rex），治下設有傳令官或掌門官（calator），他頒布了一項懲戒令（獻祭〔sacratio〕：違反法令者將逐出公民社群，「交還」給眾神，扣押其農耕牲口）。許多學者對這個內容不完整的法令提出各種詮釋，但即使從中選擇一種說法，對我們的幫助也十分有限。這些銘文所提供的資訊太過貧乏，徒具標記年代的功用。因此本書對頭幾個世紀的羅馬歷史只有非常簡略的概述，到了有足堪運用的實際歷史文件、文本、銘文及地圖的年代，才開始深入介紹。大略而言，也就是西元前4世紀左右。

自此之後，我們大致可信服古代歷史學家的記述，特別是共和時期最後3個世紀和帝國時期頭3個世紀。接下來自西元4世紀開始，即使握有大量資料且自西元1世紀起即有可靠的銘文輔助，但因當時缺乏優秀的歷史學家，考察這段歷史又變成艱難的考驗。我們雖可利用這些資料重建當時的體制，社會、政治、軍事、經濟生活及羅馬歷史，但經常缺少一項要素：可靠且可用的數據。我們握有的手稿，其中的數據常從更古老的文本抄錄而來，錯誤繁多，更糟的是許多資料根本並未提供任何數據，或者只有零散數據。我們無法重建類似現代或當代歷史的數據，而且必須謹記，一旦採用古代歷史數據，便等同於仰賴極具風險的估計值與二手資料，一旦有新文件問世就可能遭到推翻。因為大多時候，古代歷史學家只能使用當時僅有的文件資料。他們別無選擇，這也是古代歷史研究與現代和當代歷史研究的相異之處。

儘管困難重重，我們還是得以從現有數據建立西羅馬世界的資訊圖表，並將內容分為3個部分。首先是「帝國領土及人

口」，呈現羅馬擴展領土的軌跡，證明羅馬勢力與羅馬世界的擴張，而其核心始終位在台伯河畔。接著速寫羅馬人民的輪廓與常見特質，介紹人口演進與社會架構。我們利用幾頁的篇幅講述大部分羅馬公民和帝國其他居民的日常生活，包括義大利各城邦和各地行省，它們雖有類似體制但仍保留各自的特色。光是這個主題，我們就能為大大小小的城邦和殖民地寫一整本書，它們擁有各不相同的體系，而非羅馬城邦（也就是外地城邦〔pérégrines〕）更有上千種不同的政治、司法系統和體制。這麼做雖然可為讀者呈現羅馬世界的多元風貌，卻無法幫助讀者進一步理解羅馬世界的基本架構。

第二部「統治、敬神與經濟需求」解釋廣大的羅馬世界如何運作，首先是羅馬國在共和及帝國時期的體制，當然也提到羅馬皇帝的獨特地位。雖說本書涵蓋了上千年的希臘羅馬文化，我們認為要完整呈現實為極其困難的任務（這又足以寫整整一本書），但我們還是簡短介紹了羅馬文化中最顯著的一項特點：直到今天仍深刻影響西方世界的司法思維。羅馬的宗教信仰也非常特別，經歷各種演變，我們特地保留部分篇幅探討羅馬的公眾與民間信仰，以及促成基督教興起的改革行動。除了其他社會活動，我們也用了不少篇幅討論可能會令現代讀者相當困惑的羅馬經濟。這引發了「現代主義」與「原始主義」間的許多論戰，此外由於相關資料相當稀少或個人立場多有偏頗，我們經常得結合各種理論，提出一個綜合論述。

第三部分析「羅馬軍事力量」，介紹羅馬國軍隊及其強盛的原因：羅馬握有幾乎用之不竭的兵力，得以藉由消耗戰打敗大部分的敵手。當羅馬戰士厭倦戰爭，羅馬最後的敵人日耳曼蠻族便趁勢取代前者，一躍成為軍隊主力，同時得以從內部取得帝國權力，西羅馬軍事史到此告終。

如前所途，本書主題獨特且參考文件繁多，不得不略過幾個領域。其中之一就是我們決定排除羅馬世界的文化。要講述這個主題，就不得不提及橫跨6個世紀的眾多希臘與拉丁作家，包括詩人、哲學家、作家、歷史學家和學者，別忘了西元前5世紀羅馬文人突然對希臘思想再次起了興趣並加以發揚光大。這也會進一步增加本書篇幅。同樣地，羅馬復興了希臘與希臘化時代的大型建築並進一步發展，加上羅馬獨有的特色與裝飾藝術，展現羅馬人的建築天賦，至今仍令建築師著迷不已。我們也必須刪去上述主題，但本書藉由介紹神廟、巴西利卡、凱旋門到奢華住所，還有進行表演的公眾建築，如音樂堂、劇場、競技場、露天劇場等，多少彌補了這個缺憾。我們呈現了部分的表演競技建築，但並未一一詳述，因為它們的結構非常相似，主要差異在空間的大小。我們也提及競技場最常見的用途：進行大型獻祭的附加儀式與落幕典禮。羅馬的露天大型劇場令人嘆為觀止，但我們不該因此以為羅馬人把時間都花在觀賞狩獵和角鬥士競技，其實這兩種活動並不像好萊塢所呈現的角鬥士屠殺，比較近似後世的鬥牛賽和摔角。就像面對其他資料一樣，我們力求向讀者如實呈現西方羅馬世界架構中最重要的一切元素。

第一部
帝國領土及人口

從城邦到帝國

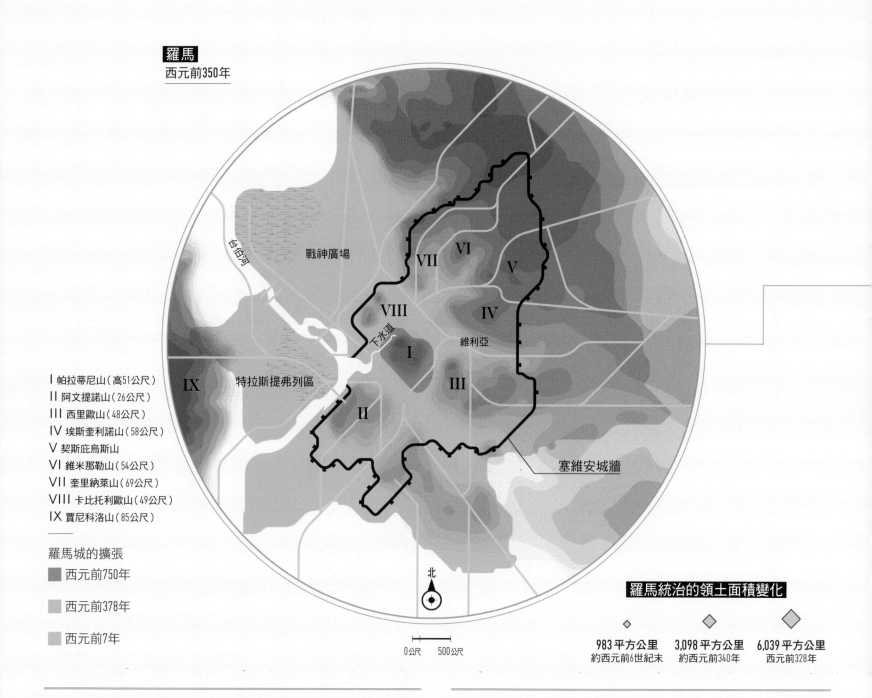

羅馬
西元前350年

I 帕拉蒂尼山（高51公尺）
II 阿文提諾山（26公尺）
III 西里歐山（48公尺）
IV 埃斯奎利諾山（58公尺）
V 契斯庇烏斯山
VI 維米那勒山（54公尺）
VII 奎里納萊山（69公尺）
VIII 卡比托利歐山（49公尺）
IX 賈尼科洛山（85公尺）

羅馬城的擴張
西元前750年
西元前378年
西元前7年

戰神廣場

台伯河

下水道

維利亞

特拉斯提弗列區

塞維安城牆

北

0公尺　500公尺

羅馬統治的領土面積變化

983平方公里
約西元前6世紀末

3,098平方公里
約西元前340年

6,039平方公里
西元前328年

羅馬建國的歷史悠久，若納入拜占庭帝國時期，總計超過2,000年。依照傳統說法，羅馬於西元前753年建城，但早在西元前10世紀就已有人居住於此。西羅馬帝國在西元476年滅亡，而以君士坦丁堡為政治中心的東羅馬帝國則含括最富庶也最容易防禦的希臘諸國，直到1453年被攻陷才覆滅。

羅馬周圍各城邦經歷了幾世紀結盟，最後都臣服在羅馬王國之下，羅馬就這樣控制了義大利中部。接著這部戰爭機器蹈厲奮發。羅馬開始朝南進攻，包括由阿布魯佐的英勇薩莫奈人（Samnite）捍衛的區域以及南岸的希臘人殖民地，羅馬就在此時遭遇對手：強盛的迦太基帝國。迦太基帝國的領土從現今的突尼西亞一直延伸到西班牙沿岸，位在兩者之間的西西里島和薩丁尼亞島也歸迦太基所有，而羅馬對這兩座島虎視眈眈。經由西元前260～146年間發生的3次布匿戰爭，羅馬成功消滅迦太基。在這些戰事中，羅馬多次瀕臨潰敗，特別是西元前218年與入侵義大利的迦太基名將漢尼拔（Hannibal）對戰之時。儘管漢尼拔具備優越的軍事才能又握有精實軍隊，卻依舊被羅馬與其盟國擊敗了。自此之後，地中海各國都明白了羅馬強盛無敵，而羅馬能有這番成就得歸功於盟國的合作。自西元前5世紀起，羅馬的盟國不斷增加，勢力也更加強大，在短時間內就能組建新軍隊替補陣亡受傷的軍士。就這樣，地中海出現了一部所向披靡的軍事機器。

併入羅馬領土，握有完整羅馬公民權

數個「拉丁」殖民地的位置

併入羅馬領土，握有選舉以外的羅馬公民權

與羅馬簽訂不平等條約的「盟國」

拉丁姆
(Latium，今拉吉歐大區〔Lazio〕)
西元前350年

庫雷斯

科西歐利

維伊

提弗利

羅馬

奧斯提亞

阿爾巴

阿南伊

拉維尼

安提蒙

西爾塞伊

義大利
西元前290年

拉丁姆區

西元前369年
羅馬擴張後的領土

義大利
西元前250年

0公里　　　　　　50公里

7,688 平方公里
西元前296年

27,000 平方公里
西元前264年

37,000 平方公里
約西元前200年

55,000 平方公里
西元前190～90年

160,000 平方公里
西元前90年

0公里　　100公里

羅馬的執政者也很快意識到這點。它在短時間內便佔領了原受迦太基控制的西班牙地區，取得西西里島和薩丁尼亞島，最後更拿下了迦太基。羅馬插手希臘城邦事務，摧毀了希臘和小亞細亞殘餘的馬其頓帝國勢力，在當地建立了長久的勢力。西元前1世紀，四處接連爆發內戰，各強權彼此結盟、局勢混亂，進一步在許多地區引發造反事件，羅馬趁此機會併吞了小亞細亞中部及埃及諸國。因此我們可說西元初始，羅馬便幾乎統一了已知世界：羅馬帝國西達直布羅陀，東至黑海，北抵英吉利海峽，南及撒哈拉或幼發拉底河。到了西元1世紀，羅馬人也佔領了一部分的西德、奧地利、羅馬尼亞及英格蘭，直逼蘇格蘭；而在東南

邊，羅馬人也控制了阿拉比亞。

到了接近西元120年，不斷擴張的羅馬帝國握有前所未有的遼闊領土，但也達到權力的疆界極限。拿北邊來說，羅馬人始終無法安居在萊茵河或多瑙河下游的對岸，也未能在英格蘭越過安東尼長城（mur d'Antonin）的界線。往南而言，幼發拉底河永遠會是羅馬人無法跨越的障礙，位在河東的幾個王國有時成為羅馬帝國的附庸國，但維持不了多久。但在這些疆界之內，羅馬與盟友實現了史上首次的全球化，且維持了3、4個世紀，西方世界的各地區得以進行大規模的貿易活動。整個帝國維持穩定很長一段時間，直到蠻族一再入侵才改變局面。

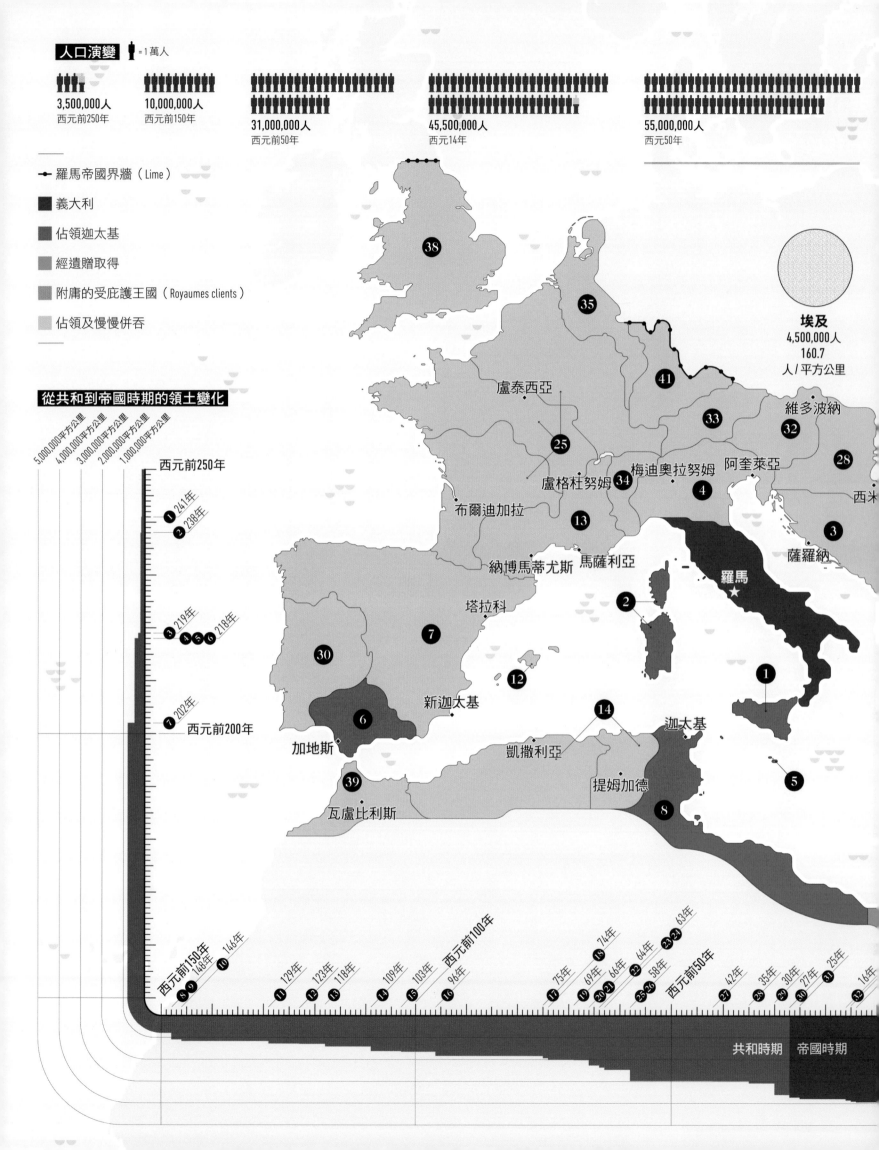

人口演變　👤=1萬人

3,500,000人
西元前250年

10,000,000人
西元前150年

31,000,000人
西元前50年

45,500,000人
西元14年

55,000,000人
西元50年

→ 羅馬帝國界牆（Lime）

■ 義大利

■ 佔領迦太基

■ 經遺贈取得

■ 附庸的受庇護王國（Royaumes clients）

■ 佔領及慢慢併吞

埃及
4,500,000人
160.7
人 / 平方公里

從共和到帝國時期的領土變化

5,000,000平方公里
4,000,000平方公里
3,000,000平方公里
2,000,000平方公里
1,000,000平方公里

西元前250年

❶ 241年
❷ 238年
❸ 219年
❹❺❻ 218年
❼ 202年
西元前200年

西元前150年
❽❾ 148年
❿ 146年
⓫ 129年
⓬ 123年
⓭ 118年
⓮ 109年
⓯ 103年
西元前100年
⓰ 96年
⓱ 75年
⓲ 74年
⓳ 69年
⓴㉑ 66年
㉒ 64年
㉓㉔ 63年
㉕㉖ 58年
西元前50年
㉗ 42年
㉘ 35年
㉙ 30年
㉚ 27年
㉛ 25年
㉜ 16年

共和時期　帝國時期

盧泰西亞
維多波納
盧格杜努姆
梅迪奧拉努姆
阿奎萊亞
西米
布爾迪加拉
薩羅納
納博馬蒂尤斯　馬薩利亞
羅馬
塔拉科
新迦太基
迦太基
加地斯
凱撒利亞
提姆加德
瓦盧比利斯

70,000,000人
西元165年

46,000,000人
西元200年

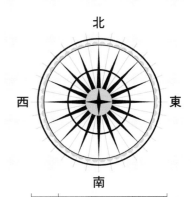

北
西　東
南

0公里　　　　　　　　500公里

羅馬帝國時期各地人口密度 西元14年

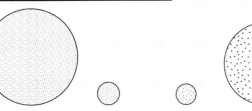

義大利	西西里	薩丁尼亞島及科西嘉島	西班牙	納博訥	高盧	多瑙河	埃
7,000,000人	600,000人	500,000人	5,000,000人	1,500,000人	3,400,000人	2,000,000人	3,000,000人
28	23	15	8.5	15	6.3	4.7	11.2
人/平方公里	人/平方公里	人/平方公里	人/平方公里	人/平方公里	人/平方公里	人/平方公里	人/平方公里

1 西西里
2 薩丁尼亞島和科西嘉島
3 伊利里亞和達爾馬提亞
4 山南高盧
5 馬爾他
6 貝提卡
7 西班牙
8 阿非利加行省
9 伯羅奔尼撒
10 色雷斯
11 亞細亞
12 巴里亞利群島
13 納博訥高盧
14 努米底亞
15 西里西亞
16 昔蘭尼加
17 默西亞
18 比提尼亞
19 克里特
20 亞美尼亞
21 科爾基斯
22 敘利亞和腓尼基
23 猶地亞
24 博斯普魯斯（受庇護國）
25 山外高盧
26 賽普勒斯
27 羅得島
28 潘諾尼亞
29 埃及
30 盧西塔尼亞
31 加拉太
32 諾里庫姆
33 雷蒂亞
34 濱海阿爾卑斯
35 下日耳曼尼亞
36 卡帕多西亞
37 利西亞
38 不列顛尼亞
39 茅利塔尼亞
40 提拉斯與奧比亞
41 上日耳曼尼亞
42 達契亞
43 阿拉比亞
44 美索不達米亞及亞述

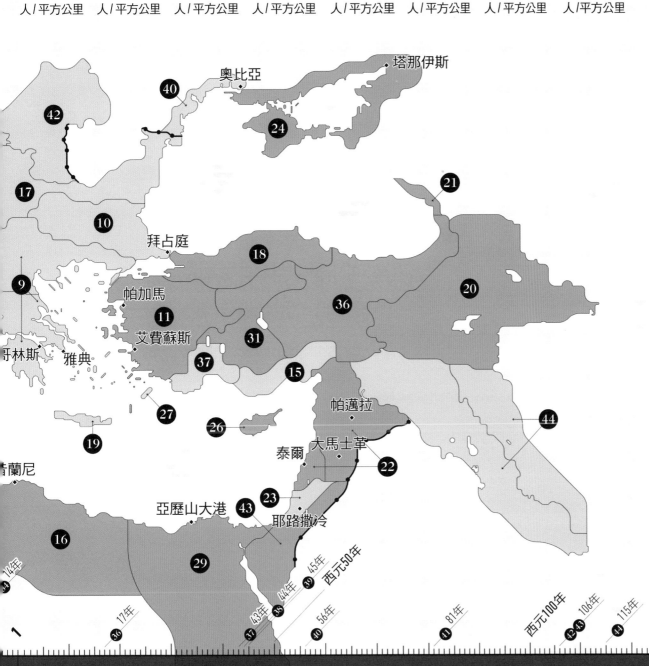

塔那伊斯
奧比亞
拜占庭
帕加馬
艾費蘇斯
守林斯
雅典
帕邁拉
大馬士革
泰爾
亞歷山大港
耶路撒冷
昔蘭尼

I. 羅馬城（L'URBS）

　　直到4世紀，整個羅馬除了特拉斯提弗列區（Trastevere）之外都位在台伯河左岸。神話時期的羅馬只包含帕拉蒂尼山（Palatium）與古羅馬廣場河谷間的區域，但自西元前6世紀開始，塞維安城牆（muraille servienne）已涵蓋了相當廣大的地區。聖域（pomérium）定下司法領域分界，由初期的政務官拉犁沿著市民生活空間訂下界線。政務官有權在聖域之內進行鳥占，也能建造足以容納多人的神聖建築（templum），供政治及集體宗教儀式之用。聖域的面積多次擴張，自西元前2世紀起，標出職務與職責界線的聖域擴張了1羅里（譯注：等於1.49公里）。羅馬城的面積也持續在聖域之外擴展，自西元274年開始，市區周圍建起了一座城牆。

　　羅馬的政治中心是廣場谷、屠牛廣場（Forum Boarium）及戰神廣場（Champ de Mars）。廣場谷周圍的建築物是政務官辦公場所，元老在稱為「庫里亞」（Curie）的建築議事，部族會議（comices tributes）也在此舉行。聖域外的戰神廣場專門作為軍事演練及百人隊會議（assemblée centuriate）用地，在此集結所有可動員的人力。緊鄰羅馬港口的屠牛廣場具備通商貿易功能，奧古斯都（譯注：即屋大維）在阿波羅神廟不遠處建造了一座劇場。

　　這些區域在帝國時期不斷變化。奧古斯都的住所位於帕拉蒂尼山，數十年內擴建為佔地廣闊的帝國宮殿，後來尼祿又花了15年改建成更豪華的宮殿。廣場谷變得太小不敷使用，成了紀念建築群所在地，另於附近陸續興建了5座廣場。從奧古斯都時代起，原為軍事與政治用途的戰神廣場興建了公園、浴池、神廟、公開祭壇、奧古斯都陵寢和公共糧食供應站。位在阿文提諾山（Aventin）及3世紀興建的城牆間（譯注：奧勒良城牆）的區域，則是碼頭和貨物倉庫。圍繞大公園而建的特拉斯提弗列區基本上是住宅區。歷代帝王則在周邊郊區先後建造了各種公共浴池和公共空間。

　　羅馬的馬克西穆斯競技場（Grand cirque/Circus Maximus）供休閒與大型慶祝活動之用，設有賽馬道和狩獵場。戰神廣場也有一座競技場，而在古典時代晚期（譯注：約西元三世紀～西元七世紀），河右岸也建了一座競技場，位置靠近後來的聖彼得大教堂。共和國時期，古老的羅馬廣場中央空間用來舉行葬禮儀式：角鬥士競賽。自西元70年起，弗拉維王朝（Flaviens）為了紀念打敗尼祿皇帝，在後者的金宮（Maison dorée）中心建造了一座巨大的圓型劇場，也就是世人熟知的羅馬競技場，自此之後這兒成了舉行狩獵與角鬥士競賽的場所。為了西元88年舉行的百年祭（Jeux séculaires），圖密善（譯注：Domitien，弗拉維王朝最後一位羅馬皇帝，西元81年～96年在位）在戰神廣場興建一系列建築，包括音樂堂（Odeon）及運動場，供百年祭活動之用。

　　長久以來，墓地多設在埃斯奎利諾山（l'Esquilin）和羅馬周邊主要出城道路兩旁，帝國時期起羅馬人慢慢挖掘地下凝灰岩，挖礦的通路演變成墓場，也就是地下墓窟（Catacombes）。

聖域
- - - 羅馬城司法界線或可進行政治行為、宗教儀式或公共事務的公民區域

■ **塞維安城牆**
建於西元前6世紀

長11公里

厚3.6公尺

高7公尺

16座門

■ **奧勒良城牆**
建於西元270～273年

長19公里

厚3.5公尺

高19公尺

18座門 + 383座塔樓

1 阿皮亞水道
2 舊安尼奧水道
3 瑪西亞水道
4 帖普拉水道
5 尤利亞水道
6 維爾戈水道
7 阿爾西埃蒂納水道
8 克勞狄亞水道
9 新安尼奧水道
10 尼祿尼亞納水道
11 圖拉真水道
12 安東尼亞納水道

羅馬城
至西元4世紀的發展

西元2世紀

250平方公里
200
150
100
50
0平方公里

西元前6世紀

西元1世紀

西元前5世紀

弗拉米尼亞門

平瑟安納門

薩拉瑞亞門

諾曼塔納門

薩魯泰瑞斯

科陵納門

克拉提納門

桑加利斯門

維米那里斯門

新奧勒利亞門

VII

蒂伯提納門

塞地米亞納門

II

V

VIII

III

埃斯奎利諾門

艾米利亞門

VI

IV

IX

普瑞涅斯提納門

X

I

克爾克圖拉納門

奧勒利亞門

克利蒙塔納

亞斯納里亞門

托葛米納門

拉維納里斯門

卡佩納門

梅卓維亞門

拉丁納門

波圖恩西門

若杜斯庫拉納門

北

西　東

南

0公尺　　500公尺　　1,000公尺

奧斯蒂恩西斯門

阿德提納門

奧斯蒂恩斯門

阿皮亞門

西元前1世紀

西元前4世紀

西元前2世紀

西元前3世紀

I 維納斯和羅馬神廟

II 圖拉真凱旋柱　**III** 提圖斯卡比托利歐神廟　**IV** 凱旋門　**V** 元老院　**VI** 塞維魯凱旋門　**VII** 萬神廟　**VIII** 安東尼和法斯蒂娜神廟　**IX** 灶神廟　**X** 羅馬競技場

羅馬人口變化

1,500,000人
1,250,000人
1,000,000人
750,000人
500,000人
250,000人
0人

120,000人
165,000人
292,000人
258,000人
705,000人
750,000人
1,000,000人
1,250,000人
1,750,000人
700,000人
500,000人

前5世紀　前4世紀　前3世紀　前2世紀　西元前1世紀　西元1世紀　2世紀　3世紀　4世紀　5世紀

I 卡佩納門
II 西里歐山
III 伊西斯與塞拉比斯神廟
IV 和平神廟
V 埃斯奎利諾
VI 阿爾它瑟米塔（高街）
VII 拉塔路
VIII 羅馬廣場
IX 弗拉米尼烏斯競技場
X 帕拉蒂尼
XI 大競技場
XII 公共泳池
XIII 阿文提諾
XIV 特拉斯提弗列

可居住或部分可居住區

一般民眾和工匠區

貧民和外地人區

貴族區

公園和豪華住宅區

非住宅區及／或公共區域

各區邊界

羅馬禁衛軍營

I	II
7.4%	3.75%
III	IV
3.2%	3.9%
V	VI
11.9%	12.6%
VII	VIII
8.1%	1.45%
IX	X
11.6%	1.3%
XI	XII
2%	4.1%
XIII	XIV
6.3%	22.4%

羅馬城面積(城牆內)
= 17,890,000平方公尺

重要建築	固定軍營或營區	道路	非住宅區及／或公共區域	半住宅區	住宅區
16.79%	4.89%	16.13%	12.41%	14.6%	35.18%

II. 分區

共和時期的羅馬分成4大區（第I區：蘇庫桑〔Succusane〕與西里歐〔Célius〕；第II區：埃斯奎利諾；第III區：山丘區；第IV區：帕拉蒂尼）。西元前12～前7年，由於舊城區變得難以控管，奧古斯都將之重新規劃為14個大區，其下再劃分為更小的維庫斯街區（vicus，弗拉維王朝時期共有265個街區，君士坦丁大帝時期至少有324個街區）。每個維庫斯的中心都位在十字路口（compitum），且設有一個小型集體膜拜與慶典場所。每個維庫斯都由2名管理官（magistri）負責，大部分都是每年從被解放的奴隸中選出。

住得愈靠近羅馬市中心的人民愈貧窮，他們沒有交通工具，為了參與政治活動及獲取糧食配額，只能留在市區。最重要的發放地都位在第IV、VIII、IX、XI區。約有15～20萬名一家之主有權領取糧食，每個月到這些地方領取公用小麥和油。他們也能在這些地方參與政治活動及宗教慶典，特別是宴會、分發獻祭肉品及最後的競賽活動。至於菁英階級，則在羅馬市中心及城郊的大公園周邊都有住所。

在奧古斯都的時代，公共浴場都位在市中心；隨著時間推移，羅馬城各地都設了公共浴場。漸漸地，公共與私人浴場就像噴泉或麵包店一樣，成了都會設施的一部分。城市設有消防隊（每2區配1支600人的警備隊）以及3支都市步兵大隊（警察）維護市區安全，兵營設在戰神廣場。

羅馬各區規畫

西元4世紀（以數字和%表示）

圖例： ■ 住宅　■ 國家建築　■ 商貿　■ 衛生　■ 休閒　■ 宗教與紀念

比例尺： 50% / 25% / 10% / 5%

類別	I	II	III	IV	V	VI	VII	VIII	IX	X	XI	XII	XIII	XIV
住家 1,782	120 / 6.7%	127 / 7.2%	160 / 9%	88 / 4.9%	180 / 10.1%	146 / 8.2%	120 / 6.7%	130 / 7.3%	140 / 7.9%	89 / 5%	89 / 5%	113 / 6.3%	130 / 7.3%	150 / 8.4%
建築 44,300	3,250 / 7.3%	3,600 / 8.1%	2,757 / 6.2%	2,757 / 6.2%	3,850 / 8.7%	3,403 / 7.7%	3,805 / 8.6%	3,480 / 7.9%	2,777 / 6.3%	2,642 / 6%	2,600 / 5.9%	2,487 / 5.6%	2,487 / 5.6%	4,405 / 9.9%
道路／街區 305	10 / 3.3%	7 / 2.3%	12 / 3.9%	8 / 2.6%	15 / 4.9%	17 / 5.6%	15 / 4.9%	34 / 11.1%	35 / 11.5%	20 / 6.6%	19 / 6.2%	17 / 5.6%	18 / 5.9%	78 / 25.6%
行政與政治建築 67	1 / 1.5%	2 / 3%	5 / 7.5%	4 / 6%		1 / 1.5%		30 / 44.8%	14 / 20.9%	8 / 11.9%	1 / 1.5%		1 / 1.5%	
軍營 17		3 / 17.6%	1 / 5.9%		1 / 5.9%	2 / 11.8%	3 / 17.6%	1 / 5.9%				1 / 5.9%	2 / 11.8%	3 / 17.6%
學校及圖書館 18		1 / 5.56%	1 / 5.56%	1 / 5.56%				8 / 44.44%	3 / 16.67%		1 / 5.56%	1 / 5.56%	1 / 5.56%	1 / 5.56%
廣場 15				1 / 6.7%			1 / 6.7%	8 / 53.3%	2 / 13.3%				2 / 13.3%	1 / 6.7%
柱廊 35	2 / 5.7%		1 / 2.9%	1 / 2.9%			3 / 8.6%	4 / 11.4%	18 / 51.4%	1 / 2.9%	2 / 5.7%		3 / 8.6%	
小麥穀倉 334	16 / 4.8%	27 / 8.1%	17 / 5.1%	18 / 5.4%	22 / 6.6%	18 / 5.4%	25 / 7.5%	18 / 5.4%	25 / 7.5%	48 / 14.4%	16 / 4.8%	27 / 8.1%	35 / 10.5%	22 / 6.6%
麵包店 252	20 / 7.6%	15 / 5.7%	16 / 6.1%	15 / 5.7%	15 / 5.7%	16 / 6.1%	15 / 5.7%	20 / 7.6%	20 / 7.6%	20 / 7.6%	16 / 6.1%	20 / 7.6%	20 / 7.6%	24 / 9.1%
小型浴場 951	86 / 9%	85 / 8.9%	80 / 8.4%	75 / 7.9%	75 / 7.9%	75 / 7.9%	75 / 7.9%	85 / 8.9%	63 / 6.6%	44 / 4.6%	15 / 1.6%	63 / 6.6%	44 / 4.6%	86 / 9%
噴泉 1,217	87 / 7.15%	65 / 5.35%	65 / 5.35%	78 / 6.4%	74 / 6.1%	73 / 6%	76 / 6.25%	120 / 9.9%	120 / 9.9%	89 / 7.3%	20 / 1.6%	81 / 6.7%	89 / 7.3%	180 / 14.8%
大型浴場 11	2 / 18.2%		2 / 18.2%			2 / 18.2%		2 / 18.2%			1 / 9%	2 / 18.2%		
競技場‧劇場‧羅馬競技場 24	3 / 12.5%	3 / 12.5%		2 / 8.3%				11 / 45.8%	1 / 4.2%	1 / 4.2%				3 / 12.5%
凱旋門和方尖碑 48	7 / 14.6%	1 / 2.1%		1 / 2.1%	2 / 4.2%	1 / 2.1%	1 / 2.1%	10 / 20.8%	5 / 10.4%	3 / 6.2%	16 / 33.3%			1 / 2.1%
小神壇 305	10 / 3.3%	7 / 2.3%	12 / 3.9%	8 / 2.6%	15 / 4.9%	17 / 5.6%	15 / 4.9%	34 / 11.1%	35 / 11.5%	20 / 6.6%	19 / 6.2%	17 / 5.6%	18 / 5.9%	78 / 25.6%
神廟與祭壇 194	3 / 1.5%	4 / 2.1%	3 / 1.5%	19 / 9.8%	4 / 2.1%	10 / 5.1%	5 / 2.6%	48 / 24.7%	32 / 16.5%	22 / 11.3%	25 / 13%	2 / 1%	11 / 5.7%	6 / 3.1%

III. 廣場區

廣場谷是羅馬的政治中心，直到帝國末年都保有原本功能，但從1世紀開始政權就轉移到皇宮、元老院和數名帝國長官（préfets impériaux）手中。即使如此，司法事務依舊在廣場谷進行，政務官也在這兒設有官方總部，並進行各種傳統與新設的政治及宗教儀式。這些儀式有時在開放空間舉行，有時則在室內舉行，比如巴西利卡建築。

共和時代末期，古老的羅馬廣場太過狹小而興建了其他廣場：凱撒在北邊建了同名廣場，接著奧古斯都、涅爾瓦（Nerva）、維斯帕先（Vespasien，和平廣場）、圖拉真

（Trajan）也先後興建廣場。一部分的政府機構功能，比如審判場、資料庫（羅馬城長官的資料庫位於和平廣場），拉丁文與希臘文圖書館（圖拉真廣場，圖拉真柱兩旁各有一座圖書館），開會或教學（奧古斯都廣場或圖拉真廣場）等場所，轉移到新建廣場的柱廊和半圓形空間進行。後來羅馬也建造了巨大的維納斯和羅馬神廟（哈德良時期）和馬克森提烏斯巴西利卡（4世紀）。它們就像其他的巴西利卡建築，都是有屋頂的廣場。

羅馬的主要道路都通往廣場區，這兒北朝戰神廣場，西向皇宮與馬克西穆斯競技場，南望羅馬競技場，也就是說其他政治與公民中心都環繞在廣場區四周。

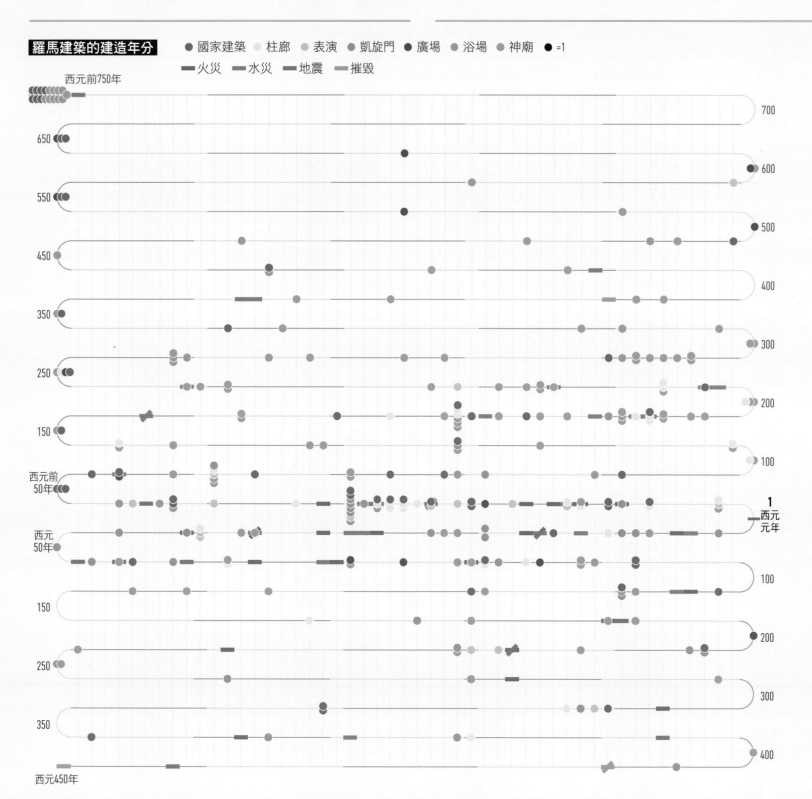

羅馬建築的建造年分　　●國家建築　●柱廊　●表演　●凱旋門　●廣場　●浴場　●神廟　●=1
　　　　　　　　　　━火災　━水災　━地震　━摧毀

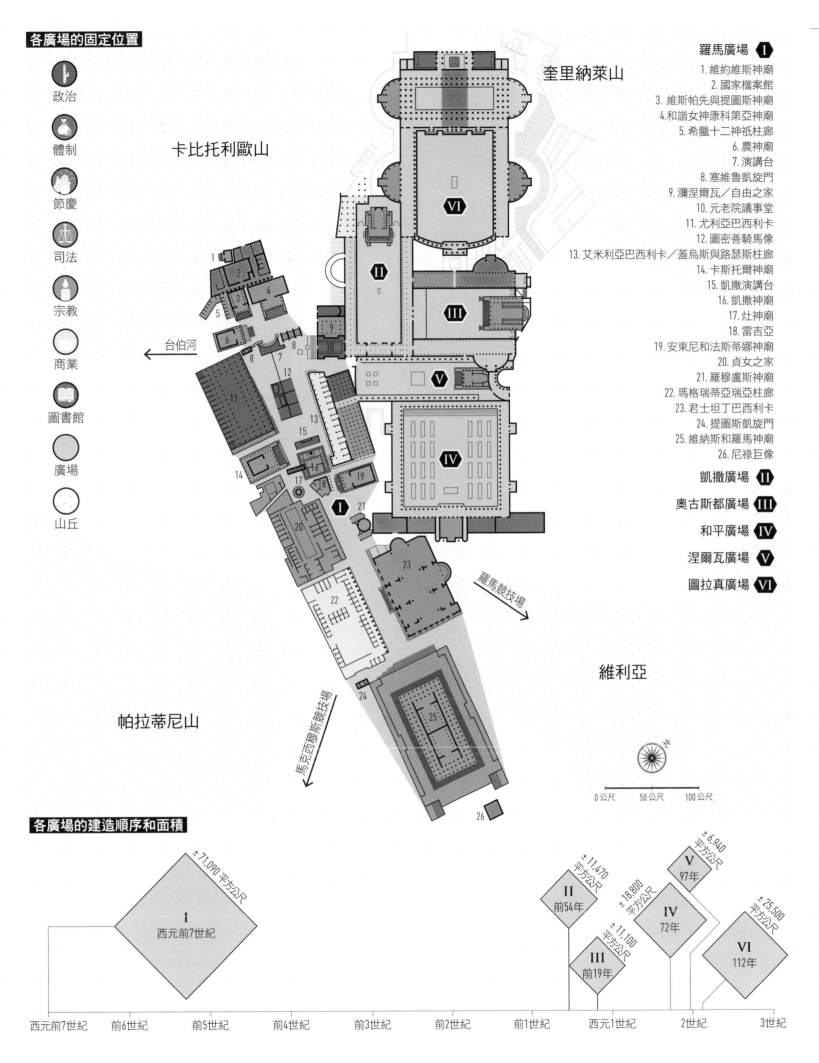

各廣場的固定位置

- 政治
- 體制
- 節慶
- 司法
- 宗教
- 商業
- 圖書館
- 廣場
- 山丘

卡比托利歐山

奎里納萊山

台伯河

羅馬競技場

維利亞

帕拉蒂尼山

馬克西穆斯競技場

0公尺　50公尺　100公尺

羅馬廣場 Ⅰ
1. 維約維斯神廟
2. 國家檔案館
3. 維斯帕先與提圖斯神廟
4. 和諧女神康科第亞神廟
5. 希臘十二神祇柱廊
6. 農神廟
7. 演講台
8. 塞維魯凱旋門
9. 灑涅爾瓦／自由之家
10. 元老院議事堂
11. 尤利亞巴西利卡
12. 圖密善騎馬像
13. 艾米利亞巴西利卡／蓋烏斯與路瑟斯柱廊
14. 卡斯托爾神廟
15. 凱撒演講台
16. 凱撒神廟
17. 灶神廟
18. 雷吉亞
19. 安東尼和法斯蒂娜神廟
20. 貞女之家
21. 羅穆盧斯神廟
22. 瑪格瑞蒂瑞亞柱廊
23. 君士坦丁巴西利卡
24. 提圖斯凱旋門
25. 維納斯和羅馬神廟
26. 尼祿巨像

凱撒廣場 Ⅱ

奧古斯都廣場 Ⅲ

和平廣場 Ⅳ

涅爾瓦廣場 Ⅴ

圖拉真廣場 Ⅵ

各廣場的建造順序和面積

Ⅰ ±71,090 平方公尺 西元前7世紀

Ⅱ ±11,470 平方公尺 前54年

Ⅲ ±11,100 平方公尺 前19年

Ⅳ ±18,800 平方公尺 72年

Ⅴ ±6,940 平方公尺 97年

Ⅵ ±25,500 平方公尺 112年

西元前7世紀　前6世紀　前5世紀　前4世紀　前3世紀　前2世紀　前1世紀　西元1世紀　2世紀　3世紀

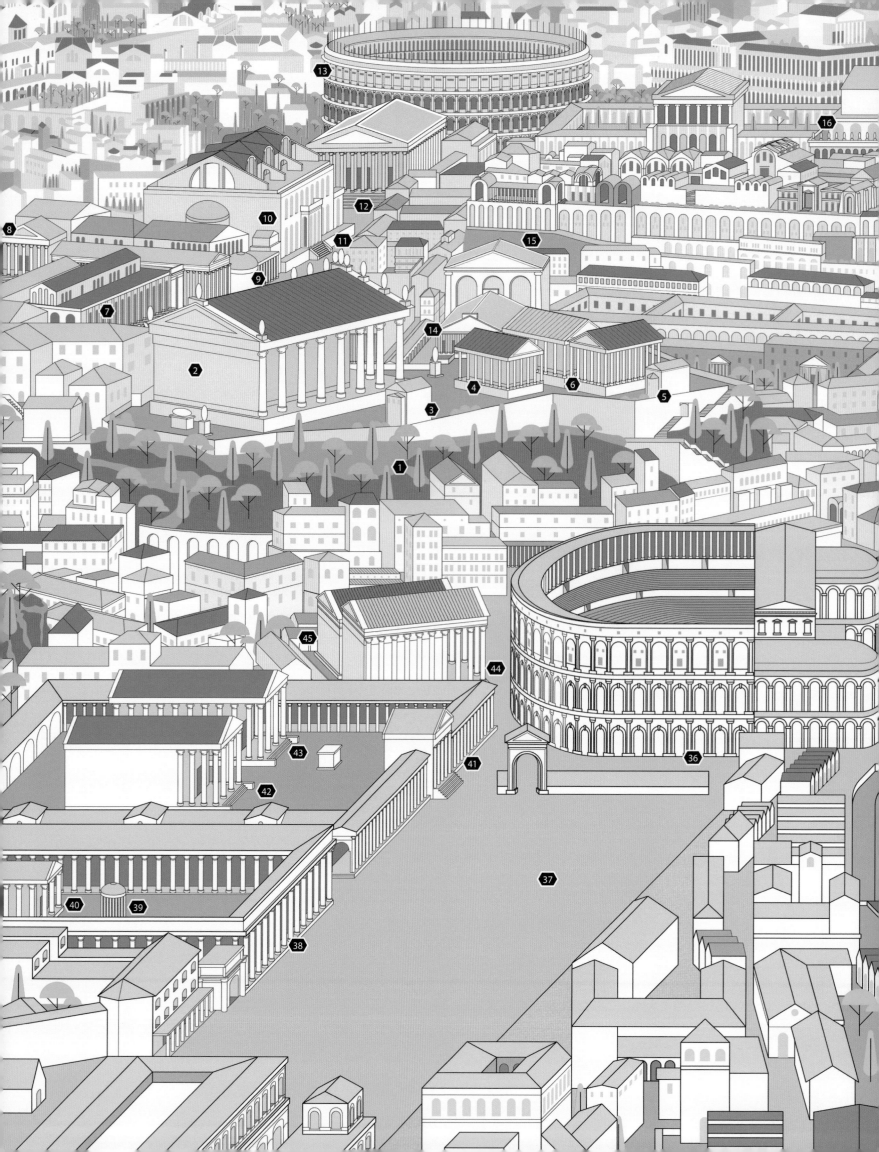

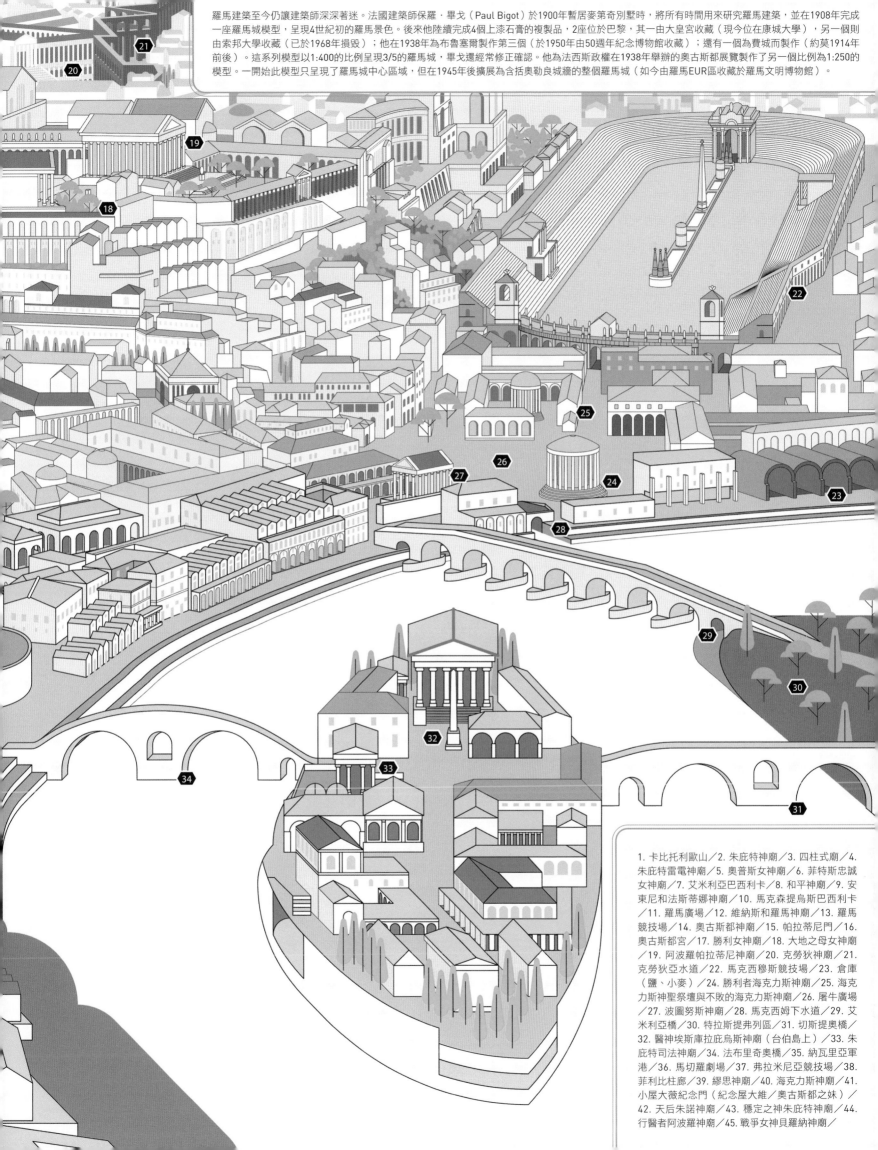

羅馬建築至今仍讓建築師深深著迷。法國建築師保羅・畢戈（Paul Bigot）於1900年暫居麥第奇別墅時，將所有時間用來研究羅馬建築，並在1908年完成一座羅馬城模型，呈現4世紀初的羅馬景色。後來他陸續完成4個上漆石膏的複製品，2座位於巴黎，其一由大皇宮收藏（現今位在康城大學），另一則由索邦大學收藏（已於1968年損毀）；他在1938年為布魯塞爾製作第三個（於1950年由50週年紀念博物館收藏）；還有一個為費城而製作（約莫1914年前後）。這系列模型以1:400的比例呈現3/5的羅馬城，畢戈還經常修正確認。他為法西斯政權在1938年舉辦的奧古斯都展覽製作了另一個比例為1:250的模型。一開始此模型只呈現了羅馬城中心區域，但在1945年後擴展為含括奧勒良城牆的整個羅馬城（如今由羅馬EUR區收藏於羅馬文明博物館）。

1. 卡比托利歐山／2. 朱庇特神廟／3. 四柱式廟／4. 朱庇特雷電神廟／5. 奧普斯女神廟／6. 菲特斯忠誠女神廟／7. 艾米利亞巴西利卡／8. 和平神廟／9. 安東尼和法斯蒂娜神廟／10. 馬克森提烏斯巴西利卡／11. 羅馬廣場／12. 維納斯和羅馬神廟／13. 羅馬競技場／14. 奧古斯都神廟／15. 帕拉蒂尼門／16. 奧古斯都宮／17. 勝利女神廟／18. 大地之母女神廟／19. 阿波羅帕拉蒂尼神廟／20. 克勞狄神廟／21. 克勞狄亞水道／22. 馬克西穆斯競技場／23. 倉庫（鹽、小麥）／24. 勝利者海克力斯神廟／25. 海克力斯神聖祭壇與不敗的海克力斯神廟／26. 屠牛廣場／27. 波圖努斯神廟／28. 馬克西姆下水道／29. 艾米利亞橋／30. 特拉斯提弗列區／31. 切斯提奧橋／32. 醫神埃斯庫拉庇烏斯神廟（台伯島上）／33. 朱庇特司法神廟／34. 法布里奇奧橋／35. 納瓦里亞軍港／36. 馬切羅劇場／37. 弗拉米尼亞競技場／38. 菲利比柱廊／39. 繆思神廟／40. 海克力斯神廟／41. 小屋大薇紀念門（紀念屋大維／奧古斯都之妹）／42. 天后朱諾神廟／43. 穩定之神朱庇特神廟／44. 行醫者阿波羅神廟／45. 戰爭女神貝羅納神廟

羅馬人民

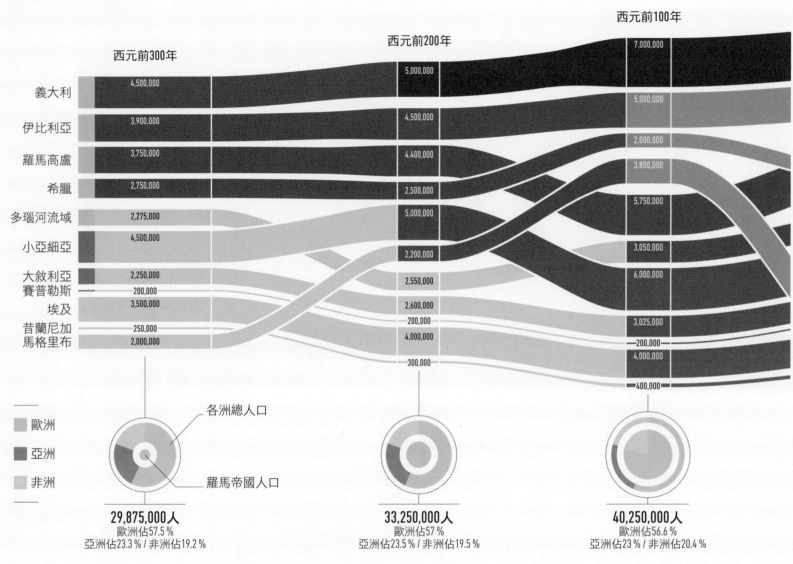

I. 人口演進

古代人口學是個相當複雜的主題。由於資料破碎且常彼此牴觸或不完整，欠缺連貫性，研究人員只能從幾個數字推敲出大略的統計數據。就古羅馬而言，公民人數的資料有時（但不總是）會連帶涵蓋其家庭成員。雖然我們可從其他來源得知地中海地區或羅馬世界的總人口數，但所仰賴的書面資料常因經過數十次的謄寫而錯誤繁多。是故我們無法以當代的數據分析方式看待羅馬時代的資料，必須隨時保持謹慎批判的態度。

人口分配則是第二個問題。基於當時的現實情況，大部分的資料（多半是重編校訂本）多以男性自由人，也就是男性羅馬公民為基礎。我們從帝國時期才慢慢收集到較多與婦女、獲釋

奴、奴隸有關的資料。奴隸不一定過著貧困或悲慘的生活，可嘆的是我們往往難以從資料中尋得答案。有些奴隸的確生活貧苦，有的在採石場、礦場或為大型農地主工作，但絕大多數的相關數據都已佚失。相反地，我們握有的大多是在都市生活的奴隸和獲釋奴的資料，他們過著舒適的生活，甚至令一些自由人欽羨不已。基於以上種種緣由我們必須審慎篩選資料，只能尋求一個資料來源較為可信的特定時間分析。

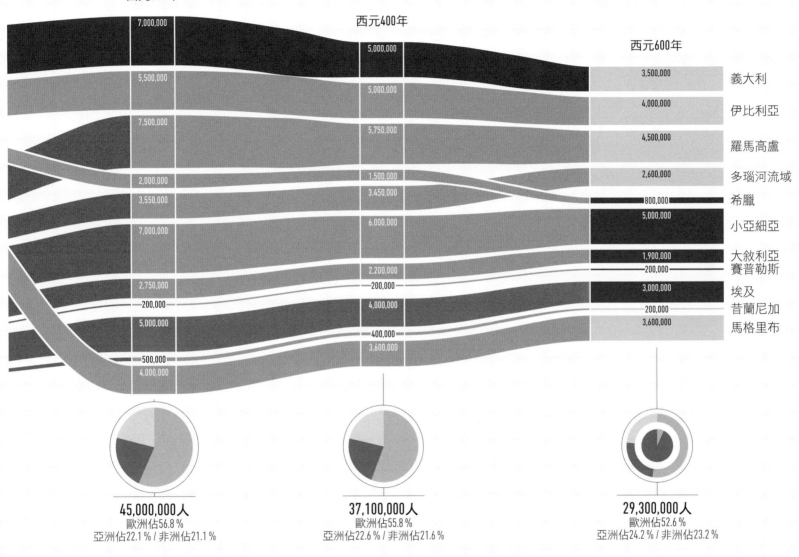

西元200年

西元400年

西元600年

7,000,000	5,000,000	3,500,000 義大利
5,500,000	5,000,000	4,000,000 伊比利亞
7,500,000	5,750,000	4,500,000 羅馬高盧
2,000,000	1,500,000	2,600,000 多瑙河流域
3,550,000	3,450,000	800,000 希臘
7,000,000	6,000,000	5,000,000 小亞細亞
2,750,000	2,200,000	1,900,000 大敘利亞
	200,000	200,000 賽普勒斯
200,000		3,000,000 埃及
5,000,000	4,000,000	200,000 昔蘭尼加
500,000	400,000	3,600,000 馬格里布
4,000,000	3,600,000	

45,000,000人
歐洲佔56.8 %
亞洲佔22.1 % / 非洲佔21.1 %

37,100,000人
歐洲佔55.8 %
亞洲佔22.6 % / 非洲佔21.6 %

29,300,000人
歐洲佔52.6 %
亞洲佔24.2 % / 非洲佔23.2 %

不同身分地位的人口數 西元14年

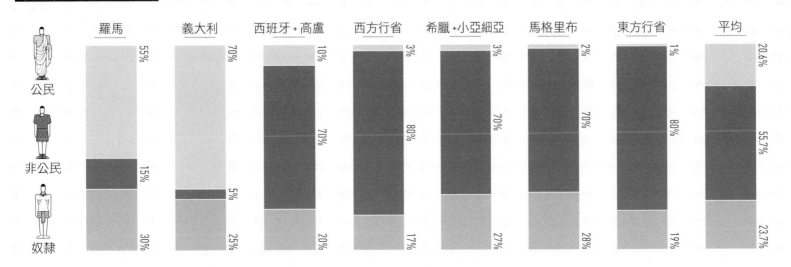

	羅馬	義大利	西班牙 + 高盧	西方行省	希臘 + 小亞細亞	馬格里布	東方行省	平均
公民	55%	70%	10%	3%	3%	2%	1%	20.6%
非公民	15%	5%	70%	80%	70%	70%	80%	55.7%
奴隸	30%	25%	20%	17%	27%	28%	19%	23.7%

II. 司法地位

　　古代地中海社會在西元前4世紀至西元3世紀間經歷相當大的演變。不論是在被羅馬人佔領前或佔領後，各地都保有獨特的司法制度。羅馬統治西方世界的時間極為漫長，其社會制度的影響相當深遠，而最顯著的特色就是羅馬能依法賦予外地人（pérégrins）和獲釋奴公民權，而公民權是個人地位的根基，因此羅馬可說握有與其他政體截然不同的權力。羅馬世界的個人可擁有兩種身分。原生城邦是一個人的根，從出生直到過世，他都會是該城邦的公民。如果此人具備財力或學識，也就是說來自貴族家庭，他也有機會成為羅馬公民，可以到羅馬發展政治生涯，加入羅馬的騎士階級，甚至當上元老。這種制度始於西元2世紀，而皇帝卡拉卡拉（譯注：Caracalla，西元188～217年在位）在212年頒布了非常重要的安東尼努斯敕令（Constitutio Antoniniana），容許羅馬領土的全部自由人，只要不曾犯下重罪就能成為羅馬公民。是故所有人都擁有雙公民權，而且不太會改變：只有皇帝可以改變一個人的原生公民權。

　　羅馬世界的外地人口逐步增加，一部分是因為羅馬人持續征服新領地，另一方面也是因為羅馬公民人數自212年起便增加到4,000萬人左右，幾乎涵蓋了西方世界所有的自由人。西元前3世紀時，羅馬就擴增了原屬世襲的特殊民權的含括對象，進一步讓羅馬公民權涵蓋所有自由人，實為西方史上前所未見的發展。自此之後，地中海世界的自由人都能和義大利或羅馬城的羅馬人享有同等的司法權，這些人不只享有原生地的權利，也獲得羅馬公民的權利，此一發展進而推動了現代的民權概念。無論是已被或可能遭到羅馬或他地政務官宣判有罪的公民，都有權向皇帝上訴（在此之前可先向羅馬人民上訴）。最後，雖然大多只有一家之主和其子才有公民權，但後來他們的妻女也能享有部分公民權，但此作法並未擴及整個地中海區域。

　　不曾消失的奴隸制度亦是古代世界的另一項特色。在很長一段的時間裡，奴隸人數始終超過公民人數，更別提外地人擁有的奴隸人數（我們對此一數據所知甚少）。然而，隨著羅馬立法規範解放奴隸的途徑，以及公民非常積極地響應，以致羅馬帝國初期，政府甚至試圖限制獲釋奴的人數。有幸擺脫奴隸身分的多半是都市奴隸，過著與主人一家密切往來的日常生活，長久下來成為主人家的一分子，並在主人同意下成為獲釋奴。獲釋奴會獲得原主人的姓，但他們就像孩童一樣仍必須服從一家之主（也就是他的「保護人」〔patron〕）。獲釋奴死後，其財產會落到保護人手中。第一、二代的獲釋奴無法從事政治活動，但一般來說獲釋奴是社會最活躍的一分子。羅馬城、帝國主要城市和皇帝的奴隸都有機會成為獲釋奴，且帝國獲釋奴在帝制行政體系中扮演相當重要的角色。

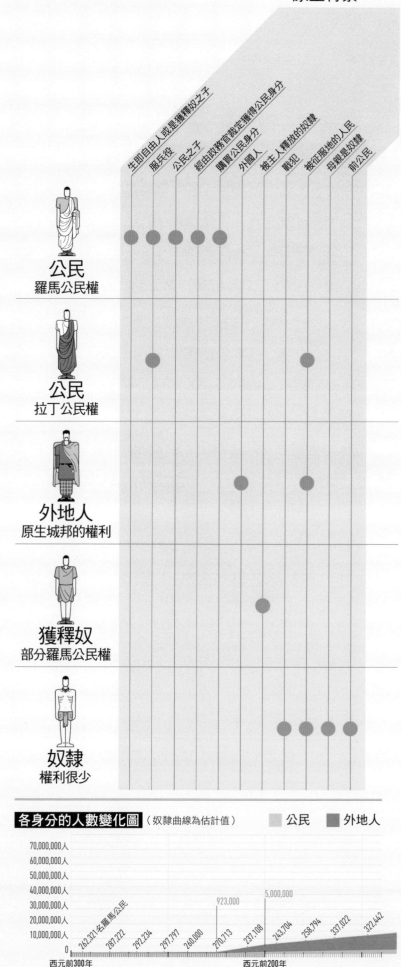

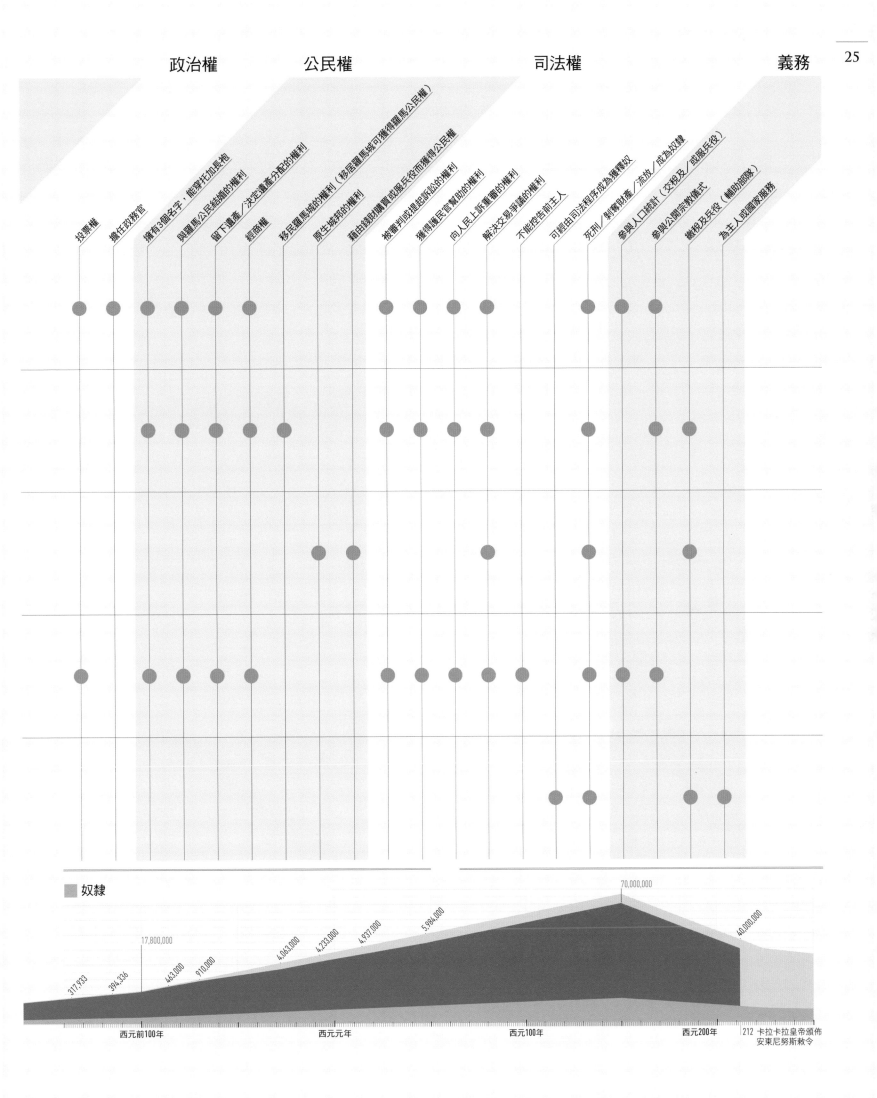

政治權　　　公民權　　　司法權　　　義務

投票權

擔任政務官

擁有3個名字，能穿托加長袍

與羅馬公民結婚的權利

留下遺產／決定遺產分配的權利

經商權

移民羅馬城的權利（移居羅馬城可獲得羅馬公民權）

原生城邦的權利

藉由錢財購買或服兵役而獲得公民權

被審判可或提起訴訟的權利

獲得護民官幫助的權利

向人民上訴重審的權利

解決交易爭議的權利

不能控告前主人

可經由司法程序成為獲釋奴

死刑／剝奪財產／流放／成為奴隸

參與人口統計（交稅及／或服兵役）

參與公開宗教儀式

繳稅及兵役

為主人或國家服務（輔助部隊）

奴隸

317,933　394,336　463,000　910,000　4,063,000　4,233,000　4,937,000　5,984,000　17,800,000　70,000,000　40,000,000

西元前100年　　　西元元年　　　西元100年　　　西元200年

212 卡拉卡拉皇帝頒佈安東尼努斯敕令

III. 社會與政治庇護制度

公民財產是羅馬社會的基礎，由2名監察官每隔5年進行普查，圖密善時代開始則改由行政管道處理。在共和時期，社會的最高階層是元老和騎士，兩者皆握有與身分相當的財富。元老主要是有意從政的騎士，他們常用部分財產競選和培養受庇護者。元老不得經商，因此為了賺回競選期間的開銷，他們會在結束法務官或執政官任期後，想辦法成為富庶地區的總督，要是有辦法的話，他們甚至有機會擔任作戰地區的總督。其他騎士則擔任軍隊的百夫長或軍事護民官，不是在某個行省從事包稅事業就是投標公共建設，藉此積累財富。騎士則可以從商。

貴族之後就是平民階級，千萬別把平民與貧民混為一談。平

庇護制度
（共和時期）

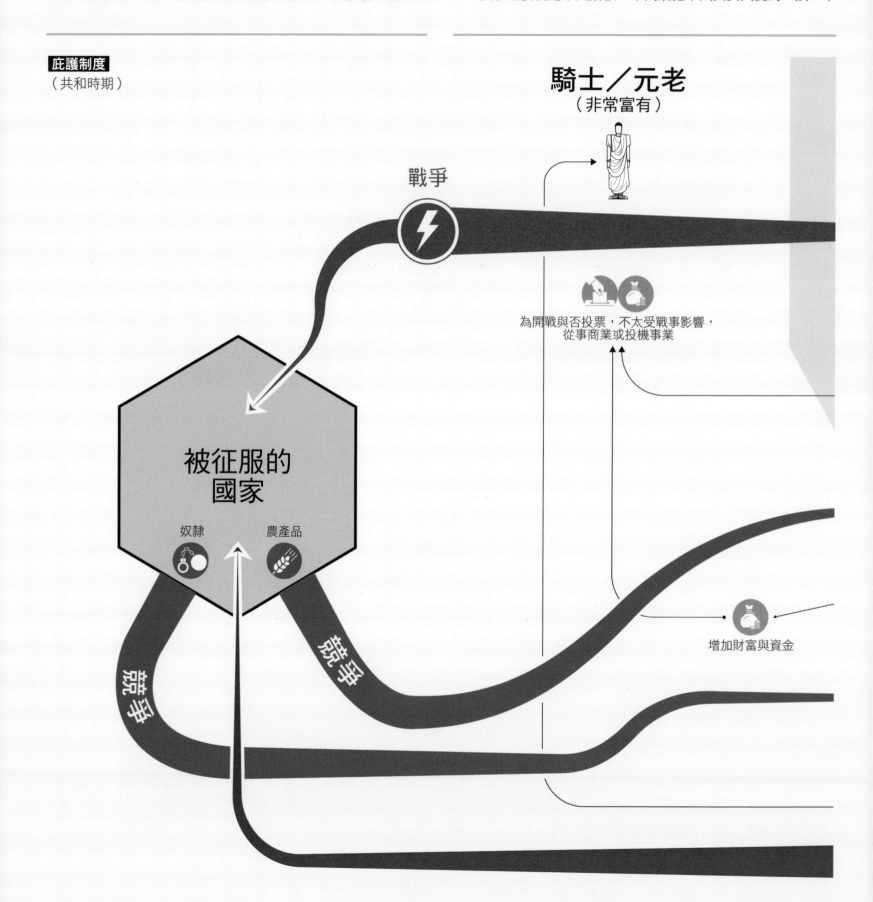

騎士／元老
（非常富有）

戰爭

為開戰與否投票，不太受戰事影響，
從事商業或投機事業

被征服的
國家

奴隸　　　農產品

競爭

競爭

增加財富與資金

民雖涵蓋貧民，特別是都市貧戶，但絕大多數的平民都是商人或小地主，其中不少人可說過著相當優渥的生活。平民也會按財富多寡提供軍團兵力，而軍官則來自元老或騎士階級。但財富與軍事任務的變化，都可能摧毀這些人的地位，低下階層的平民可能會淪為元老大家族的受庇護者，但也藉此獲得參與政治的機會，

共和時期最後1世紀的體制就因此而改變。大體而言，這種制度一旦失序，就會引發併吞戰爭或內戰。

這種制度一直持續到帝國時代，但行省政府無法再積累私有財富，而且軍隊只聽皇帝號令。最後，我們必須記得除了自由人，大部分人力都來自奴隸。

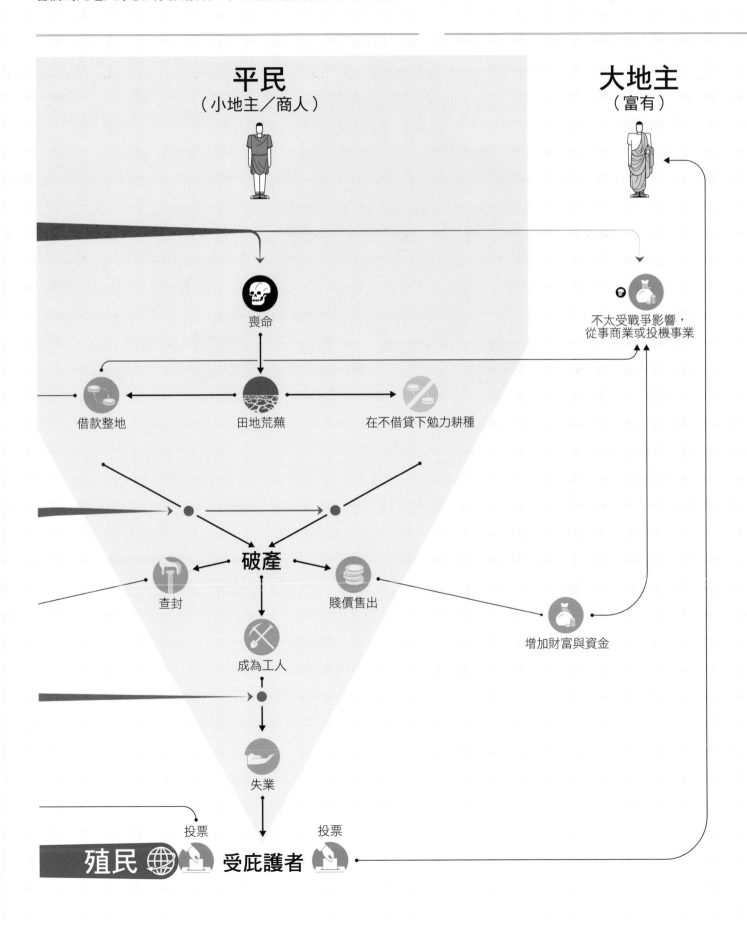

平民
（小地主／商人）

大地主
（富有）

喪命

不太受戰爭影響，
從事商業或投機事業

借款整地　田地荒蕪　在不借貸下勉力耕種

破產

查封　賤價售出

增加財富與資金

成為工人

失業

投票　投票

殖民　受庇護者

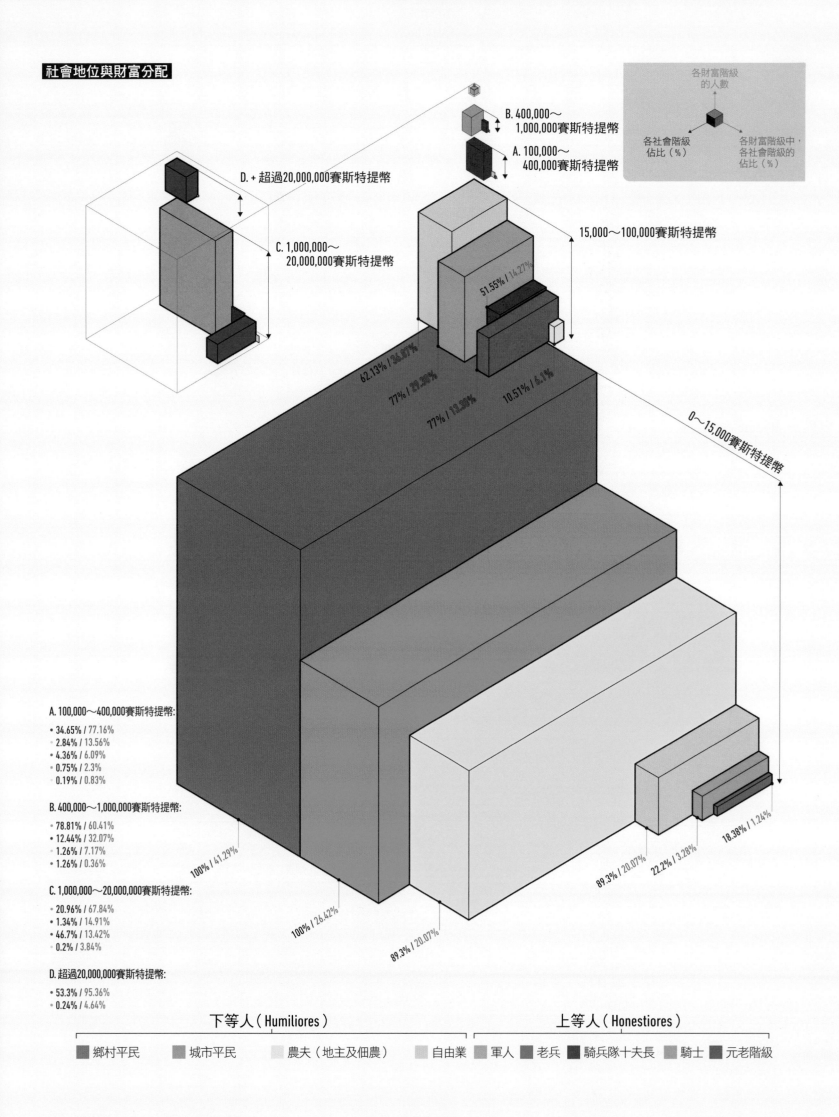

社會地位與財富分配

B. 400,000～
1,000,000賽斯特提幣

A. 100,000～
400,000賽斯特提幣

D. + 超過20,000,000賽斯特提幣

C. 1,000,000～
20,000,000賽斯特提幣

各財富階級
的人數

各社會階級
佔比（%）

各財富階級中，
各社會階級的
佔比（%）

15,000～100,000賽斯特提幣

51.55% / 14.27%

62.13% / 36.07%

77% / 29.36%

77% / 13.98%

10.51% / 6.1%

0～15,000賽斯特提幣

100% / 41.29%

100% / 26.42%

89.3% / 20.07%

89.3% / 20.07%

22.2% / 3.28%

18.38% / 1.24%

A. 100,000～400,000賽斯特提幣:

· 34.65% / 77.16%
· 2.84% / 13.56%
· 4.36% / 6.09%
· 0.75% / 2.3%
· 0.19% / 0.83%

B. 400,000～1,000,000賽斯特提幣:

· 78.81% / 60.41%
· 12.44% / 32.07%
· 1.26% / 7.17%
· 1.26% / 0.36%

C. 1,000,000～20,000,000賽斯特提幣:

· 20.96% / 67.84%
· 1.34% / 14.91%
· 46.7% / 13.42%
· 0.2% / 3.84%

D. 超過20,000,000賽斯特提幣:

· 53.3% / 95.36%
· 0.24% / 4.64%

下等人（Humiliores）　　　　　　　　上等人（Honestiores）

■ 鄉村平民　　■ 城市平民　　■ 農夫（地主及佃農）　　■ 自由業　　■ 軍人　　■ 老兵　　■ 騎兵隊十夫長　　■ 騎士　　■ 元老階級

IV. 社會結構

我們透過一個羅馬公民家庭來呈現當時的社會結構，你輕易就能看出西方家庭結構自西元前3世紀以來都沒什麼改變，就連女性地位差異甚大的希臘世界也是如此。不過下面的家庭模型只呈現羅馬公民及其家庭的權益。

至少直到奧古斯都時代，一家之主都享有所有權利，但若是一家之主發生通姦情事，司法組織可以介入，而且生了3個孩子的已婚婦女可以擺脫男性控制。家庭成員，即住在同一住處（多穆斯〔domus〕）的家人，都須服從一家之主，其中也包括獲釋奴，後者雖可成為公民，卻還是如孩童般必須依附原主人。所謂

的大家庭（familia）也含括了家奴（famulus）、奴隸、僕役。大家族，比如尤利氏族、克勞狄氏族、科內利氏族……等知名氏族，則由同祖先的數個家庭組成。在這些大家族中，一家之主與受庇護者的關係密切，後者基於經濟、政治或友誼等因素，與一家之主及其家人往來。受庇護者可能是貧苦的羅馬平民，仰賴一家之主以求改善生活，但也可能是渴望獲得氏族之主支持的騎士或元老。這些受庇護者甚至涵蓋整個城邦或義大利某個地區，就像溫布利亞大區（Ombrie）的龐培（Pompeius）家族，甚至擴及數個行省。受庇護者與氏族之主建立正式的保護合約關係。所有受庇護者都仰賴保護人的支持，而保護人也獲得受庇護者的政治擁戴或軍事協助。

家庭結構與社會關係

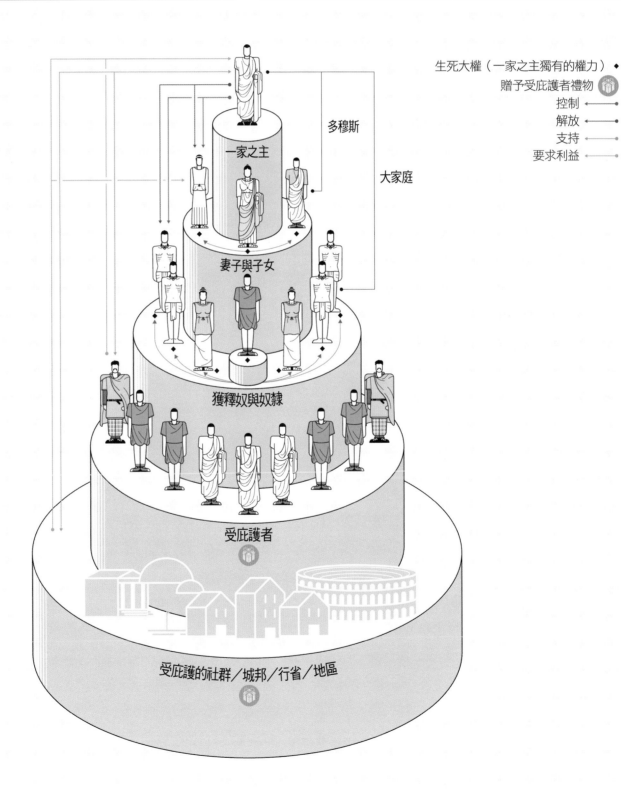

生死大權（一家之主獨有的權力）◆
贈予受庇護者禮物 🎁
控制 ◄——
解放 ◄——
支持 ——
要求利益 ◄——

多穆斯

大家庭

一家之主

妻子與子女

獲釋奴與奴隸

受庇護者

受庇護的社群／城邦／行省／地區

羅馬婦女的生命進程

受下者監護：

兒子 ／ 丈夫 ／ 父親 ／ 公公 ／ 祭司

參與宗教儀式

有權保持貞潔

可結婚

可離婚

可繼承部分財產（若有生育3名子女）

無權獲得嫁妝或個人財產，也沒有繼承權

沒有投票權

不得參與司法活動

不得參與政治或公共活動

可當作奴隸販賣

可任由監護人殺害

嬰孩

處女／孩童（12歲以下）

護火貞女（12歲以下）

適婚婦女（12歲以上）

皇后

離婚婦女

已婚婦女／女家長

寡婦

年長婦女

女童出生後，一旦獲得一家之主承認，保有處女身分的女童就會像男孩一樣，在家族宗教祭典中擔任助手；若是她出身顯赫，還會在一些公開慶典甚至公開宗教儀式中擔任助手。女性一到12歲就可結婚生子。依照婚姻協議，婦女不是服從丈夫就是仍受父親約束。她的嫁妝也全由父親或丈夫處置。如果她的丈夫不是羅馬人，就只能取得同居侍妾身分。6～10歲的女童有機會被大祭司長選為護火貞女（Vestale），和其他5名護火貞女（古典時代末期約有6名）一起守護羅馬廣場上灶神維斯塔女神（Vesta）的公共爐火。根據羅馬人的說法，這個職務始於羅馬王政時代，

直到西元391年才被狄奧多西（Théodose）皇帝廢除（譯注：因基督教興起）。擔任護火貞女的30年間，她都必須維持處女之身，聽命於大祭司長，同時享有參與公民事務的特權。

羅馬帝國時期，出身大家族的女性依舊由父親選定伴侶，甚至早在2、3歲時就替她們訂下婚約，但已婚婦女「女家長」的地位則稍微有所改善。離婚手續很簡單，但她們若沒有再婚，或成為寡婦，依照不同情況，須受前夫、父親或公公監管。這只是富裕家庭的狀況，我們對其他階層的婦女幾乎一無所知。

就像地中海其他地區，羅馬也有奴隸制度。絕大多數的奴

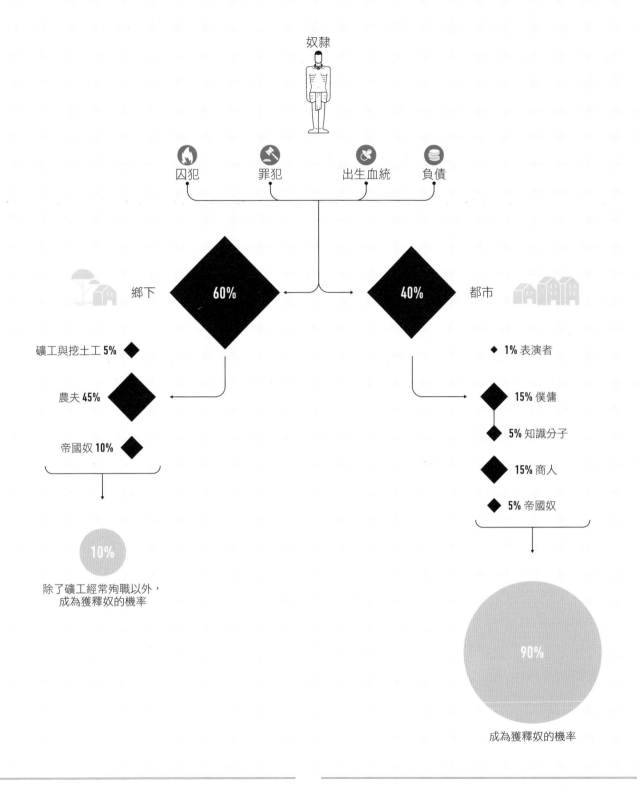

奴隸

囚犯　　罪犯　　出生血統　　負債

鄉下　60%　　　40%　都市

礦工與挖土工 5%

農夫 45%

帝國奴 10%

10%
除了礦工經常殉職以外，
成為獲釋奴的機率

1% 表演者

15% 僕傭

5% 知識分子

15% 商人

5% 帝國奴

90%
成為獲釋奴的機率

隸都來自囚犯買賣。但一般人也可能因被判刑或欠債而淪為奴隸——有些人甚至把自己賣給債主。奴隸生的小孩也是奴隸，此身分會一直延續下去。直到大型征戰逐步減少的西元2世紀中期前，奴隸人數都超過公民人數。這些奴隸從事各式各樣的工作。最不幸的是礦場奴，成為礦工常被視為懲罰，因為這些人能活的壽命特別短。鄉下奴隸人數最多，不管是大莊園或小農場都由奴隸耕作，地主常常不在當地。奴隸的待遇依地位而不同，農工常佩戴腳鐐手銬，有的則擔任管理人員，但這些奴隸不同於都市奴隸，少有獲得釋放的機會；相比之下，都市奴隸的處境就好

多了，且能擔任各種不同職務。許多人從事家務、勞力或腦力工作，有些則像商人一樣，在店家服務。所有的企業主，包括表演策劃人士，全都會雇用奴隸。奴隸主同意甚至鼓勵奴隸成親，好為「大家庭」繁衍下一代的僕役。羅馬城、義大利各城邦和行省也都擁有奴隸，在帝國時代，皇帝也會派遣自己的奴隸在行政部門或莊園工作。

由各地城邦組成的版圖

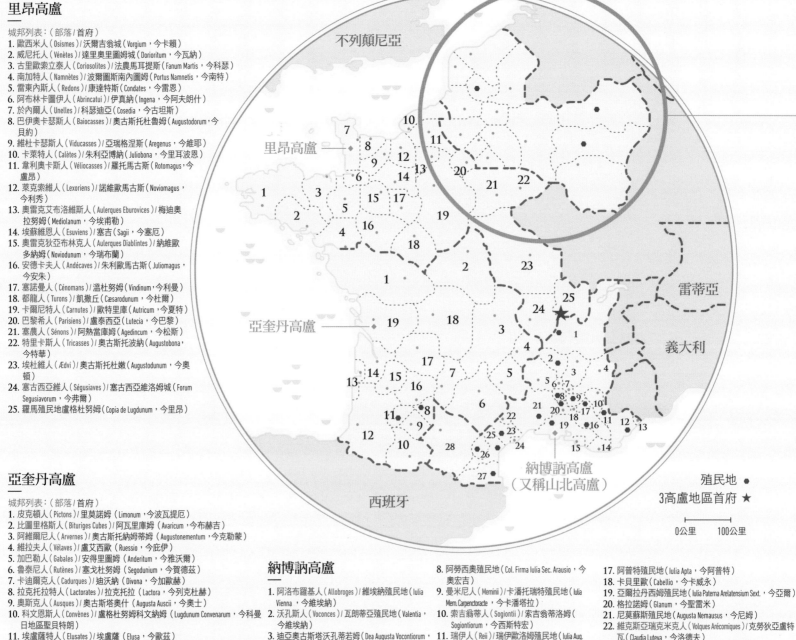

里昂高盧

城邦列表：(部落 / 首府)

1. 歐西米人（Osismes）/ 沃爾吉翁城（Vorgium，今卡賴）
2. 威尼托人（Vénètes）/ 達里奧里圖姆城（Dorioritum，今瓦納）
3. 古里歐索立泰人（Coriosolites）/ 法農圖耳提斯（Fanum Martis，今科瑟）
4. 南加特人（Namnètes）/ 波爾圖斯南內圖姆（Portus Namnetis，今南特）
5. 雷東內斯人（Redons）/ 康達特斯（Condates，今雷恩）
6. 阿布林卡圖伊人（Abrincatui）/ 伊真納（Ingena，今阿夫朗什）
7. 於內爾人（Unelles）/ 科瑟迪亞（Cosedia，今古坦斯）
8. 巴伊奧卡瑟斯人（Baiocasses）/ 奧古斯托杜魯姆（Augustodorum，今貝約）
9. 維杜卡瑟斯人（Viducasses）/ 亞瑞格涅斯（Aregenus，今維耶）
10. 卡萊特人（Calètes）/ 朱利亞博納（Juliobona，今里耳波恩）
11. 韋利歐索斯人（Véliocasses）/ 羅托馬古斯（Rotomagus，今盧昂）
12. 萊克索維人（Lexoriens）/ 諾維歐馬古斯（Noviomagus，今利秀）
13. 奧雷克艾布洛維斯人（Aulerques Eburovices）/ 梅迪奧拉努姆（Mediolanum，今埃甫勒）
14. 埃蘇維恩人（Esuviens）/ 塞吉（Sagii，今塞厄）
15. 奧雷克狄亞布林克人（Aulerques Diablintes）/ 納維歐多納姆（Noviodunum，今瑞布蘭）
16. 安德卡夫人（Andécaves）/ 朱利烏馬古斯（Juliomagus，今安朱）
17. 塞諾曼人（Cénomans）/ 溫杜努姆（Vindinum，今利曼）
18. 都龍人（Turons）/ 凱撒丘（Cæsarodunum，今杜爾）
19. 卡爾尼特人（Carnutes）/ 歐特里庫（Autricum，今夏特）
20. 巴黎希人（Parisiens）/ 盧泰西亞（Lutecia，今巴黎）
21. 塞農人（Sénons）/ 阿熱當庫姆（Agedincum，今松斯）
22. 特里卡斯人（Tricasses）/ 奧古斯托波納（Augustobona，今特華）
23. 埃杜維人（Ædvi）/ 奧古斯托杜嫩（Augustodunum，今奧頓）
24. 塞古西亞維人（Ségusiaves）/ 塞古西亞維洛姆城（Forum Segusiavorum，今弗爾）
25. 羅馬殖民地盧格杜努姆（Copia de Lugdunum，今里昂）

亞奎丹高盧

城邦列表：(部落 / 首府)

1. 皮克頓人（Pictons）/ 里莫諾姆（Limonum，今波瓦提厄）
2. 比圖里格斯人（Bituriges Cubes）/ 阿瓦里庫姆（Avaricum，今布赫吉）
3. 阿維爾尼人（Arvernes）/ 奧古斯托納姆蒂姆（Augustonementum，今克勒蒙）
4. 維拉夫人（Vélaves）/ 盧艾西歐（Ruessio，今庇伊）
5. 加巴勒人（Gabales）/ 安得里圖姆（Anderitum，今雅沃爾）
6. 魯泰尼人（Rutènes）/ 塞戈杜努姆（Segodunium，今賀德茲）
7. 卡迪爾克人（Cadurques）/ 迪沃納（Divona，今加歐赫）
8. 拉克托拉特人（Lactorates）/ 拉克托拉（Lactora，今列克杜赫）
9. 奧斯克人（Ausques）/ 奧古斯特奧什（Augusta Auscii，今奧士）
10. 科沃恩斯人（Convènes）/ 盧格杜努姆科沃納姆（Lugdunum Convenarum，今科日地區聖貝特朗）
11. 埃盧薩特人（Elusates）/ 埃盧薩（Elusa，今歐茲）
12. 塔貝爾人（Tarbelles）/ 奧古斯塔之水（Aquae Tarbellicae，今阿古斯萊泰爾勒）
13. 波伊人（Boïens）/ 波約斯（Boios，今拉莫特）
14. 比圖里格維維斯克人（Bituriges Vivisques）/ 布爾迪加拉（Burdigala，今波爾多）
15. 維薩特人（Vasates）/ 科西姆（Cossium，今巴札）
16. 尼蒂奧布羅日人（Nitiobroges）/ 亞吉努姆（Aginum，今亞仁）
17. 佩特羅寇里共和國（République des Pétrucores）/ 沃蘇納（Vesunna，今佩希格）
18. 桑通人（République des Santons）/ 梅迪奧拉努姆（Mediolanum，今聖特）
19. 歐西米人（Osismes）/ 沃爾吉翁城（Vorgium，今卡賴）

納博訥高盧

1. 阿洛布羅基人（Allobroges）/ 維埃納殖民地（Iulia Vienna，今維埃納）
2. 沃孔斯人（Voconces）/ 瓦朗蒂亞殖民地（Valentia，今維埃納）
3. 迪亞奧古斯塔沃孔若姆（Dea Augusta Vocontiorum，今迪城）
4. 瓦平庫姆（Vapincum，今加普）
5. 赫爾維安人（Helviens）/ 赫爾巴海夫洛姆（Alba Helvorum，今大雷敦斯）
6. 崔卡斯汀人（Tricastins）/ 奧古斯塔崔卡斯蒂尼（Augusta Tricastini，今聖保羅三堡城）
7. 瓦西翁沃孔蒂洛姆（Vasio Vocontiorum，今維松拉羅曼）
8. 阿勞西奧殖民地（Col. Firma Iulia Sec. Arausio，今奧宏吉）
9. 曼米尼人（Meminii）/ 卡潘托瑞特殖民地（Iulia Mem. Carpenctoracte，今卡潘塔拉）
10. 索吉翁蒂人（Sogiontii）/ 索吉翁蒂洛姆（Sogiontiorum，今西斯特宏）
11. 瑞伊人（Reii）/ 瑞伊盧洛姆殖民地（Iulia Aug. Apo. Reiorum，今里耶茲）
12. 朱利廣場屋大維諾洛姆殖民地（Pacata Forum Iuli，今夫雷敦斯）
13. 安提波利斯（Antipolis，今安提伯）
14. 薩爾維安人（Salviens）/ 土利亞（Tulia，今土倫）
15. 馬薩利亞（Massilia，今馬賽）
16. 塞克修斯之泉殖民地（Iulia Augusta Aquae Sextiae，今艾克斯）
17. 阿普特殖民地（Iulia Apta，今阿普特）
18. 卡貝里歐（Cabellio，今卡威永）
19. 亞爾拉丹西殖民地（Iulia Paterna Arelatensium Sext.，今亞爾）
20. 格拉諾姆（Glanum，今聖雷米）
21. 尼莫索斯殖民地（Augusta Nemausus，今尼姆）
22. 維克斯亞瑞克米克人（Volques Arécomiques）/ 克勞狄亞盧盧特瓦（Claudia Luteva，今洛德夫）
23. 柏特瑞殖民地（Iulia Sept. Baeterrae，今貝齊耶）
24. 亞加沙（Agatha，今阿格德）
25. 納博蒂尤斯殖民地（Iulia Paterna Claudi Narbo Martius，今納博恩）
26. 卡卡索殖民地（Iulia Carcasso，今卡卡松）
27. 胡西切諾殖民地（Iulia Ruscino，今胡西永堡）
28. 沃爾克一泰克托薩格斯人（Volqques Tectosages）/ 托洛薩（Tolosa，今土魯斯）

殖民地 ●
3高盧地區首府 ★

0公里　　100公里

羅馬世界裡，城邦（polis或civitas）並非單純的行政單位，而是擁有獨立憲法的特別實體，根據地位不同而具備不同功能。外地城邦定立自己的公民權，但羅馬化社群、殖民地或自治地，其體制多少都有羅馬的影子。各城邦的不同地位源自歷史因素，在被羅馬征服時就已決定，但也可以透過升格機制逐步提升。因此在帝國時代，羅馬化城邦力求成為殖民地，這是令羅馬化城邦備感光榮的地位。

自治市或殖民地享有拉丁權，也可成為享有完整權利的殖民地。拉丁權非常重要，羅馬於西元前5～前1世紀授予義大利各城邦的個人或部落拉丁權，但拉丁權只涵蓋羅馬公民的部分權利。許多義大利城邦認為這是種恥辱，此議題在西元前90～89年引發了同盟者戰爭（guerre sociale）。後來羅馬將某城邦或某地區納入帝國版圖時，其居民便可獲得拉丁權。而在帝國時代，各城邦的政務官與其家庭都可獲得羅馬公民權。

另一方面，自同盟者戰爭之後，羅馬人不管身分為何，都享有2個城邦的公民權：其一是原生城邦，其二則是因為他們成為羅馬公民，故也能享有羅馬公民權。因此，西塞羅（Cicéron）既是阿皮諾（Arpinum，今義大利夫羅西諾內〔Frosinone〕附近）

北
西北 東北
西 東
西南 東南
南
0公里　　　50公里

哈德連安尼廣場
（今弗爾堡）

烏比亞·諾維歐馬古斯
（今奈梅亨）

烏比亞·特拉
亞安納殖民地

下日耳曼尼亞

克勞狄亞·阿格里
皮納西姆殖民地
（今科隆）

門奈比人城邦

門奈比歐洛姆堡
（今卡瑟勒）

莫林人城邦

塔瓦納
（今瑟魯亞納）

阿圖亞圖卡
（今通厄倫）

內爾維人城邦

阿特雷巴特人城邦

納梅塔卡姆
（今阿哈）

巴加卡姆
（今巴維）

馬蒂亞科卡姆之泉
（今威斯巴登）

安比亞人城邦

薩馬羅布里瓦
（今亞眠）

維羅曼杜人城邦

特來維爾人城邦

奧古斯塔維羅曼杜奧羅姆
（今聖昆坦）

**比利時
高盧**

奧古斯塔特來弗洛姆
（今特里爾）

博爾貝特馬古斯
（今沃姆斯）

上日耳曼尼亞

貝洛瓦克人城邦

敘埃西永人城邦

凱撒羅馬古斯
（今波微）

奧古斯塔敘埃西努姆
（今蘇瓦松）

雷米人城邦

杜羅科托魯姆
（今漢斯）

梅奧馬特里克人城邦

西爾瓦內克特人城邦

奧古斯都馬古斯
（今桑利）

梅爾迪人城邦

亞蒂努姆
（今摩城）

迪沃杜魯姆
（今梅茲）

布魯可馬古斯
（今布魯馬）

盧泰西亞
（今巴黎）

里昂高盧

土盧姆
（今土勒）

萊烏克人城邦

阿熱當庫姆
（今松斯）

安德曼圖努姆
（今隆格黑）

—— 羅馬道路
- - - 行省邊界
⋯⋯ 主要城市／城邦邊界
XXX 部落名稱
🏛 🏛 行省首府　　●◉ 主要城市

■■ 維庫斯／群居地（已知）
◆◉ 次級兵營及固定兵營（已知）

公民，也是羅馬公民。帝國時代，羅馬公民身分按其出生時所在的義大利城邦或行省而定。雙公民權造成了雙重公民責任，對富人的影響特別顯著：他們在原生城邦擔任政務官或恩主的角色，同時試圖在羅馬發展騎士或元老生涯。人們幾乎不能改變原生地的身分；但若與義大利另一個城邦或某個行省建立深厚關係，只要願意承擔相關義務，也能獲得當地的居民身分。外地城邦原本的居民是當地公民，但也能經由不同途徑取得羅馬公民權。自西元212年起，此機制進一步擴張含括範圍：所有自由人都能成為羅馬公民。

各地城邦有各自的體制，有的維持當地特色，有的則反映羅馬組織的特色。除了某些不住在城市的人民或部族，大體而言各地城邦都依循類似機制運作。它們由一群人民組成，由人民投票決定律法、選出政務官或祭司。每年選出的政務官負責管理城邦。卸任的歷屆政務官則加入當地議會（如元老院、地方貴族議會〔conseil des décurions〕，雅典則是五百人議會〔boulè〕），擔任議員職務。政務官也進行司法審判：在大型城邦，幾乎所有事務都由他們決定；在比較小型的城邦，則由羅馬總督在各地巡視期間審理罪犯。最後，各城邦的政務官也負責收稅。

第二部
統治、敬神與經濟需求

羅馬政治制度

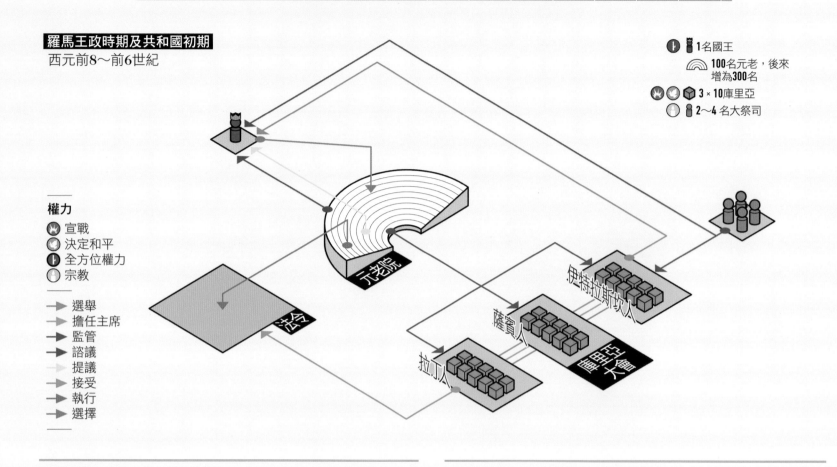

🏰 1名國王

🏛 100名元老，後來
增為300名

👑 3 × 10庫里亞

⚪ 2～4 名大祭司

權力
👑 宣戰
👑 決定和平
👑 全方位權力
⚪ 宗教

➡ 選舉
➡ 擔任主席
➡ 監管
➡ 諮議
➡ 提議
➡ 接受
➡ 執行
─ 選擇

元老院

拉丁人　薩賓人　伊特拉斯坎人

百人會大會

I. 帝國之前

　　直到西元4世紀，羅馬國名都是共和國：「羅馬人民和元老院共和國」。拉丁文Res publica意指「公眾事務與組織」，加上羅馬人民與元老院（Populi Romani Quiritium）強調。這兒的羅馬人民指的是加入軍隊、可以投票、由政務官管理的羅馬公民；換句話說，羅馬國就是羅馬人之國。元老院指的是「羅馬人民組成的公民組織」。羅馬國的官方定義非常精確，大大反映了羅馬式思維。

　　人民組成各種議事組織（comices，即人民大會），這些組織也扮演徵召兵士的管理部門。羅馬王政時期之初，庫里亞大會*原由3個胞族（curie）組成；後來增為30個（每個胞族再細分為10個）。這些人民大會雖一直運作到共和末期，但後來只剩宗教功能，被視為舉辦公眾節慶的組織。此外，他們也投票制定庫里亞法，依此賦予每個高級政務官（如執政官、法務官）統帥權。

　　王政時期結束後，羅馬依循傳統建立了以納稅選舉制為基礎的百人隊大會，這也是羅馬軍隊的根基。他們會在羅馬城外的戰神廣場集會。共和時期，民眾根據財富多寡，登記組成193支百人隊（18支騎兵等級，170支步兵等級，5支無武器）。每5年由監察官按公民登記地所屬的部族（tribu），分配到各百人隊中（共35個部族，羅馬城則有4個部族）。百人隊大會選出政務

官、祭司，投票立法，審判重大刑罪；從西元前1世紀開始，他們也審理最嚴重的叛變罪。起初羅馬平民也有自己的「平民大會」，也會推選代表與平民護民官（tribuns de la plèbe），所有決策都經投票決議。後來這些單純按公民登記地組成的會議漸漸變成第二個議會，固定在廣場議事（部族會議）。他們投票立法，選出次級政務官（如財務官〔questeur〕、市政官〔édile〕）及平民護民官、平民市政官，也能在國家級犯罪案擔任司法審理的角色。

　　高級政務官（執政官〔consul〕和法務官〔préteur〕）擔任大會主席、治理羅馬及行省和指揮軍隊。他們有權召開並主持人民大會、元老院（原有100名元老，後來增為300、甚至600名，都是卸任的政務官）及審理司法事務。

---

*譯注：庫里亞大會或區會議（拉丁語：comitia curiata）為古代羅馬王政時期重要的管理機構。早期，羅馬人根據氏族分為30個庫里亞，該群體被稱為「羅馬人民」。其職責包括選舉高級公職人員，宣布戰爭，通過或否決新法案，裁定死刑案件。通過決議時，各庫里亞有1票表決權。後來，百人隊大會取代了以血緣關係為基礎的庫里亞大會，庫里亞大會則逐漸喪失政治地位，後名存實亡。資料取自維基百科。

共和時期政府運作制度
西元前3～2世紀

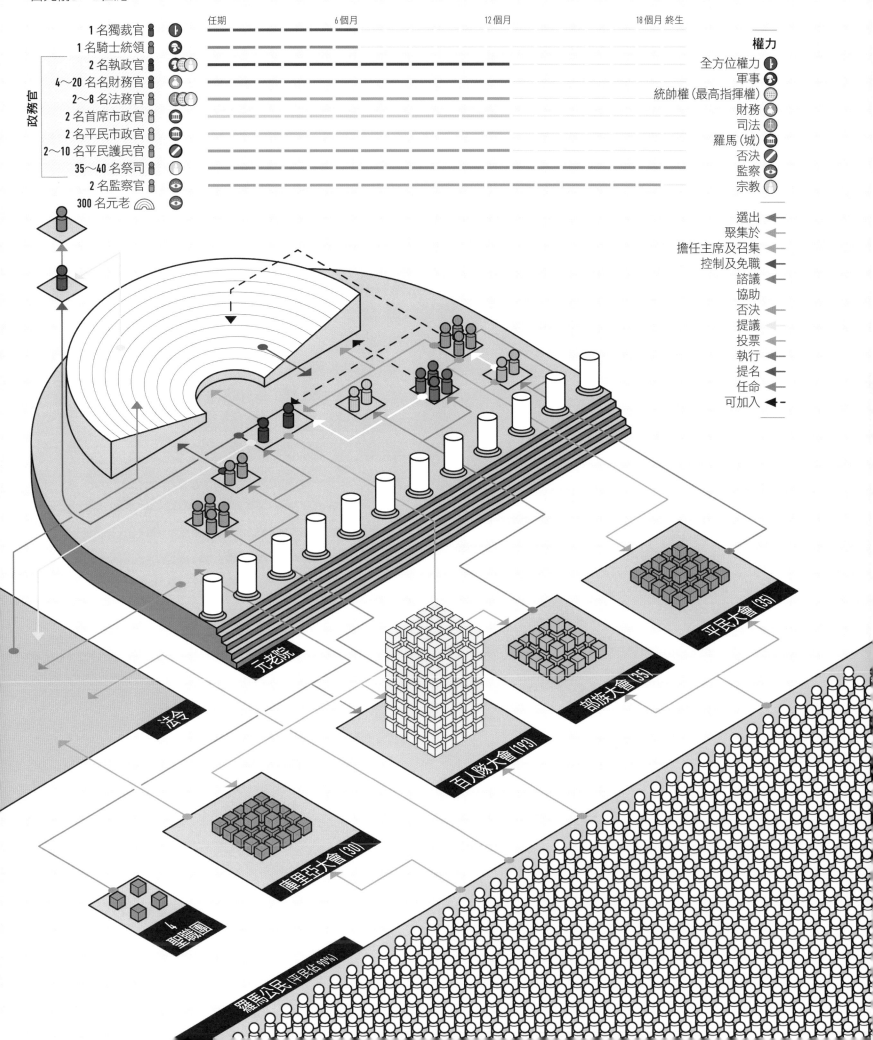

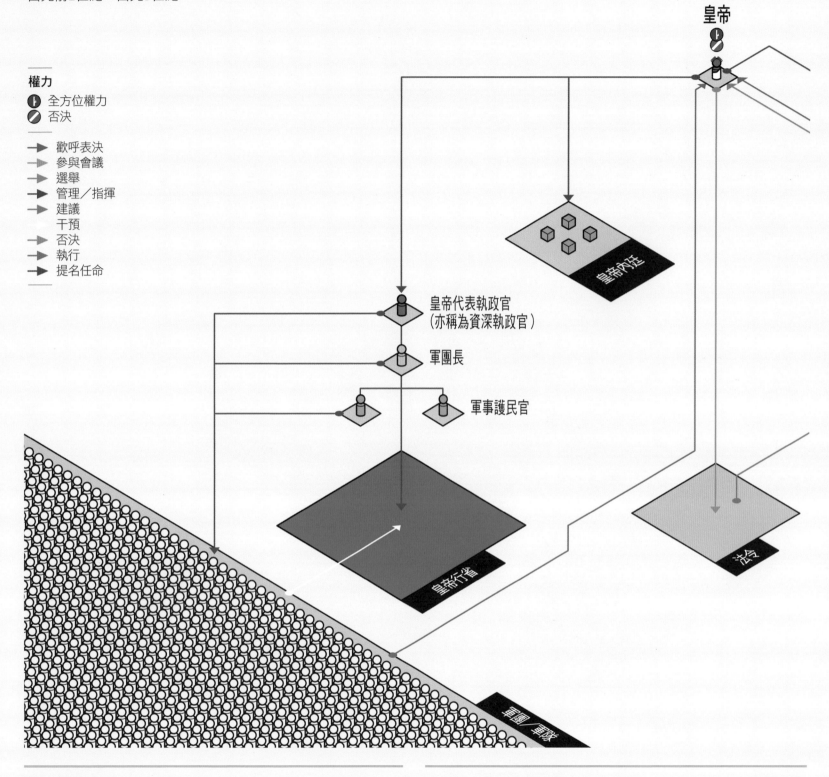

帝國時期政府運作制度
西元前1世紀～西元3世紀

皇帝

權力

🔘 全方位權力

◐ 否決

➡ 歡呼表決
➡ 參與會議
➡ 選舉
➡ 管理／指揮
➡ 建議
　 干預
➡ 否決
➡ 執行
➡ 提名任命

皇帝內廷

皇帝代表執政官
（亦稱為資深執政官）

軍團長

軍事護民官

皇帝行省

法令

軍團／軍隊

II. 帝國制度

　　羅馬邁入帝國時期的頭3個世紀，延續過往的人民大會與政務官制度。唯一的變動是：奧古斯都增加了每年選出的正副執政官人數，確保有足夠的高級政務官治理行省和指揮軍隊（擔任代行政務官〔promagistrats〕或軍團長〔légats〕），同時負責處理基礎建設（糧食供給、管理羅馬及義大利、建路造橋、整治台伯河及水道）。但羅馬體制有項重大變革：在元老院及政務官之上，多了個皇帝。

　　因此君主也承擔部分的治國責任，包括統治有軍隊駐紮的行省、維持羅馬與義大利的公共秩序及糧食供應。自克勞狄烏斯一世（西元41～54年在位）開始，漸漸發展出一套帝國行政組織，讓君主得以參與所有領域的事務。皇帝內廷的成員多為騎士階級。君主握有所有羅馬政務官的權力，包括高級政務官（執政官、法務官）的統帥權（亦稱為指揮權），以及平民護民官的行政權。帝國初期，這些官位每年更替，接著改為每5年或每10年，但很快就變成自動展延。皇帝也經常擔任執政官，有時會進行羅馬人口普查，自圖密善開始，人口統計調查就一直是皇帝

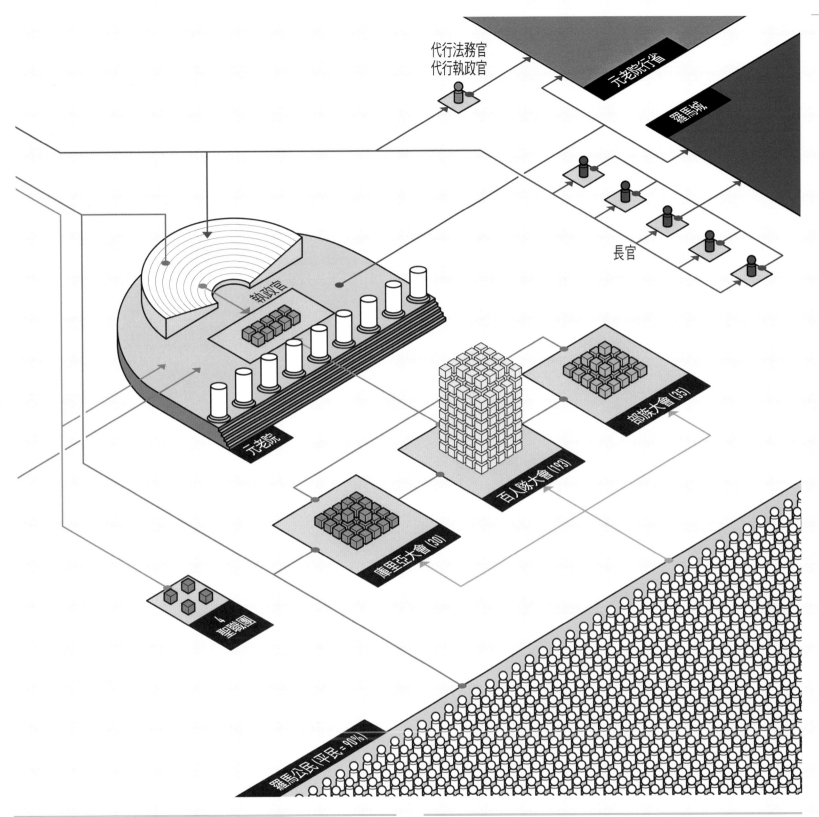

代行法務官
代行執政官

元老院行省

羅馬城

長官

執政官

元老院

百人隊大會 (193)

庫里亞大會 (30)

部族大會 (35)

執法官

羅馬公民 (平民 = 90%)

內廷的工作。按照傳統,皇帝也具備司法權威,平日也需處理司法事務。很快地,政務官選舉流於形式,實質上全憑君主意向而定。隨著執政官及法務官等政務官職失去行政權,他們也不再是政治核心的關鍵角色。元老改而渴望加入大型行省的政府部門,負責大型基礎建設。

經過漫長的演進,帝王的創制權變得愈來愈強大,面對西元250〜275年的無政府狀態與外敵入侵(譯注:即所謂的「3世紀危機」),羅馬帝國在4世紀初建立了新制政府(譯注:即四帝共治制)。從2世紀開始,義大利新設了地區行政長官:

司法官(iuridici)。到了3世紀末,司法官可指派1名糾察官(Corrector),但很快就增為2名,同時各行省也設立自己的糾察官。戴克里先(Dioclétien)即位後,創建管區(diocèses)制,每個管區都由數個行省組成,面積更加廣大,由羅馬騎士擔任的禁衛軍代表長官(vice-préfets du prétoire)治理,直接聽命於皇帝,這次變革終結了由元老擔任行省政府首長的制度。過沒多久,還在戴克里先統治期間,這些管區就再次分割成較小的單位。

共和國及帝國時期的法律制定過程

提議　　　辯論與核准　　　　　　　討論大會　　　人民大會

公開集會

24天

政務官：

皇帝 ——官定法（命令）——

執政官
法務官
護民官 ——官定法 / 民決法——

元老會

否決 → 是 → ✕
　　　　否 →（公開佈告）
同意 → 是 →（公開佈告）
　　　　否 → ✕

公開佈告 → ≠修正案 ≠反對 →

動亂 → ✕

（於羅馬廣場進行）
部族大會

或

百人隊大會
（於戰神廣場進行）

✕ ＝捨棄（多半是暫時性）

→ ＝民決法（Lex Rogata）的編制過程

•‑‑▶ ＝官定法（Lex Data）的編制過程

百人隊中「多數」的定義變化

社會階級：

富人 = I + 騎士(E)
平民 = II + III + IV
窮人 = V + 無產階級P(prolétaire)

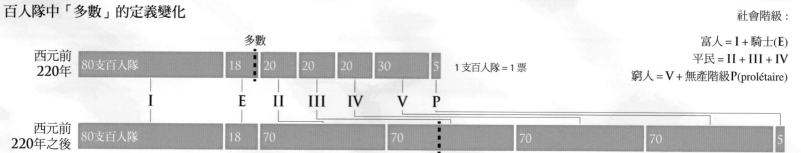

多數

西元前220年： 80支百人隊　18　20　20　20　30　5　　1支百人隊＝1票
I　E　II　III　IV　V　P

西元前220年之後： 80支百人隊　18　70　70　70　70　5

進行投票

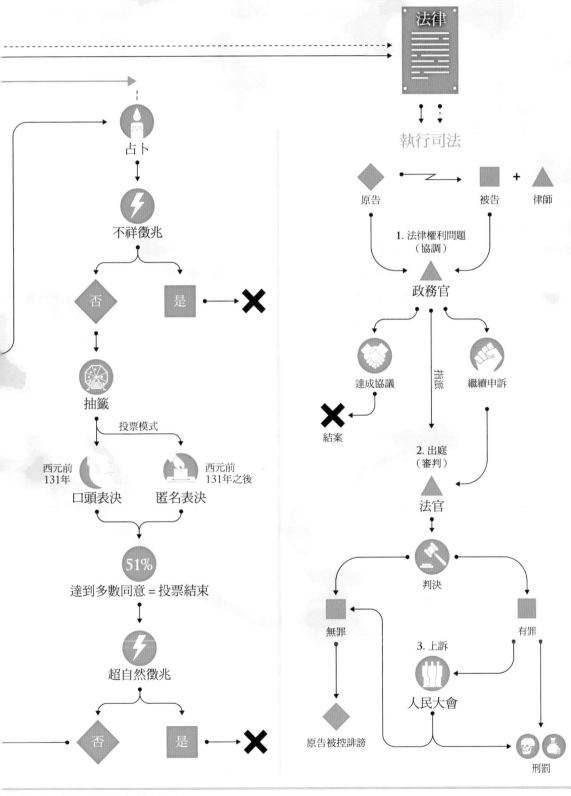

法律

執行司法

原告 ⟶ 被告 ＋ 律師

1. 法律權利問題（協調）

政務官

達成協議　撤銷　繼續申訴

結案

2. 出庭（審判）

法官

判決

無罪　有罪

3. 上訴

人民大會

原告被控誹謗　刑罰

占卜

不祥徵兆

否　是 ✕

抽籤

投票模式

西元前131年　西元前131年之後

口頭表決　匿名表決

51%

達到多數同意＝投票結束

超自然徵兆

否　是 ✕

帝國時期各組織權力的演進

	共和國末期	奧古斯都	提貝里烏斯	哈德良	
皇帝	—	▲●●●	▲●●	▲●●●	■ 審議權
君主諮議會	—	—		▲●●	▲ 立法權
執政官	▲●				⬡ 任命政務官
元老會	▲⬡■●★				● 管理財政
人民大會	⬡■●★	⬡■★	★	★	★ 歡呼表決

　　羅馬法是羅馬人最卓越的發明之一。自西元前5世紀，羅馬人就將主要的法律原則刻在羅馬廣場的12塊板子上，即十二表法。這些原則經歷數個世紀，由人民（百人隊大會）或部族大會（原由平民組成）投票表決後，發展成更明確的法律條文。到了西元前287年，護民官提出的法律（經平民會議表決通過後）適用於全體公民（譯注：即《霍騰西亞法》〔Lex Hortensia〕）。但在共和時期末年，平民護民官提出的法案和其他政務官一樣，都必須經過元老院同意。在所有法令提案的投票過程中，任何一名同僚（執政官或法務官）或平民護民官都有權予以否決。大體而言，如果人民大會對一項法令提出反對意見，該法令就會被撤銷。

　　最後，自共和時期末年起，法學家依據這些法律建立法學原則，而帝國時期也建立了帝制法學基礎。西元529年的《查士丁尼法典》（Code de Justinien）彙編了這些法律條文細項與帝國法條。

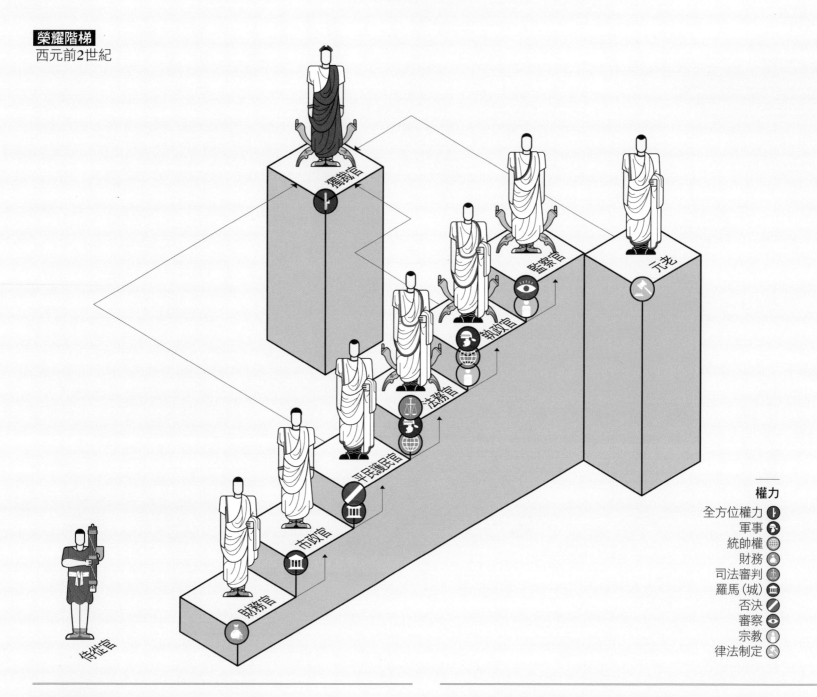

權力

全方位權力
軍事
統帥權
財務
司法審判
羅馬（城）
否決
審察
宗教
律法制定

IV. 政務官

　　整個羅馬國的執行權向來都握在當選的政務官手中。自羅馬在西元前5世紀邁入共和時期起，政務官人數就不斷增加，但一進入帝國時期，國家體制出現皇帝後，政務官的權力就受到限制。政務官不是來自元老家族，就是出身羅馬騎士階級的菁英，經選舉而上任。羅馬建國初期幾個世紀的相關資料非常稀少，但可知一名年輕男子只要當選財務官，就能成為元老。參選的年齡資格隨時間而改變，但在西元前2世紀，男子須年滿28歲才能參選。不管接下來他的事業是否步步高升，只要監察官並未將其逐出元老院，他都會保有元老身分。擔任過市政官（37歲可出任，但非強制性；此年齡限制在西元元年左右降為27歲）後，可升任法務官（40歲左右），最後成為執政官。西元前5世紀，羅馬的古老家族與新加入的人民之間發生衝突，因此創設了專為平民發聲的平民護民官。護民官和平民市政官同時由35個羅馬部族組成的部族大會選出。部族大會和百人隊大會不同，前者包括了所有

公民，後者只涵蓋有產階級。平民護民官具備「神聖不可侵犯」的特質，高級政務官不能推翻他們的決定，如果他們不同意政務官對平民的審判，可提出上訴，也能對政務官的決議行使否決權，取消當天議程。這10名護民官漸漸成為政府部門的一部分。但他們僅能在羅馬城內行使權力。從西元前4世紀開始，他們先獲得召集元老院的權力，若他們認為政務官的決定太過分也能反擊，但他們必須透過人民大會制度（部族大會）進行司法訴訟。後來，自西元前180年起，所有的護民官都成為元老。

　　法務官（共和國時期為40歲，帝國時期為30歲）握有統帥權，即指揮與審判的權力，在羅馬城方圓1羅里內按律法判決公民事務，一出羅馬則具備絕對的司法權力，不同於其他政務官只具備行政權，必須依國家之名行事。法務官與所有執政官一樣，也身著紅邊白袍。共和國時期，2名執政官都須年滿40歲，帝國時期此年齡限制則降為33歲。執政官握有更高的統帥權，但和法務官一樣受到限制。

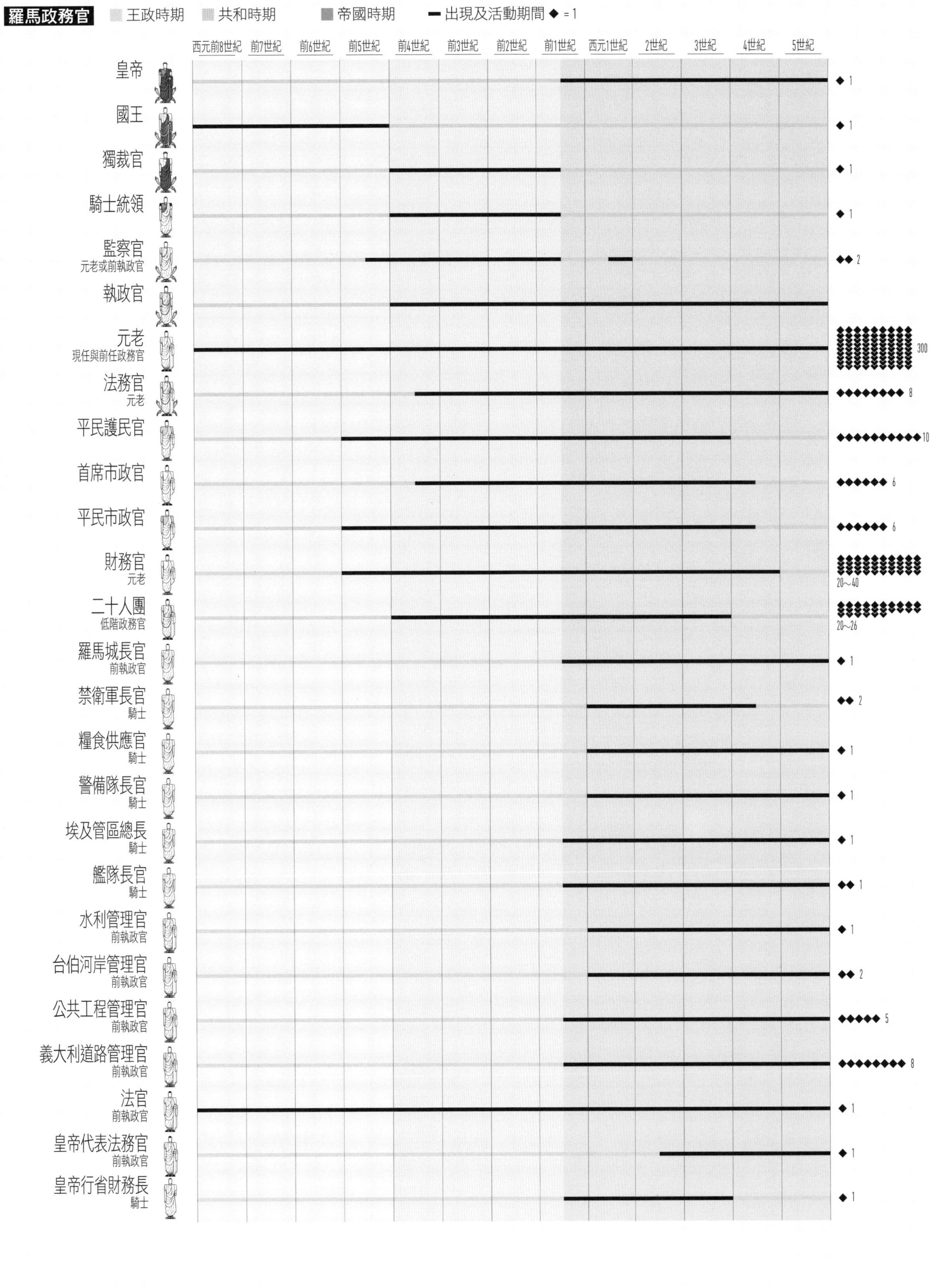

羅馬政務官 ▨ 王政時期 ▨ 共和時期 ▨ 帝國時期 — 出現及活動期間 ◆ =1

	西元前8世紀	前7世紀	前6世紀	前5世紀	前4世紀	前3世紀	前2世紀	前1世紀	西元1世紀	2世紀	3世紀	4世紀	5世紀	

皇帝 — ◆ 1

國王 — ◆ 1

獨裁官 — ◆ 1

騎士統領 — ◆ 1

監察官
元老或前執政官 — ◆◆ 2

執政官

元老
現任與前任政務官 — 300

法務官
元老 — ◆◆◆◆◆◆◆◆ 8

平民護民官 — ◆◆◆◆◆◆◆◆◆◆ 10

首席市政官 — ◆◆◆◆◆◆ 6

平民市政官 — ◆◆◆◆◆◆ 6

財務官
元老 — 20～40

二十人團
低階政務官 — 20～26

羅馬城長官
前執政官 — ◆ 1

禁衛軍長官
騎士 — ◆◆ 2

糧食供應官
騎士 — ◆ 1

警備隊長官
騎士 — ◆ 1

埃及管區總長
騎士 — ◆ 1

艦隊長官
騎士 — ◆◆ 1

水利管理官
前執政官 — ◆ 1

台伯河岸管理官
前執政官 — ◆◆ 2

公共工程管理官
前執政官 — ◆◆◆◆◆ 5

義大利道路管理官
前執政官 — ◆◆◆◆◆◆◆◆ 8

法官
前執政官 — ◆ 1

皇帝代表法務官
前執政官 — ◆ 1

皇帝行省財務長
騎士 — ◆ 1

帝王與朝代

I. 皇帝的權力與名銜

皇帝權位奠基於3項要素：家族血緣、公民權力與軍事權力。從皇帝名銜就可看出這3點。除了提貝里烏斯（Tibère）、卡利古拉（Caligula）及克勞狄烏斯一世之外，其他皇帝之名都以統帥・凱撒・奧古斯都（Imperator Caesar Augustus）為基礎，統帥為個人名，凱撒為氏族名，奧古斯都為家族名，再於這些基本元素中插入各自的名字，通常也會加上父親或養父的名字。因此大體而言，皇帝大位都掌握在同一家族之中。

其他頭銜則是帝王經法令或人民大會投票通過而獲得的權力。大略而言，皇帝的頭銜會包括最高祭司（pontifex maximus）、護民官之權、帝王尊號、執政官、祖國之父，最後則是監察官。護民官之權指的是皇帝握有平民護民官的權力，也享有同樣特權，此權位每年更替故會附上次數。這個職銜讓皇帝可名正言順地參與元老會議、提出動議，也能對政務官的決定行使否決權。帝王尊號指出君主握有統帥權，能夠指揮軍隊；皇帝登基時，軍隊和元老院會賦予他這個名銜；每次軍隊凱旋歸來時，君主也會得到這個稱號。

這些權力讓皇帝得以在年年更替的政務官體系外，建立一個帝制行政體系。以皇帝為中心的內廷是個由一群羅馬騎士管理，並由奴隸與帝國獲釋奴出力協助的行政體制。此體制的最高層單位，是由最高階的騎士長官管理的帕拉蒂尼（Palatin）辦公部門。騎士長官有時也會擔任行省或行省部分地區的首長。而在羅馬城，2名禁衛軍長官的權力實質上只屈居皇帝一人之下。

皇帝名銜表示的權力
以西元116年圖拉真皇帝為例

個人名 （prénom）	氏族名 （nom de famille）	家族名 （surnom）

馬庫斯・烏爾比烏斯・圖拉亞努斯

↓ devient

IMPERATOR CAESAR, DIVI NERVAE FILIUS,

NERVA TRAIANUS OPTIMUS AUGUSTUS, GERMANICUS DACICUS PARTHICUS,

PONTIFEX MAXIMUS, TRIBUNICIA POTESTATE XX,

IMPERATOR XIII, PROCONSUL, CONSUL VI, PATER PATRIAE

統帥・凱撒，神聖涅爾瓦之子，涅爾瓦・圖拉亞努斯・偉大的奧古斯都，日耳曼尼亞、達契亞、帕提亞的征服者，
最高祭司，第二十任護民官，第十三次被奉為皇帝，資深執政官，第六次擔任執政官，祖國之父

軍事
軍隊統帥

行政與司法
—管理羅馬及帝國的
各行省
—帝國的最高政務官
—皇帝不是每年都擔
任執政官，因此標出
次數

宗教
最高祭司
管理大聖職團
＝
羅馬公眾宗教的
最高管理者

政治與軍事勝利
—選舉期間或選後由
元老院賦予勝利者的
名銜
—戰爭期間由支持皇
帝的軍隊公開歡呼的
名銜

血統
—Caesar：
來自凱撒氏族。
—Divi Nervae filius：
這是登上神職的涅爾
瓦大帝之子

榮耀
每位皇帝
登基後幾個月，
由元老院頒發的
榮譽名銜

帝制行政組織
羅馬帝國前期

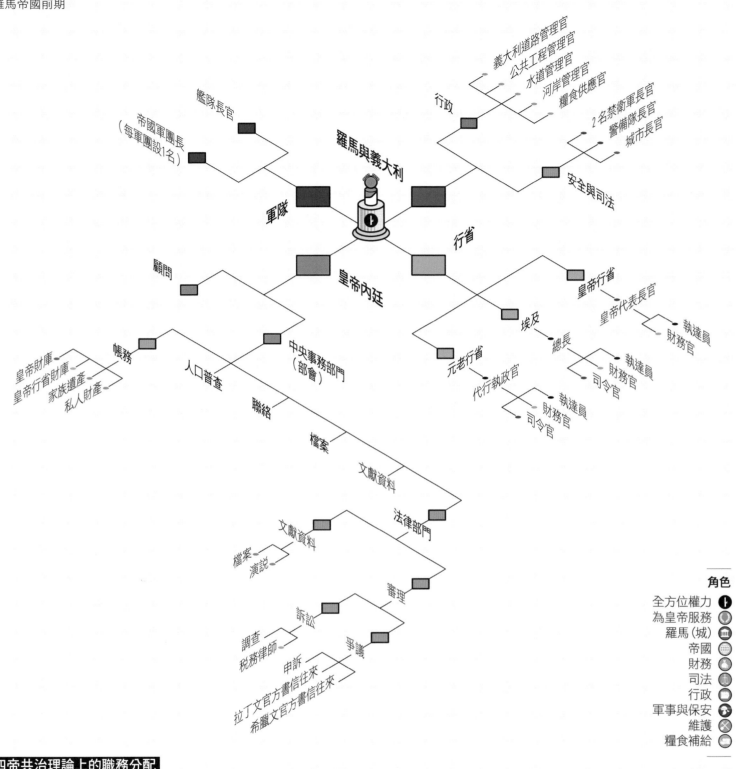

艦隊長官

帝國軍團長
（每軍團設1名）

軍隊

羅馬與義大利

義大利道路管理官
公共工程管理官
水道管理官
河岸管理官
糧食供應官

行政

2名禁衛軍長官
警備隊長官
城市長官

安全與司法

顧問

皇帝內廷

行省

皇帝行省

皇帝代表長官

執達員
財務官

埃及

總長

執達員
財務官
司令官

元老行省

代行執政官

執達員
財務官
司令官

帳務

皇帝財庫
皇帝行省財庫
家族遺產
私人財產

中央事務部門
（部會）

人口普查

聯絡

檔案

文獻資料

法律部門

檔案
演說

文獻資料

審理

調查
稅務律師

訴訟

申訴

爭議

拉丁文官方書信往來
希臘文官方書信往來

角色

全方位權力
為皇帝服務
羅馬（城）
帝國
財務
司法
行政
軍事與保安
維護
糧食補給

四帝共治理論上的職務分配

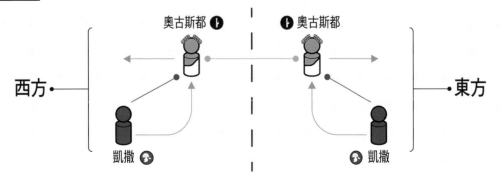

奧古斯都　　　奧古斯都

西方　　　　　　　　　　　　東方

凱撒　　　　　　　　　　　凱撒

統治
讓位
協助
取代

II. 禁衛軍

　　禁衛步兵大隊起源於軍營中守衛統帥營帳的部隊，奧古斯都謹慎地從各軍團中募集成員組成禁衛步兵大隊，再分派到羅馬各街區。西元前2年，他從騎士階級中挑選2人擔任禁衛軍長，負責指揮管理。禁衛軍駐守於聖域之外的維米那勒山丘（靠近現今羅馬的特米尼〔Termini〕車站）上一座落成於西元23年的軍營。禁衛軍原由9支各500人的步兵大隊組成，到了2世紀增為10支，步兵人數則增加2倍之多。塞提米烏斯・塞維魯斯（Septime Sévère）即位後，因不信任既有禁衛軍，於197年在阿爾巴隆伽（Albe la longue）成立第二帕提亞軍團，此軍團在前往東邊戰場之前，一直扮演禁衛軍的角色。3世紀中期後，雖然禁衛軍依舊存在，但幾乎被人遺忘。戴克里先減少了步兵大隊的數量，最後君士坦丁一世（Constantin）在312年解散了步兵大隊。

　　禁衛步兵大隊的士兵從義大利和各行省徵募而來，但擔任百夫長（centurions）的不是年輕的羅馬騎士，就是獲得晉升的禁衛兵。禁衛軍中不遵循一般軍隊的百人隊序列，也沒有首席百夫長（primipile）。2名禁衛隊軍長之下，由1名壯年兵擔任參謀長，資深百夫長（trecenarius）旗下指揮許多密探。禁衛步兵大隊沒有鷹首軍柱，只有旗幟，大體而言不會配備重型武器。這些步兵大隊由數名軍事護民官（tribun militaire）指揮。與此同時，尤利－克勞狄王朝的皇帝組建了一支日耳曼騎兵衛隊，到了圖拉真時期，則被1,000名菁英騎兵取代。後者也在312年後遭君士坦丁一世解散，由皇家騎兵衛隊（scholae montées）取代。

羅馬城內獲得授權的軍隊
西元23年

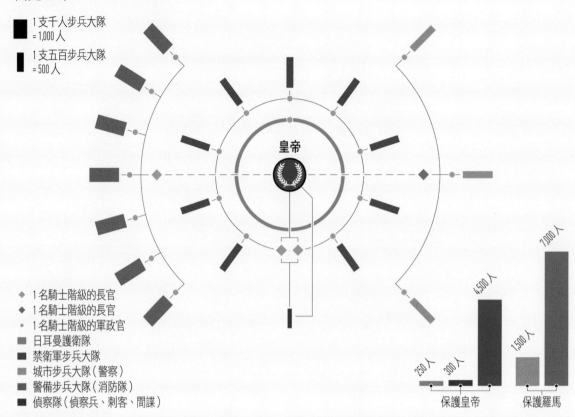

- ■ 1支千人步兵大隊 = 1,000人
- ▪ 1支五百步兵大隊 = 500人

- ◆ 1名騎士階級的長官
- ◆ 1名騎士階級的長官
- • 1名騎士階級的軍政官
- ■ 日耳曼護衛隊
- ■ 禁衛軍步兵大隊
- ■ 城市步兵大隊（警察）
- ■ 警備步兵大隊（消防隊）
- ■ 偵察隊（偵察兵、刺客、間諜）

皇帝

保護皇帝　保護羅馬
250人　300人　4,500人　1,500人　7,000人

禁衛軍人數變化

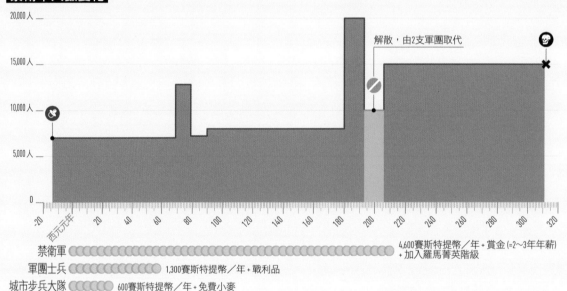

解散，由2支軍團取代

禁衛軍　　　　4,600賽斯特提幣／年＋賞金（=2~3年年薪）＋加入羅馬菁英階級
軍團士兵　　　1,300賽斯特提幣／年＋戰利品
城市步兵大隊　600賽斯特提幣／年＋免費小麥

作戰裝備
西元1世紀

作戰裝備
西元2世紀

護衛隊
西元1世紀

作戰裝備
西元3世紀

城市步兵大隊
西元1世紀

帝國時期行省數目變化

- ■ 新佔領的行省
- ■ 將一個行省切割成數個行省
- ■ 將數個行省合為一個行省
- □ 無變化

20	30	33	44	46	85	103
西元前24年	西元14年	西元46年	西元95年	西元235年	西元303年	西元400年

帝王停留的頻繁度

以停留時間與整個統治期的百分比表示

✕	●	●	●	●	●	●
0%	-1%	1～2%	2～5%	5～10%	10～20%	30～40%

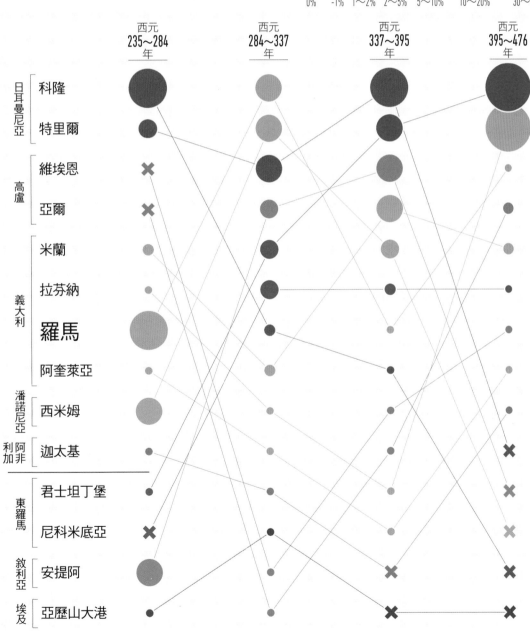

從奧古斯都到塞維魯斯王朝，皇帝的官方住所都位於羅馬城的帕拉蒂尼山丘，這兒從羅馬帝國之初，就在圖密善及塞維魯斯王朝時期發展為一座壯麗宮殿，設有數座迎賓大廳和帝國內廷重要官員的辦公室。自3世紀末起，在推行四帝共治制之時，各地紛紛興建新皇宮：戴克里先的皇宮位於比提尼亞（Bithynie）的尼科米底亞（Nicomédie）或敘利亞的安提阿（Antioch），伽列里烏斯（Galère）的皇宮位在潘諾尼亞（Pannonia）的西米姆（Sirmium），馬克西米安（Maximien）及君士坦提烏斯一世（Constance 1er）的皇宮則分別位於今義大利米蘭和德國特里爾（Trèves）。

後來君士坦丁一世改變了此制度。他在313、314年開始住在今法國亞爾（Arles），把所有的造幣工坊移到此地，並於314年舉辦亞爾主教大會；316年時離開特里爾，於326年至羅馬慶祝執政20週年。他在西米姆度過326～327年的冬天，好監視薩爾馬提亞人（Sarmates）的動向。327年底，他出巡多瑙河並留在當地，在尼科米底亞過冬。329年，他再次到西米姆過冬，接下來的330～337年間建造新都君士坦丁堡，這兒後來也成為他的固定住所之一。

直到360年，君士坦丁的幾個兒子多半沿用這些皇宮。但後來各凱撒副帝與奧古斯都正帝更加頻繁地隨戰場四處遷徙。比方說，尤利安（Julien）成為高盧地區的凱撒副帝，在今法國維埃恩（Vienne）度過356年的冬季。隔年他住在史特拉斯堡，357～358年及358～359年的冬天則在盧泰西亞（Lutèce，今巴黎）度過。360年的冬天他回到維埃恩，隔年則住在君士坦丁堡，362年落腳安提阿，準備遠征波斯。

君士坦丁堡在395年成為東羅馬帝國首都，西羅馬帝國的首都原在羅馬或米蘭，但霍諾留烏斯（Honorius）在402年將首都遷到今義大利拉芬納（Ravenne），直到476年。

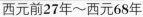

1 尤利—克勞狄王朝
西元前27年～西元68年

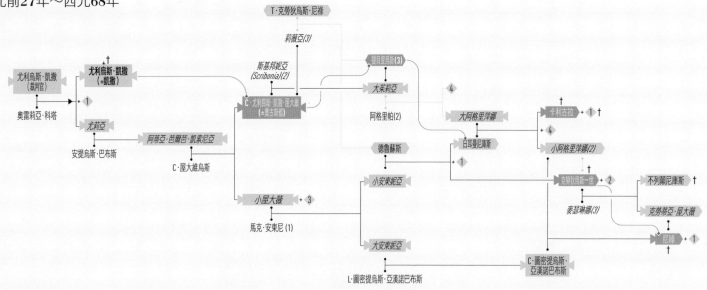

2 弗拉維王朝
西元69年～96年

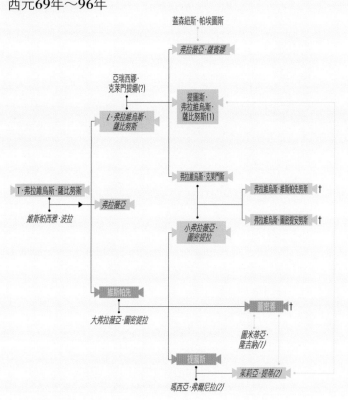

3 安東尼王朝
西元96年～192年

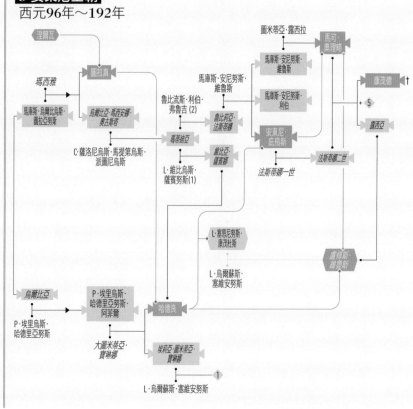

IV. 朝代

　　雖然皇帝的權力奠基於一連串的官方儀式、法令或投票結果，但成為皇帝的先決條件還是家族血統。屋大維利用三頭同盟（triumvirat）的頭幾年確立他與凱撒的親子關係，於西元前39年為自己的名字冠上「神聖凱撒之子」稱號。他也賦予妻子特權與特別的榮譽稱號，同時把親信納為家族成員（比如女婿阿格里帕〔Agrippa〕）。收養也是建立家族關係很重要的手段。

　　人們今天提到的尤利—克勞狄家族，指的是凱撒後代尤利的家族成員，在奧古斯都的女婿提貝里烏斯的牽線下，與克勞狄家族結合。直到西元68年，皇帝都從這樣的家族網絡中選出。西元68年，尤利—克勞狄王朝已走到末路，經歷了2年爭奪權位的內戰，由維斯帕先的弗拉維家族取得勝利。維斯帕先的2個兒子提圖斯和圖密善先後繼承王位。

　　奧古斯都建立的元首制讓王朝得以輪替，卻也必須付出內戰的代價。這也是羅馬帝國的王權首次從羅馬家族落入今義大利列提（Rieti）的維斯帕先家族手中。隨著圖拉真登上帝位並傳給後代，皇帝大位也落入西班牙的羅馬移民手中，接著移轉到原本來自利比亞和小亞細亞，後來才搬到羅馬城的塞提米家族（Septimii），建立了塞維魯斯王朝。自四帝共治時期開始，皇

4 塞維魯斯王朝
西元193年～235年

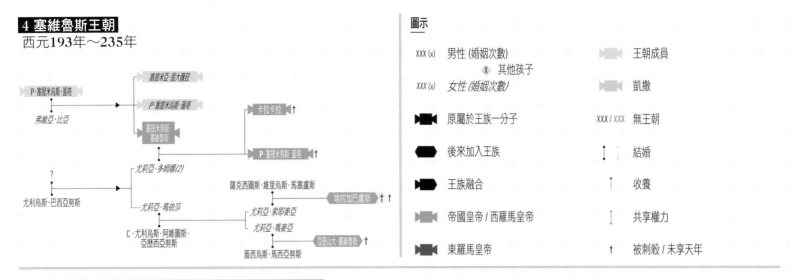

圖示

XXX (x)	男性 (婚姻次數)	▶▶▶	王朝成員
	X　其他孩子		
XXX (x)	女性 (婚姻次數)	▶▶▶	凱撒
◀▶	原屬於王族一分子	XXX / XXX	無王朝
◀▶	後來加入王族	↕	結婚
◀▶	王族融合	↑	收養
▶▶	帝國皇帝 / 西羅馬皇帝	↕	共享權力
◀▶	東羅馬皇帝	†	被刺殺 / 未享天年

5 君士坦丁王朝、瓦倫提尼安一世及狄奧多西家族
西元284年～457年

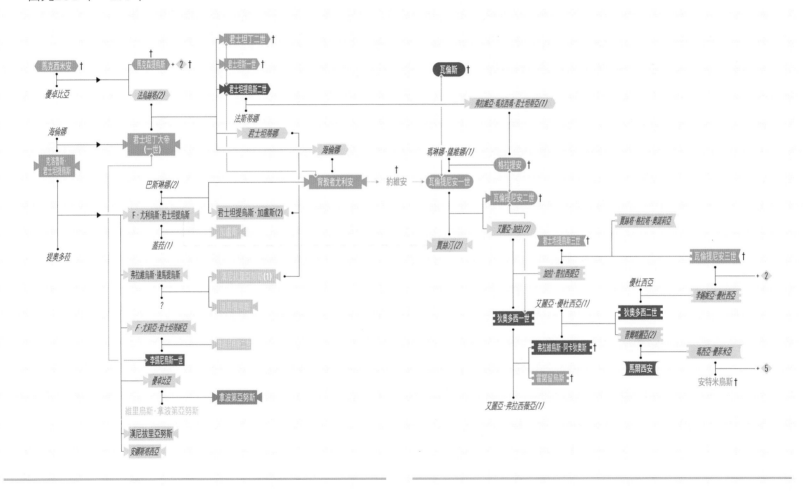

帝多來自多瑙河地區平凡的軍人家族，自君士坦丁之後就進入以聯姻關係為主的朝代。羅馬帝國最後的王朝始於瓦倫提尼安一世（Valentinien Ier），也奠基於同樣原則。

改朝換代的過程總免不了腥風血雨。當一名君主因犯下太多錯誤而被視為暴君（例如西元41年的卡利古拉），並導致元老院的反彈聲浪逐漸升高，就會有人策劃謀反，將帝王之位移交給同家族另一名成員。當數名沒有合法繼承權的候選人彼此競爭，往往會引發極為嚴重的危機，直到其中一人透過軍事或政治途徑取得權位，開創新的朝代。安東尼（Antonin）家族就是這樣在西元96年建立新王朝，塞提米家族也循同樣手段在193年取代前

者，代價是內戰直到197年才落幕。塞維魯斯王朝延續至西元235年，接下來的半世紀不斷發生各種戰亂。四帝共治帶來了相對和平的局面，此制度始於由一個刻意組成的家族分任4個帝位：奧古斯都正帝由2名無血緣但有如兄弟的人擔任，2名正帝再各提名1人擔任凱撒副帝，同時藉由收養或婚姻等途徑建立親屬關係，共同治理羅馬帝國。這個制度沿襲藉收養或聯姻建立王朝的傳統，直到西羅馬帝國滅亡都是如此。

V. 各任皇帝時間軸

從屋大維在西元前30年取得政權，到西羅馬帝國在476年敗亡為止，共經歷了7大王朝。我們可說直到235年，尤利一克勞狄、弗拉維、安東尼和塞維魯斯等王朝，都汲汲於平定戰亂，並擴大羅馬帝國各行省的版圖。他們建立中央政府制度來統治由許多城邦組合而成的廣大領土，也制定公民權，讓羅馬世界漸漸合而為一。

在**尤利一克勞狄王朝**（西元前30年～西元68年）期間，羅馬帝國平定境內戰亂，暫時征服萊茵河流域、多瑙河流域及敘利亞，同時改革羅馬政治制度，創建帝國行政組織。**弗拉維王朝**（西元70～96年）將帝制行政組織變得更加完善，同時平定萊茵河及多瑙河邊境地區的戰亂。**安東尼王朝**（96～193年）則奪回多瑙河流域及阿拉比亞。

經歷內戰之後，**塞維魯斯王朝**（193～235年）試圖平定幼發拉底河、多瑙河及萊茵河流域等邊境地區的戰亂。安東尼王朝到塞維魯斯王朝期間，被視為羅馬帝國黃金時期，但從235年起，長達35年的內戰及外敵入侵使羅馬國力節節衰退。這段無主的混亂狀態推動了全新的帝國制度：**四帝共治制**。羅馬帝國重獲和

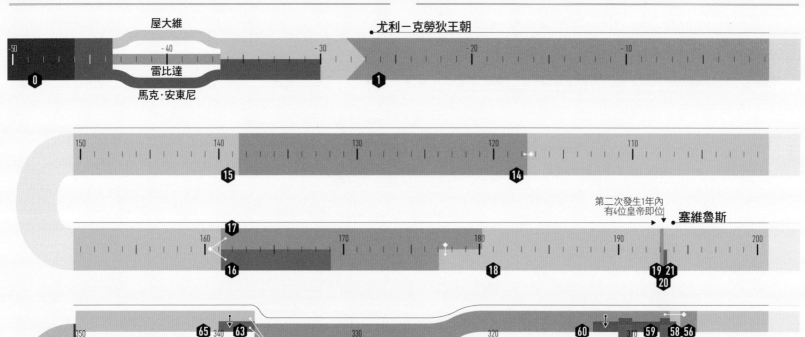

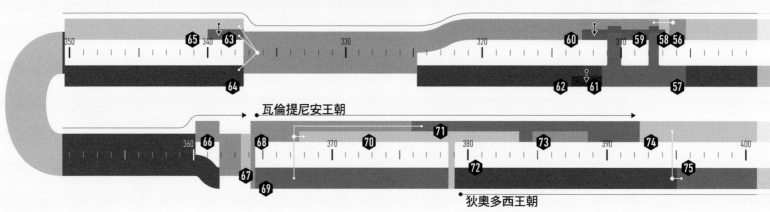

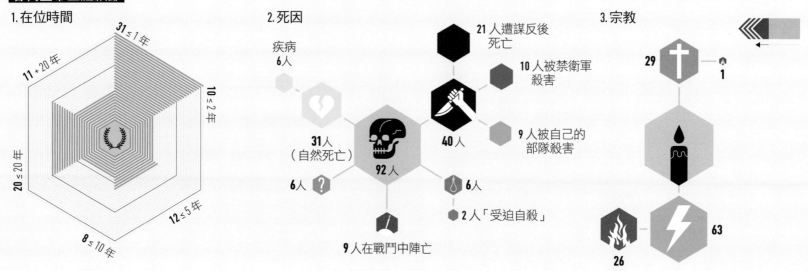

各代皇帝生涯細節

1. 在位時間

31 ≤ 1 年
11 + 20 年
10 ≤ 2 年
20 ≤ 20 年
12 ≤ 5 年
8 ≤ 10 年

2. 死因

疾病 6 人

21 人遭謀反後死亡

10 人被禁衛軍殺害

31 人（自然死亡）

92 人

40 人

9 人被自己的部隊殺害

6 人 ?

6 人

2 人「受迫自殺」

9 人在戰鬥中陣亡

3. 宗教

29

1

63

26

平，帝國政治體制劃分為東西兩區。

隨著君士坦丁在312年戰勝馬克森提烏斯（Maxence），接下來的312～363年間，都由**君士坦丁家族**掌握帝國政權。

瓦倫提尼安一世率領家族登上帝位（364～455年），軍隊變得愈來愈「蠻族化」，同時又遇到外敵入侵，西羅馬帝國勢力漸漸分裂，東羅馬帝國則變得更為強盛。瓦倫提尼安三世即位後，接下來幾個君主都只是傀儡，成了受蠻族國王控制的玩偶，直到476年西羅馬帝國最後一名皇帝羅慕盧斯·奧古斯都盧斯（Romulus Augustule）遭到罷黜，西羅馬帝國就此滅亡。

圖示

征服領土		基督教	古代宗教
失去領土		記錄抹煞之刑	
政治改革（行政、組織……）		羅馬帝國及西羅馬帝國	
遭自己的部隊或禁衛軍暗殺		東羅馬帝國	
自殺		共和國／羅馬／缺額	
陣亡於戰場		◆ 兒子／兄弟／養子	
推翻		➝ 存滅	

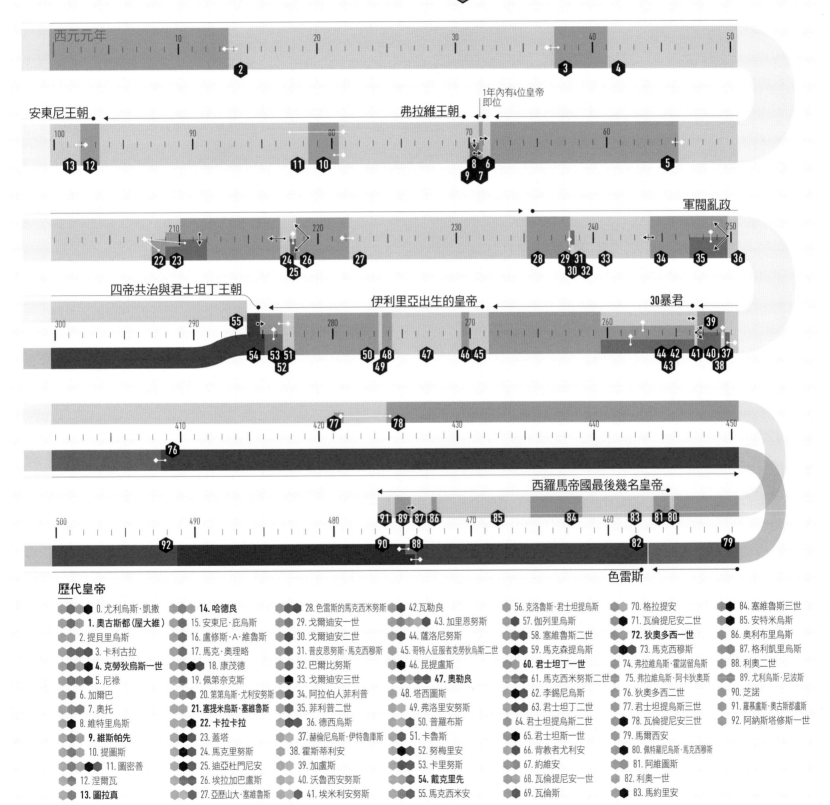

歷代皇帝

0. 尤利烏斯·凱撒	14. 哈德良	28. 色雷斯的馬克西米努斯	42. 瓦勒良	56. 克勞魯斯·君士提烏斯	70. 格拉提安	84. 塞維魯斯三世
1. 奧古斯都(屋大維)	15. 安東尼·庇烏斯	29. 戈爾迪安一世	43. 加里恩努斯	57. 伽列里烏斯	71. 瓦倫提尼安二世	85. 安特米烏斯
2. 提貝里烏斯	16. 盧修斯·A·維魯斯	30. 戈爾迪安二世	44. 薩洛尼努斯	58. 塞維魯斯二世	72. 狄奧多西一世	86. 奧利布里烏斯
3. 卡利古拉	17. 馬克·奧理略	31. 普皮恩努斯·馬克西穆斯	45. 哥特人征服者克勞狄烏斯二世	59. 馬克森提烏斯	73. 馬克西穆斯	87. 格利凱里烏斯
4. 克勞狄烏斯一世	18. 康茂德	32. 巴爾比努斯	46. 昆提盧斯	60. 君士坦丁一世	74. 弗拉維烏斯·霍諾留烏斯	88. 利奧二世
5. 尼祿	19. 佩第奈克斯	33. 戈爾迪安三世	47. 奧勒良	61. 馬克西米努斯二世	75. 弗拉維烏斯·阿卡狄烏斯	89. 尤利烏斯·尼波斯
6. 加爾巴	20. 第第烏斯·尤利安努斯	34. 阿拉伯人菲利普	48. 塔西圖斯	62. 李錫尼烏斯	76. 狄奧多西二世	90. 芝諾
7. 奧托	21. 塞提烏斯·塞維魯斯	35. 菲利普二世	49. 弗洛里安努斯	63. 君士坦丁二世	77. 君士提烏斯三世	91. 羅慕盧斯·奧古斯都盧斯
8. 維特里烏斯	22. 卡拉卡拉	36. 德西烏斯	50. 普羅布斯	64. 君士坦提烏斯二世	78. 瓦倫提尼安三世	92. 阿納斯塔修斯一世
9. 維斯帕先	23. 蓋塔	37. 赫倫尼烏斯·伊特魯庫斯	51. 卡魯斯	65. 君士坦斯一世	79. 馬爾西安	
10. 提圖斯	24. 馬克里努斯	38. 霍斯蒂安	52. 努梅里安	66. 背教者尤利安	80. 佩特羅尼烏斯·馬克西穆斯	
11. 圖密善	25. 迪亞杜門尼安	39. 加盧斯	53. 卡里努斯	67. 約維安	81. 阿維圖斯	
12. 涅爾瓦	26. 埃拉加巴盧斯	40. 沃魯西安努斯	54. 戴克里先	68. 瓦倫提尼安一世	82. 利奧一世	
13. 圖拉真	27. 亞歷山大·塞維魯斯	41. 埃米利安努斯	55. 馬克西米安	69. 瓦倫斯	83. 馬約里安	

宗教信仰

就像羅馬世界所有的城邦一樣，數種宗教共存於羅馬城，有各自的信眾。直到基督教傳入後，羅馬才走向單一宗教。羅馬世界的城邦多達2,000～3,000個，每個城邦都有各自的公眾信仰，羅馬城也是如此，甚至連每個家庭或私人團體（集會結社或職業公會等）都各有信奉的神祇。信眾並非隨意加入宗教團體，就公眾信仰而言，一個人的出生、取得公民權（經由加入輔助部隊服兵役等途徑）或成為獲釋奴，其身分決定了信奉的神祇。至於民間信仰，則是依據出生的家庭背景，或經由婚姻、收養或購買等途徑，成為一個宗教團體的成員。只有加入集會結社這個方式是個人選擇。

這些宗教並不是因為受到神啟或按某部聖書、教條而立，而是遵循祖先流傳下來的傳統，並由公開或私人群體的掌權者決定信仰方式。各信仰的核心是舉行儀式，羅馬民眾透過儀式得以與神明聯繫，簡單來說，神祇是民眾在人世的夥伴，協力完成俗世任務。這些宗教關心的並非靈魂和靈魂的救贖。在公眾信仰中，祭司握有神聖的權力，主導儀式進行，並維護神祇的資產。因此，公眾信仰的主事者是執政官、法務官、皇帝，以及特定的祭司團。

外地城邦與社會各有自己的信仰。住在非原生城市的外地人，也可以加入當地宗教。歷史悠久的城邦都保有當地傳統，比如希臘或小亞細亞的城市；而歐陸北部的城邦很快就創造了類似羅馬的信仰，但並不算「改信」其他宗教。整體而言，外地城邦保留原有宗教與神祇；若升格為自治市，即可選擇代表的神祇與習俗；若轉型為殖民地，則可自行建造萬神廟並規劃信仰儀式，但都必須依循「羅馬化」的準則。透過建立殖民地或軍隊駐紮，羅馬神祇也傳遍各地行省；而遊客及商人則把外國神祇帶進羅馬。發生戰亂時，羅馬城也可能會「召喚」某些具勝利意涵的外國神祇。

羅馬官方宗教關係到所有羅馬公民。在祈求神祇賜福羅馬人（也就是羅馬國）以及後來的皇帝時，都會舉行膜拜儀式。人們依循儀式慶典曆，呼喚當天的代表神祇。公眾宗教儀式包括奉上供品及徵詢神意。供品小從幾克的焚香和小型塑像，大至雕像、祭壇、神廟等，最常見的宗教儀式則是設置宴席，也就是獻祭儀式。舉行儀式時，人們把特定動物或植物獻給神明，接著殺死動物或毀壞植物，一部分以祭壇之火焚燒，一部分則供主祭者食用。供奉陰間神祇則進行燔祭（將獻祭的動物徹底燒盡），因為在世者無法與袍們一同享用祭品。這些儀式在固定或特殊慶典中舉行，常常也會同時舉辦各式競賽（雙輪馬車競賽、戲劇表演、狩獵等）。

祭神儀式也包括占卜與神論。若在羅馬城，占卜官經由觀察禽鳥的飛行模式或行為取得卦象，不在羅馬城的政務官則會向附近以動物內臟占卜的僧人求卦。政務官打算進行的事務，由當天日出前進行的占卜決定可不可行。以希臘文寫就的3卷《西卜林書》（*Livres sibyllins*）是羅馬的神論之書，十神論官（décemvirs，後來變成十五神論官〔quindécemvirs〕）會在當中尋找一兩句詩句，接著寫成希臘文藏頭詩，再向元老院宣佈，待元老討論詩句的意義後，由執政官執行元老的決議。

公眾信奉的神祇多來自拉丁姆地區、義大利中部，隨著羅馬領土漸漸擴張，有些則從大希臘、希臘、阿非利加傳入。經過各代皇帝統治，帝國時期的官方信仰漸漸引入許多新的神祇，原因通常是為了求勝：奧古斯都引進了阿波羅神和馬爾斯戰神，維斯帕先引進埃及神祇伊西絲（Isis）及塞拉比斯（Sérapis），無敵太陽神索爾（Sol Invictus）則可能是在274年由奧勒良引入，原因很可能是為了贏得帕邁拉（Palmyre）征服戰。有時皇帝也會建立新的信仰，比如埃拉加巴盧斯（Élagabal）皇帝在位期間，將敘利亞埃米薩（émèse，今敘利亞霍姆斯）廟宇的神祇引進羅馬，建立「埃拉加巴盧斯無敵太陽神」的新信仰。這些神祇一旦為官方接納，就會歸為「羅馬神祇」。

凱撒於西元前44年過世後升格為神（Divus），加入受人民崇拜的官方眾神行列。早在很久以前，哲學思潮就認為超群脫俗的人會得到永生。這種帶著詩意的說法轉變為結合希臘英雄式葬儀、海克力斯（Hercule）與埃斯庫拉庇烏斯（Esculape）傳說的儀式——這兩者是唯二以凡人之身超脫死亡升為神祇的前例。海克力斯神化過程是極為重要的範本，火化皇帝遺體時，一名參與者見證皇帝的身形或靈魂（animus/anima）在經歷希臘英雄式或建城者式的火葬後飛向天際。自此過世的皇帝升格為神，擁有祭司，供人民信奉。在東羅馬帝國，即使皇帝沒有升格為神，也會獲得動物獻祭；在西羅馬帝國，信眾崇拜的對象則是皇帝的神靈（Génie），也就是他們的神格化身與品德。

民間信仰的儀式與神祇和公眾信仰相差無幾。除了家族特有的神明，如一家之長的神靈（其神性化身）、家庭成員變成的拉爾家庭守護神（Lares），以及被稱為麻內（Mânes）的善靈（由過世親人組成的神靈）之外，各家族也會根據歷史崇拜某個羅馬傳統神祇。公開膜拜儀式歡迎民眾參與，而非官方慶典期間，一般信眾也可在神祇的公眾廟宇進行獻祭。定居羅馬或其他城邦的外國人，則有權私下膜拜自己信奉的神明。此外，各集會結社都有自己的信仰行事曆及儀式。這些民間信仰形成了一個個自治小團體，小團體的管理者和祭司則由一家之主或各集會結社歷年的最高領導者擔任。

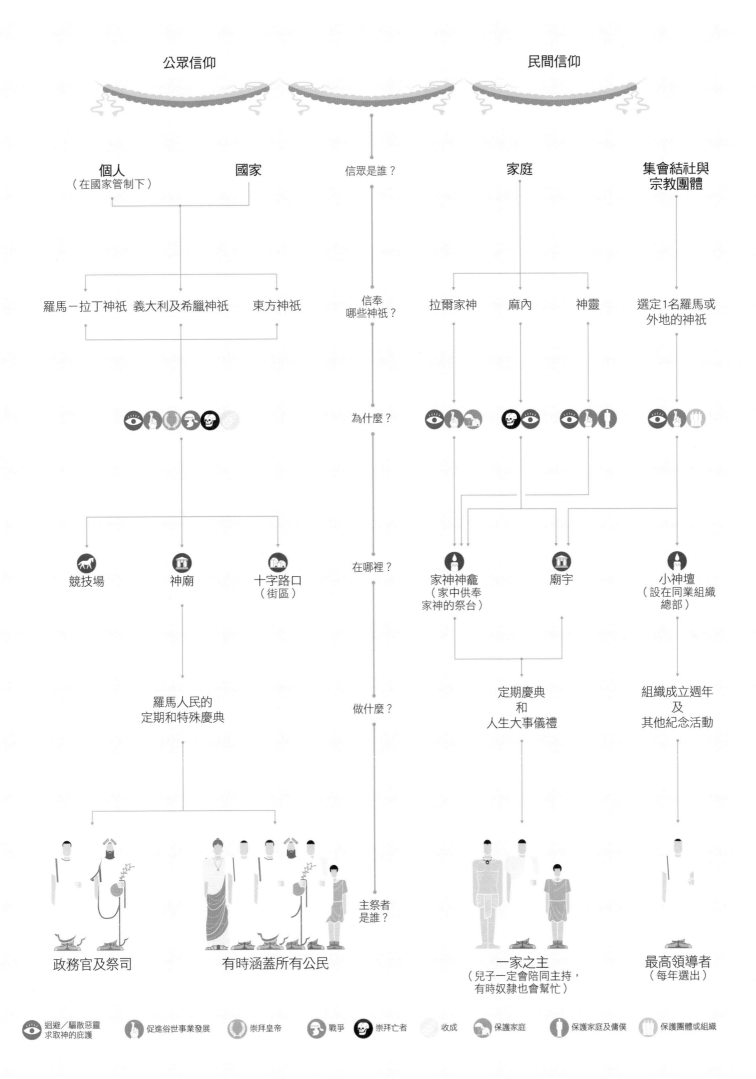

公眾信仰 民間信仰

個人（在國家管制下）　國家　　　信眾是誰？　　　家庭　　　集會結社與宗教團體

羅馬－拉丁神祇　義大利及希臘神祇　東方神祇　　　信奉哪些神祇？　　　拉爾家神　麻內　神靈　　　選定1名羅馬或外地的神祇

為什麼？

競技場　神廟　十字路口（街區）　　　在哪裡？　　　家神神龕（家中供奉家神的祭台）　廟宇　　　小神壇（設在同業組織總部）

羅馬人民的定期和特殊慶典　　　做什麼？　　　定期慶典和人生大事儀禮　　　組織成立週年及其他紀念活動

主祭者是誰？

政務官及祭司　有時涵蓋所有公民　　　一家之主（兒子一定會陪同主持，有時奴隸也會幫忙）　最高領導者（每年選出）

迴避／驅散惡靈求取神的庇護　　促進俗世事業發展　　崇拜皇帝　　戰爭　　崇拜亡者　　收成　　保護家庭　　保護家庭及傭僕　　保護團體或組織

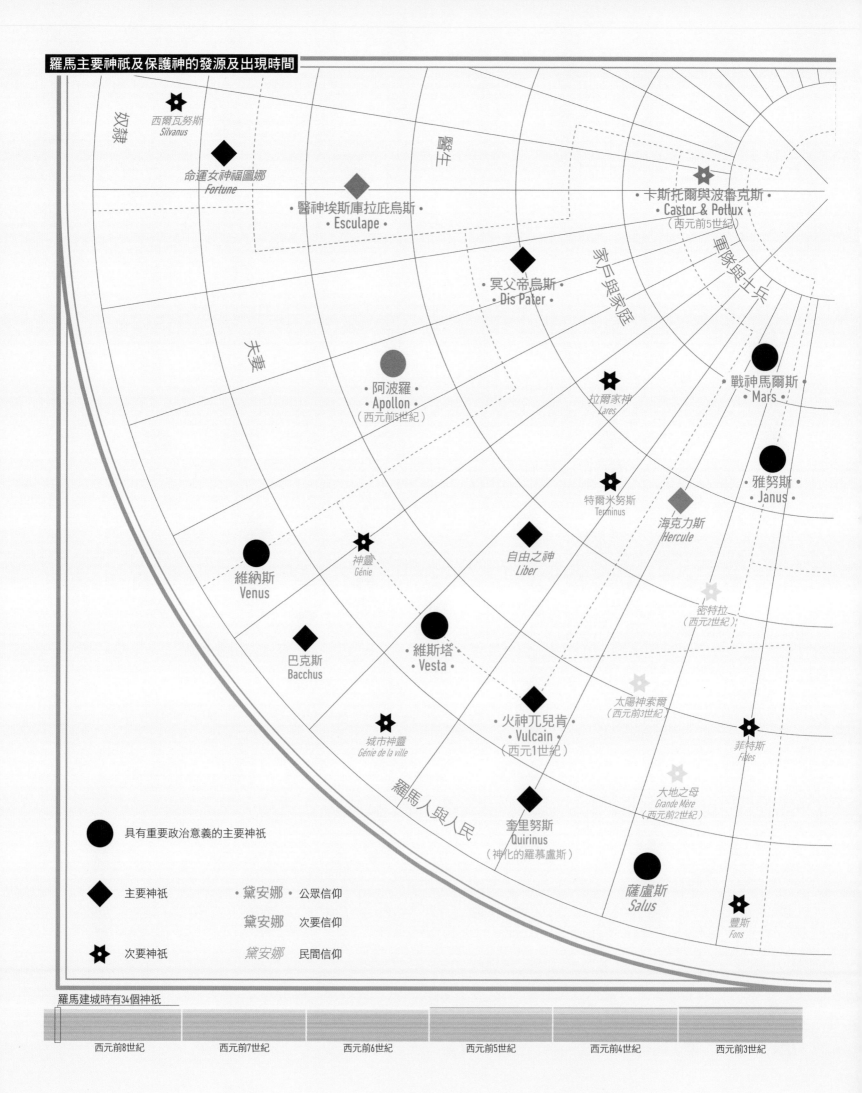

羅馬主要神祇及保護神的發源及出現時間

奴隸

西爾瓦努斯
Silvanus

命運女神福圖娜
Fortune

醫生

醫神埃斯庫拉庇烏斯·
· Esculape ·

家戶與家庭

軍隊與士兵

卡斯托爾與波魯克斯·
· Castor & Pollux ·
（西元前5世紀）

冥父帝烏斯·
· Dis Pater ·

夫妻

· 阿波羅 ·
Apollon
（西元前5世紀）

拉爾家神
Lares

戰神馬爾斯 ·
· Mars

雅努斯 ·
· Janus ·

特爾米努斯
Terminus

海克力斯
Hercule

密特拉
（西元2世紀）

· 維納斯 ·
Venus

神靈
Génie

自由之神
Liber

· 維斯塔 ·
Vesta ·

巴克斯
Bacchus

城市神靈
Génie de la ville

· 火神兀兒肯 ·
· Vulcain ·
（西元1世紀）

太陽神索爾
（西元前3世紀）

菲特斯
Fides

大地之母
Grande Mère
（西元前2世紀）

羅馬人與人民

奎里努斯
Quirinus
（神化的羅慕盧斯）

薩盧斯
Salus

豐斯
Fons

● 具有重要政治意義的主要神祇

◆ 主要神祇　　·黛安娜· 公眾信仰

　　　　　　黛安娜　次要信仰

✶ 次要神祇　　黛安娜　民間信仰

羅馬建城時有34個神祇

| 西元前8世紀 | 西元前7世紀 | 西元前6世紀 | 西元前5世紀 | 西元前4世紀 | 西元前3世紀 |

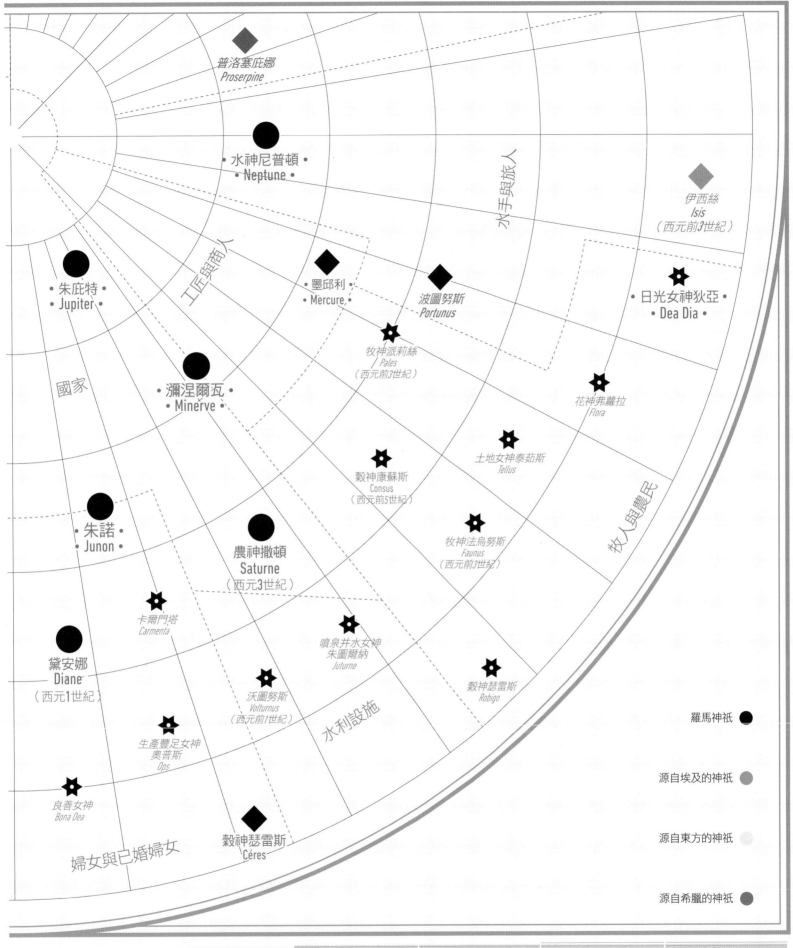

普洛塞庇娜
Proserpine

水神尼普頓
• Neptune •

伊西絲
Isis
（西元前3世紀）

水手與旅人

工匠與商人

朱庇特
• Jupiter •

墨邱利
• Mercure •

波圖努斯
Portunus

日光女神狄亞
• Dea Dia •

牧神派莉絲
Pales
（西元前3世紀）

花神弗蘿拉
Flora

國家

瀰涅爾瓦
• Minérve •

土地女神泰茹斯
Tellus

穀神康蘇斯
Consus
（西元前5世紀）

朱諾
• Junon •

農神撒頓
Saturne
（西元3世紀）

牧神法烏努斯
Faunus
（西元前3世紀）

牧人與農民

卡爾門塔
Carmenta

噴泉井水女神
朱圖爾納
Juturne

黛安娜
Diane
（西元1世紀）

沃圖努斯
Volturnus
（西元前1世紀）

水利設施

穀神瑟雷斯
Robigo

生產豐足女神
奧普斯
Ops

良善女神
Bona Dea

婦女與已婚婦女

穀神瑟雷斯
Céres

羅馬神祇 ●

源自埃及的神祇 ●

源自東方的神祇 ●

源自希臘的神祇 ●

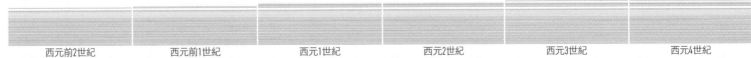

西元前2世紀　　西元前1世紀　　西元1世紀　　西元2世紀　　西元3世紀　　西元4世紀

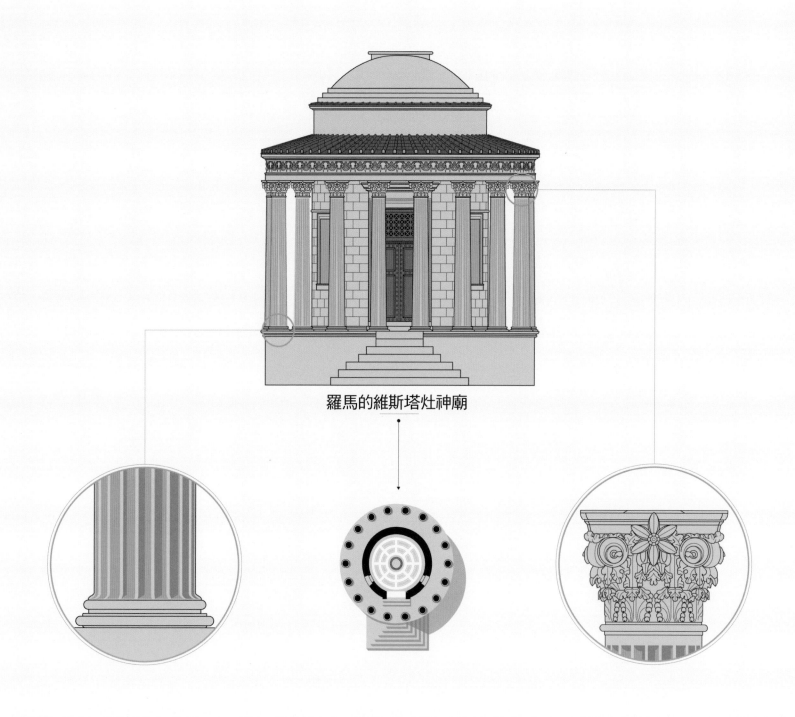

羅馬的維斯塔灶神廟

I. 膜拜地點與主祭人

　　羅馬國一旦接納某個神祇，就會為祂們建造俗世居所。它可能是一個專屬於某位神祇且設有祭壇的空間，一座神龕或一棟廟宇，周圍可能種了聖林並設有水井。最重要的神廟位於廣場或廣場附近，其他則散落在羅馬城各街區或城邦境內。大體而言，廟宇都是四角型，符合神廟（templum）的建築結構，以占卜決定佔地範圍，必須能夠進行公開活動，這也是其名稱的由來。神

廟內設有挑高的封閉空間（內殿〔cella〕），周圍被眾多立柱環繞，並設有門廊（pronaos），門廊前就是通往地面的階梯。內殿設有供人膜拜的神像，有些神廟建了3個內殿，每個內殿各供奉一位神祇，比如卡比托利歐神廟（譯注：即朱庇特神廟，裡頭分別供奉朱庇特、朱諾和彌涅俪瓦）。祭壇位在神廟前方。神廟的周邊庭院常圍繞一座聖林。除了舉行宗教慶典或整理環境，凡人不得進入神聖空間。神廟四周的廣場周圍通常設有柱廊，用來容納慶典的參與者，也當作宴席空間。柱廊屬於世俗空間，凡人可

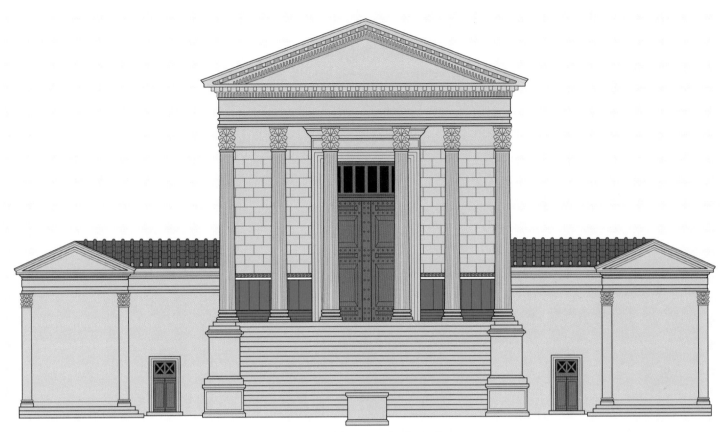

奧斯提亞的朱庇特神廟

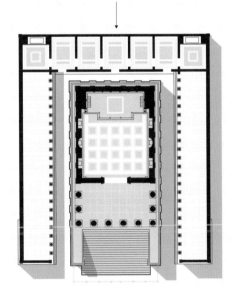

以自由進出。供奉外國神祇的神廟可能會有一些獨特的裝置,比如伊西絲和塞拉比斯的神廟會有個裝了「尼羅河之水」的水井。

羅馬廣場的圓形神殿(aedes)供奉的是灶神維斯塔,裡面設置羅馬公共爐火,公共祭典使用的火都來自灶神廟的火爐,可以說公開獻祭都經過此火認證。羅馬城也有其他的圓形廟宇,比如屠牛廣場的不敗海克力斯神廟就按希臘式圓形神廟而建(但少了高台)。最為人知的神廟是供奉了12位大神的萬神廟。軍營也會在軍旗廳裡設立小聖堂。

民間的膜拜地點就簡單多了。每戶都設有神龕,供奉拉爾家神(因此神龕稱為laraire)、一家之主及女家長的神靈。神龕不是設在廚房,就是家人共用的某個空間,甚至會設在庭園裡。神龕多半是個立了許多小神像的內凹空間,或一片彩繪壁面,前方設置一個祭台。家族祖先(麻內神)的祭台則設在城外。

各種民間集會結社的總部,多半會在神壇前進行膜拜儀式。外地人的宗教建築則有自己的形式,比如猶太人的會堂(synagogues)。

羅馬主要主祭人

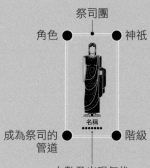

祭司團
角色 ● ● 神祇
名稱
成為祭司的管道 ● ● 階級
人數及出現年代
● 王政時期 ● 共和時期 ● 帝國時期

公眾信仰與主要祭司團

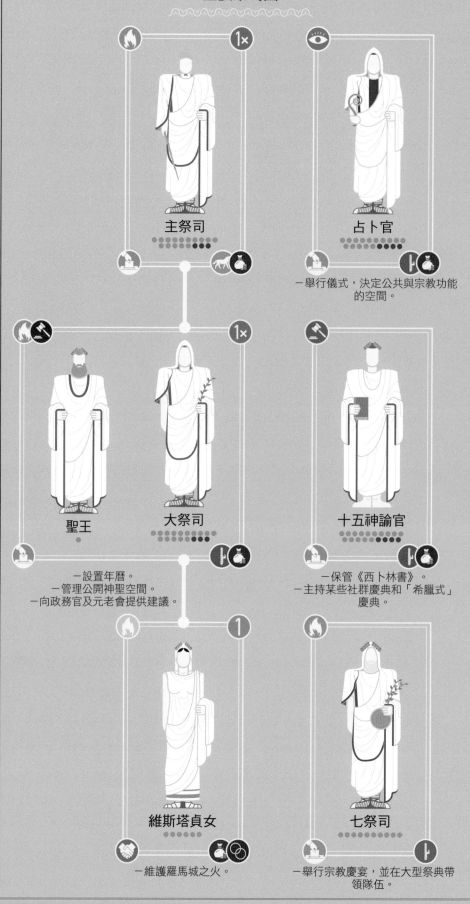

主祭司

占卜官
— 舉行儀式，決定公共與宗教功能的空間。

聖王

大祭司
— 設置年曆。
— 管理公開神聖空間。
— 向政務官及元老會提供建議。

十五神諭官
— 保管《西卜林書》。
— 主持某些社群慶典和「希臘式」慶典。

維斯塔貞女
— 維護羅馬城之火。

七祭司
— 舉行宗教慶宴，並在大型祭典帶領隊伍。

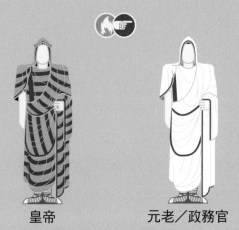

皇帝

元老／政務官
— 可向祭司及元老會提出宗教問題。
— 宗教事務遵循的規則需與他們討論。

任命祭司(帝國時期)

外交

占卜與神兆詮釋

管理並監察神權／監察外國信仰

只信奉一名／多名神祇的神職團

選舉／自行推選

主持從羅馬建國前／王政及共和時期／帝國時期傳下的宗教慶典

騎士／元老／羅馬氏族／貴族階級

羅馬固定宗教慶典

農務儀式　避邪儀式　戰爭儀式　公民儀式

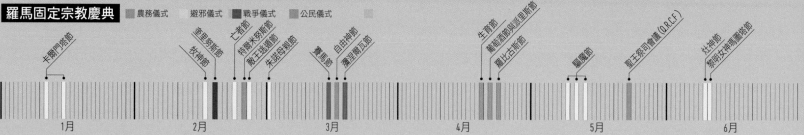

卡爾門塔節
牧神節
神里努斯節
亡者節
特爾米努斯節
敵王逃遁節
朱諾烏斯節
賽果節
自由神節
彌涅瓦節
生育節
葡萄酒節與流申斯節
羅比古斯節
曬鹽節
聖王祭司會議 (Q.R.C.F.)
灶神節
黎明女神瑪圖塔節

1月　2月　3月　4月　5月　6月

公眾信仰與
次要祭司團

民間與
外國信仰

奧古斯都祭司團

提圖斯祭司團

阿爾瓦勒兄弟團

外交祭司團

—負責羅馬人民與神祇，對外國人
民的官方關係。
—主持宣戰與和平儀式。

牧神法烏努斯祭司盧佩格
(x2)

臟卜師

撒利舞蹈祭司
(x2)

—守護戰神馬爾斯的神聖盾牌。
—主持部分戰士儀式。

外國宗教的溝通導師
（例：猶太教士〔Rabbin〕）

人民奠炷節

護林節

尼普蘋節
芙瑞那節

維蘇斯節
高盧采收節
波盧努斯節

兀兒肯節
奧比康西烏瓦節
沃盧努斯節

羅馬競技賽及
朱庇特慶宴

豐斯神節
十月戰馬節
品酒節

戰神淨化武器節

平民競技賽與
朱庇特慶宴

康蘇斯節
撒頓節
奧普斯節
拉倫塔利亞節

7月   8月   9月   10月   11月   12月

II. 大型慶典範例：百年祭

西元前1世紀發生一個奇蹟事件後，《西卜林書》叮囑羅馬應恢復古老的百年祭典，作為告別上一世代並請求神祇賜福下一世代的儀式。百年祭分別在西元前17年、西元88年和204年舉行，共計3次。君士坦丁在314年終止了這項傳統儀式。

在羅馬人民的圍觀下，由十五神諭官及多名已婚婦女主持百年祭。經過各種準備儀式後，正式祭典於5月31日到6月1日的晚間，在2個陰間神祇冥父帝烏斯和普洛塞庇娜的神廟附近，一個

古老的膜拜地塔瑞敦（Terentum或Tarentum）揭開。接連3天的祭典期間，每天都以一場夜間儀式慶祝上一世代的逝去，並以一場晨間儀式迎接新生的一代。在這3個晚上，十五神諭官分別以燔祭向摩伊賴命運三女神（Moires）、主宰生育的埃雷西亞三女神（Ilithyies）和大地之母（Terre Mère）獻祭。每晚完成獻祭後，祭司前往塔瑞敦旁的露天木製劇場觀賞戲劇表演。與此同時卡比托利歐山丘上，供奉朱諾的內殿前方，皇后和祭司選出的109名已

百年祭流程
（西元204年）

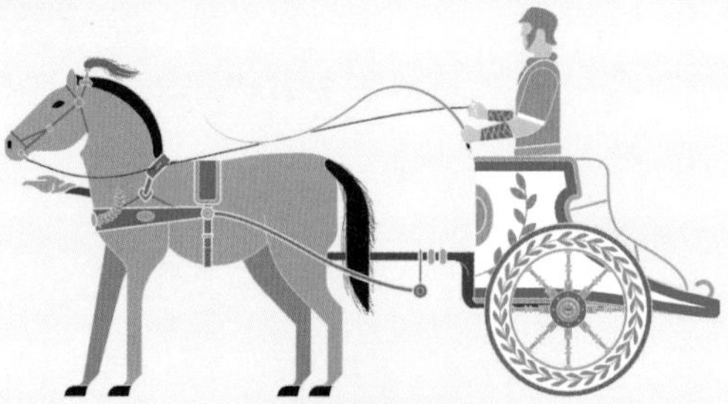

雙輪戰車(Bige)
由2匹馬拉的雙輪戰車

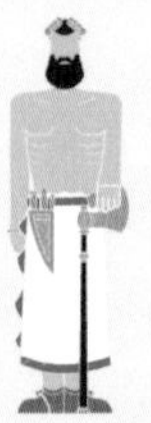

宰殺牲口的祭司

圖示：

圖示	說明
準備祭品	
獻祭	
宴席	
表演	
啞劇	
戰車競賽	
狩獵異國動物	
懇求／祈禱	
朗誦祭歌	
詔書與法令	
召集十五神諭官	
祭司抽籤	
準備	
打賞男童女童	

最偉大的朱庇特
朱諾
黛安娜
阿波羅
馬爾斯
奧古斯都
摩伊賴三女神
萬物眾神之母
大地之母
海克力斯
埃雷西亞三女神

皇帝
十五神諭官
皇后及109名已婚婦女
維斯塔貞女
27對童男童女
跑者、雜技演員、啞劇演員及祭司
觀賞

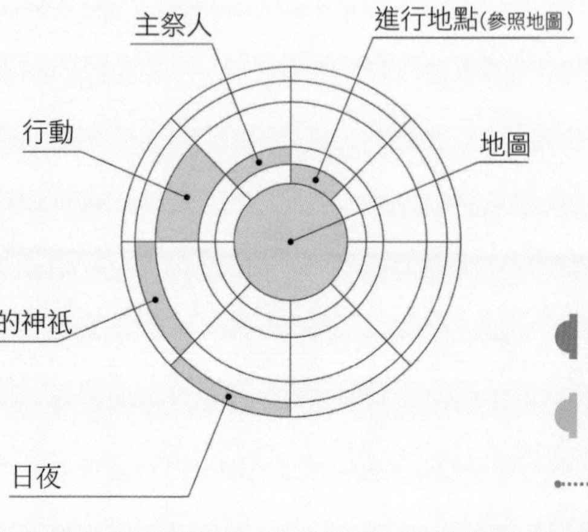

主祭人
進行地點(參照地圖)
行動
地圖
敬奉的神祇
日夜

表演地點
膜拜地點
每日進程

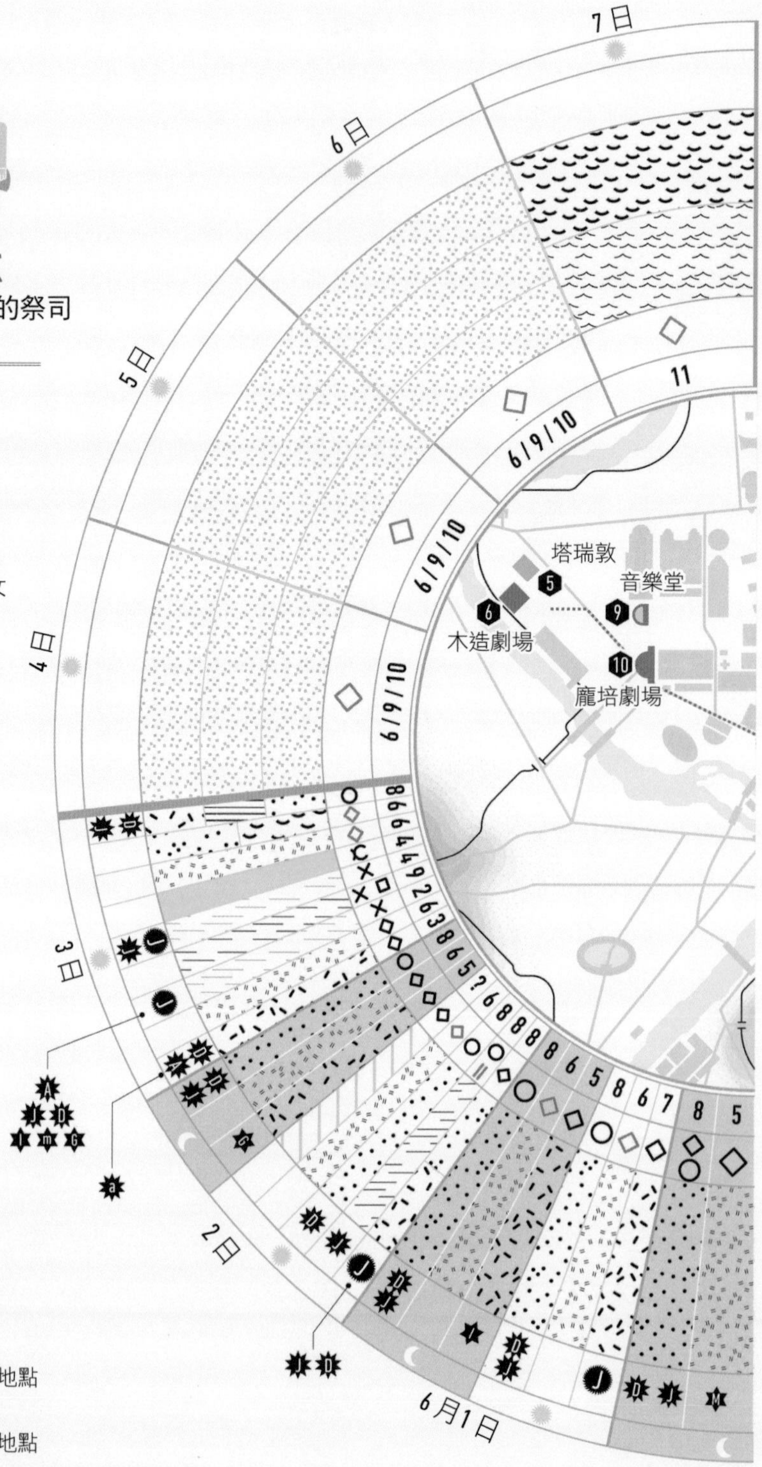

31

婚婦女會連續守夜3晚，主持獻給朱諾和黛安娜的宴席。至於這3天的早上，十五神諭官則會在卡比托利歐山向神祇獻祭，6月1日是朱庇特，6月2日是朱諾和黛安娜，6月3日則在帕拉蒂尼山上向阿波羅和黛安娜獻祭。晨祭後他們會前往木造劇場觀賞表演，與此同時109名已婚婦女則主持另一場獻給2名女神的宴席。慶典第2天，在皇帝的帶領與2名維斯塔貞女的陪同下，109名已婚婦女懇求朱諾女神賜福。6月3日早上，祭司在獻祭結束並觀賞表演後，分別回到阿波羅與黛安娜的神廟，27對童男童女朗誦讚歌。接著祭司帶著童男童女、進入決賽的跑者與啞劇演員前往卡比托

利歐山，童男童女分別於朱庇特與朱諾的神壇前再次朗誦讚歌。祭司打賞兒童後，主持表演的閉幕式，接著到木造劇場附近事先搭建的競技場主持戰車競賽。與此同時，109名已婚婦女向朱諾與黛安娜獻祭，童男童女則在宴席上為祂們朗誦讚歌。她們也會打賞這些孩子。6月4～6日會有更多的表演，最後在6月7日舉辦戰車競賽及狩獵活動，百年祭到此畫上句點。

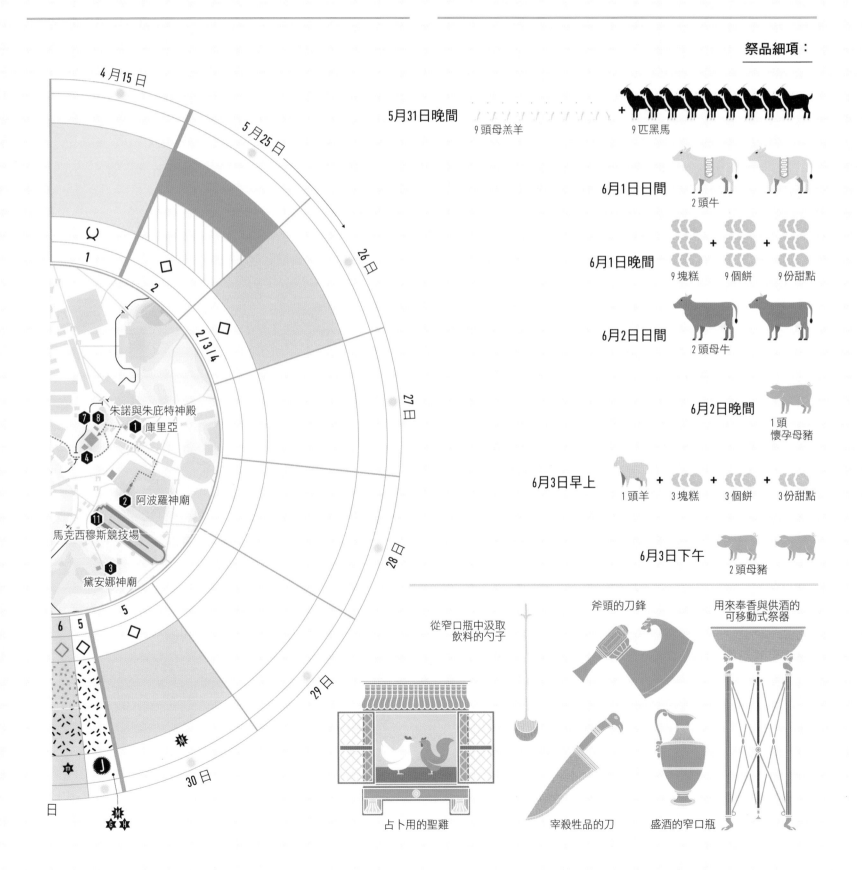

III. 猶太社群及基督教的傳播

就像其他許多城邦一樣，羅馬城自西元前1世紀開始就出現猶太社群，他們可以信奉猶太教和遵守猶太律法。西元65年猶地亞（Judée）爆發反羅馬起義行動，最終演變為一場災難：耶路撒冷的第二聖殿在70年遭到摧毀，猶太教因此改變。它原本是一個王國的公眾信仰，只有1名教士和1座聖殿的猶太教，自此成為羅馬世界中部分人口的共同信仰。西元71年後，各地的猶太會堂讓猶太教更加壯大，猶太人相聚會堂一起祈禱、舉行儀式、參加慶典，許多家庭也信奉猶太教。

到了提貝里烏斯的時代，也就是1世紀初，拿撒勒人（Nazareth）耶穌的佈道思想傳到了猶地亞。據說猶地亞的羅馬長官在神廟祭司的施壓下，逮捕並處死了耶穌。自此之後，來自塔爾蘇斯（Tarse）、具羅馬公民身分的猶太人保羅與其他傳教士協力創造了許多基督徒社群，特別是在大城市。到了90年，基督教與猶太教分裂，但直到2世紀，我們才從歷史學家塔西圖斯（譯注：Tacite，西元58-120年）記敘70年猶太戰爭的文件中，首次看到基督徒的稱呼。比提尼亞與本都（Bithynie et du Pont）行省總督小普林尼（Pline le Jeune）寫給圖拉真皇帝的信中，詳細描述了此信仰的傳播及此前羅馬的態度。直到當時，一旦成為基督徒就等於犯了重罪，會被判死刑；圖拉真改變作法，規定告發者如果無法舉證，就得遭受相同懲罰，舉發基督徒的事件就此大幅減少。雖然發生過一些不幸事件，比如177年的里昂迫害案，但當局並未大規模及長時間地追捕基督徒。整體而言，只有真的被控「褻瀆君主罪」的惹事者，在拒絕公開放棄基督教的情況下，才會被處決。

不管如何，基督教漸漸遠播四方。但3世紀後半發生帝國危機後情勢大變，羅馬帝國粗暴地殺害基督徒。君士坦丁打敗最後一個圖謀帝位的對手（非基督徒）後，於312年與基督教會握手言和。基督教不再是非法宗教，有自己的巴西利卡和教堂，並在接下來的1個世紀間被視為唯一合法宗教，有皇帝背書，同時也分裂成許多教派及地區教會。

諾維歐馬古斯
阿格里皮納殖民地
波納
杜羅科托魯姆
特來弗洛姆
盧泰西亞
維桑修
盧格杜努姆
梅迪奧拉努姆
布爾迪加拉
熱那亞
納博馬蒂尤斯
馬薩利亞
塔拉科
凱撒利亞奧古斯塔
奧古斯塔艾梅里達
科杜巴
西斯帕里斯
新迦太基
凱撒利亞
迦太
錫爾它
丹吉

七燭台
（猶太教）

魚與十字架
（基督教）

✝ 宗主教(亦稱牧首)教區
◉ 總主教教區
◎ 主教教區
✝✝✝ 於西元1世紀／2世紀／325年後的基督教社群
■ 基督教在3世紀傳入
■ 基督教在4世紀傳入
■ 基督教在5世紀傳入
★ 在3世紀出現大量猶太社群
→ 猶太人的散佈方向
---- 3世紀末羅馬帝國邊界
🔥 3世紀前的反基督教迫害事件

基督教發展重要事件 （信徒佔帝國總人口的百分比）

1. 西元177年／帝國境內迫害基督徒（里昂殉教者）
2. 西元202年／禁止猶太人和基督徒傳教
3. 西元250年／迫害基督教
4. 西元260年／立法接納基督教
5. 西元301年／啟蒙者格列高利一世（Grégoire Ier）成功讓大亞美尼亞國王提里達底三世（Tiridate III）成為基督徒，亞美尼亞成為第一個把基督教列為國教的國家
6. 西元303年／迫害基督徒

7. 西元311年／伽列里烏斯敕令（接納基督教）
8. 西元312年／馬克西米努斯立法反基督教
9. 西元313年／米蘭敕令（接納基督教）
10. 西元331年／清查神廟財產並充公
11. 西元341年／首次禁止異教獻祭
12. 西元356年／東羅馬帝國禁止獻祭，關閉神廟
13. 西元361年／重建異教信仰，反對基督徒
14. 西元381年／第一次君士坦丁堡公會議：再次禁止異教獻祭

15. 西元382年／拒絕以多神教為國教，庫里亞的凱旋祭台遭移除
16. 西元385年／禁止獻祭，禁止審查受害者的內臟
17. 西元386年／摧毀敘利亞、埃及、阿非利加的廟宇
18. 西元391年／羅馬城內禁止傳統民間信仰
19. 西元392年／帝國境內禁止傳統信仰（多神教）
20. 西元399年／摧毀鄉間異教廟宇和卡勒斯提斯神廟（Temple Caelestis）
21. 西元435年／再次禁止異教獻祭

羅馬

經歷共和時期大大小小的戰爭，羅馬終於平定了義大利和西地中海一帶，接著在西元前2～前1世紀佔領了東地中海及附近國家，因此進入西元紀年後，人們可在整個羅馬帝國境內安全旅行，範圍從直布羅陀直達黑海，從蘇格蘭和萊茵河／多瑙河流域到撒哈拉。我們可保守地說，西元紀年之初出現了一個「世界經濟體」，且在接下來的2個世紀不斷擴張，直到3世紀中期才開始因政治衝突及他族入侵而受到影響。羅馬帝國雖於4世紀初進入相對和平的時期，但其經濟無法回復往年的繁榮興盛，原因是游牧民族在萊茵河與多瑙河流域造成的壓力，與此同時帝國在最富裕的東半部成立新都君士坦丁堡。西羅馬帝國自5世紀就陷入混亂失序的局面，經濟發展也急速衰退。

我們要如何理解羅馬的經濟本質？大略而言，古代經濟長久以來一直是各種推論辯證的主題，追根究柢這一切都是因為資料來源參差不齊，但這情有可原。儘管考古工作揭露的原始資料愈來愈多，但書面資料多半都有殘缺，依舊難以評估。考古學家發掘到的古代農莊屬於誰？這些莊園或作坊的經營模式為何？獲利多少？陶瓷品留下的數據最為完整，卻也引發另一個疑問：這些陶瓷是非常重要的經濟商品還是劣等貨？那些從各地廢墟和考古遺址挖掘出來的數千只雙耳瓶，到底是不是葡萄釀酒業和橄欖油業的可靠證物？人們一直以為這些雙耳瓶是裝酒用的，直到出現

I. 羅馬經濟運作模式

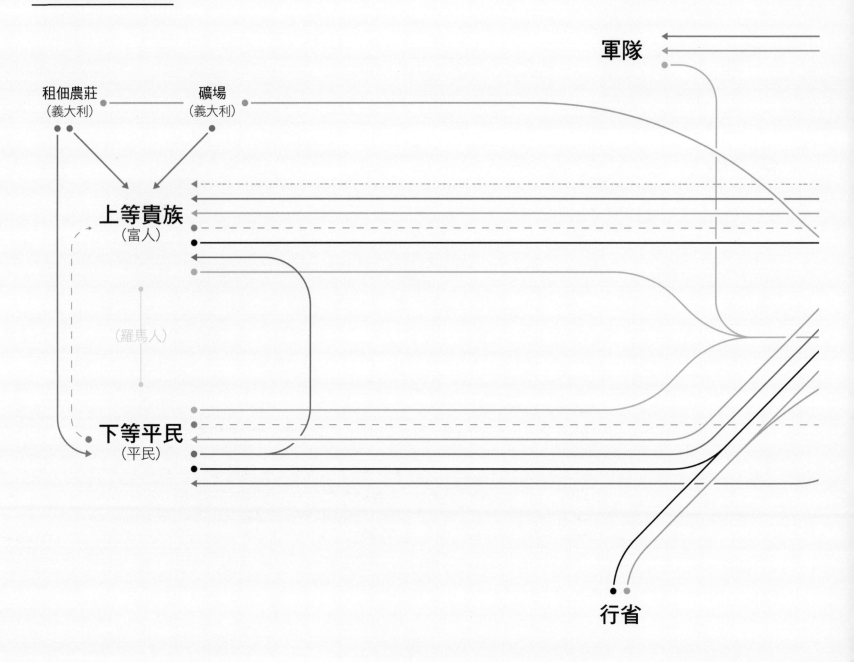

軍隊

租佃農莊
（義大利）

礦場
（義大利）

上等貴族
（富人）

（羅馬人）

下等平民
（平民）

行省

經濟

足夠的考古證據，我們才知道羅馬人也用木桶裝酒，但之前幾乎沒人知道這回事。

對古人來說，土地是最好的投資，獲利率約在6%上下，但就當時文件看來，古人對經濟的態度並不理性。再者市場經濟並不包括農業活動，施行農業主要是為了自給自足。就我們所知，買賣交易與製造業都被視為次要活動，只有製造與買賣貴重物品（寶石、珍珠、香水、香料）被視為高收益的行業。我們注意到羅馬於帝國初期在北非及西歐的廣大地區推動農業，但基本食品、油、葡萄酒、陶瓷品等的產量，只在少數幾個年代超越門檻，比如共和時代末年。簡而言之，許多問題至今仍找不到

答案，更別提時序上的大量空白、地理資訊不均等因素，都讓研究受限；再者各派人士在分析古代經濟時的立場，多半擺盪於把經濟融入文化與政治的「原始主義」（芬利〔M. Finley〕與加恩西〔P. Garnsey〕等學派），以及以現代世界的經濟角度加以分析的「現代主義」路線。直到尼可萊（C. Nicolet）及維恩（P. Veyne）發表論文後才開拓一條中庸之道，他們除了正視古人的經濟觀與現今大不相同外，也試圖評估當時的經濟需求與產能。

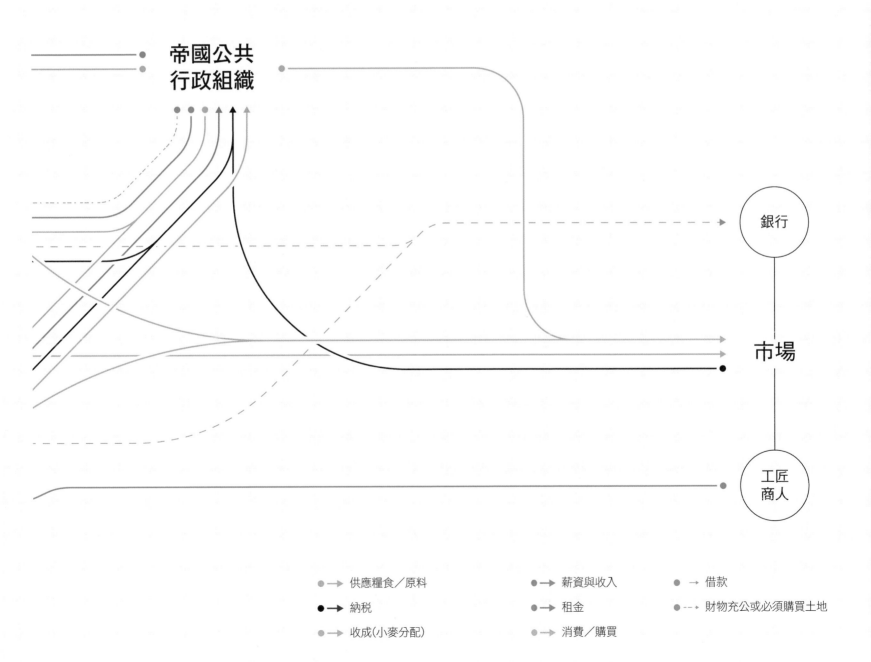

帝國公共
行政組織

銀行

市場

工匠
商人

● → 供應糧食／原料　　　● → 薪資與收入　　　● → 借款

● → 納稅　　　● → 租金　　　● --- 財物充公或必須購買土地

● → 收成(小麥分配)　　　● → 消費／購買

II. 羅馬、義大利和整個帝國的需求

共和時代的經濟主要用以滿足需求，特別是糧食需求。羅馬的糧食供應與政治密切相關，一旦發生嚴重匱乏就可能引發暴動。因此穩定供應小麥是經濟活動很重要的一部分，後來則是油脂，這些必需物資不計入經濟活動。國家和貴族確保將各地的年度收成送到羅馬。建立新都君士坦丁堡後，羅馬城人口在4世紀急遽下降，由此即可看出帝國各地的每年收成對羅馬多麼重要。至於地方和其他大城市則仰賴當地貴族的支持，當地貴族會確保私人領地的收成持續送到「受他們庇護」的對象手中。

羅馬的經濟並非自由發展，共和時期的元老院和後來的皇帝都會在危急時刻插手干預。把小麥運往羅馬的商販和貨運業者，會得到君主提供的稅賦優惠或司法優待（比如從克勞狄烏斯一世到康茂德〔Commode〕時期，小麥會從亞歷山大港運過來；康茂德即位後也有部分小麥從非洲運到羅馬）。各地的經濟需求則由當地和地區性的手工製造業提供，但有些手工產品，如陶瓷、磚瓦、冶金物、大理石等，則循經濟網絡送往各地，但我們未能取得交易運輸量或進出口的資訊。比方來說，船隻運貨時有時會用磚塊或瓦片當作壓艙物；因此，即使非洲地區的建築物使用了拉丁姆地區某座大型農莊在非農忙時期製作的磚塊，也不能當作磚塊大量出口的證明。最後，從磚瓦上的印記看來，許多磚瓦都由軍隊製造，一方面除了滿足軍隊本身的需求，一方面也供給軍營附近的城邦建造當地公共建築之用。自西元1世紀末開始，磚瓦多半用在羅馬的大型皇家工程（公共浴池、廟宇、廣場、柱廊），以致所有的造磚場在短期內都被納為公有。大理石、花崗岩、金屬可能是最常長途運送的資源，不過大體而言都用來進行公共建設，而採石場和礦場常常歸皇家所有。

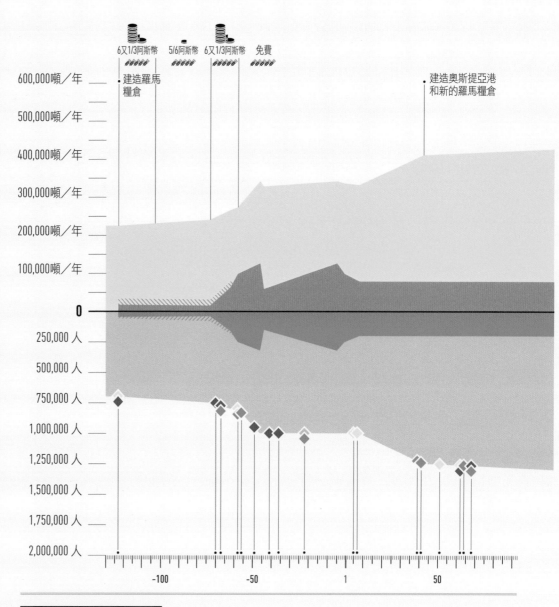

羅馬穀物的主要供應者
以西元前73年的西西里島為例

共和國 / 帝國初期主要供應者 ————

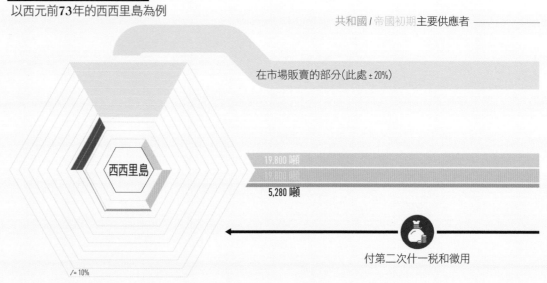

在市場販賣的部分（此處 ±20%）

西西里島

19,800 噸

5,280 噸

付第二次什一稅和徵用

西西里穀物產量的分配（估計值）

第一次什一稅／稅 (10%) ｜ 第二次什一稅／每羅馬斗3塞斯特提幣 (10%) ｜ 徵用／每羅馬斗3.5塞斯特提幣 (2.5%)

當地長官預先徵收 (±0.7%) ｜ 留下來做種子 (±12.5%) ｜ 提供當地食用／儲存／賣給外國 (±64.3%)

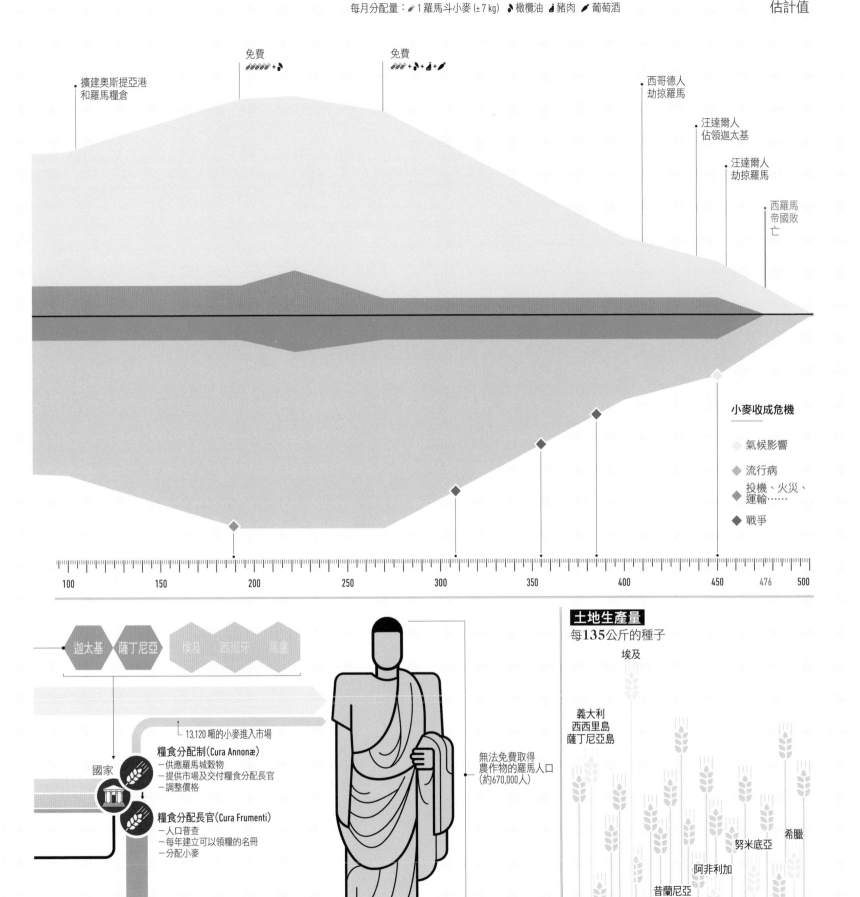

理論上的小麥總需求量　收成獲利者　羅馬國總人口　理論上仰賴收成的人口數　最高值

每月分配量：1羅馬斗小麥 (±7 kg)　橄欖油　豬肉　葡萄酒

免費

免費

擴建奧斯提亞港和羅馬糧倉

西哥德人劫掠羅馬

汪達爾人佔領迦太基

汪達爾人劫掠羅馬

西羅馬帝國敗亡

小麥收成危機

氣候影響

流行病

投機、火災、運輸……

戰爭

100　150　200　250　300　350　400　450　476　500

迦太基　薩丁尼亞　埃及　西班牙　高盧

13,120 噸的小麥進入市場

國家

糧食分配制 (Cura Annonæ)
－供應羅馬城穀物
－提供市場及交付糧食分配長官
－調整價格

糧食分配長官 (Cura Frumenti)
－人口普查
－每年建立可以領糧的名冊
－分配小麥

無法免費取得農作物的羅馬人口（約670,000人）

可免費取得農作物的人口（40,000～50,000人）

15,840～31,680 噸的小麥分配給人民

土地生產量
每135公斤的種子

埃及

義大利
西西里島
薩丁尼亞島

希臘

努米底亞

阿非利加

昔蘭尼亞

1,200 公斤／公頃	1,710 公斤／公頃	269 公斤／公頃	400 公斤／公頃	540 公斤／公頃	620 公斤／公頃

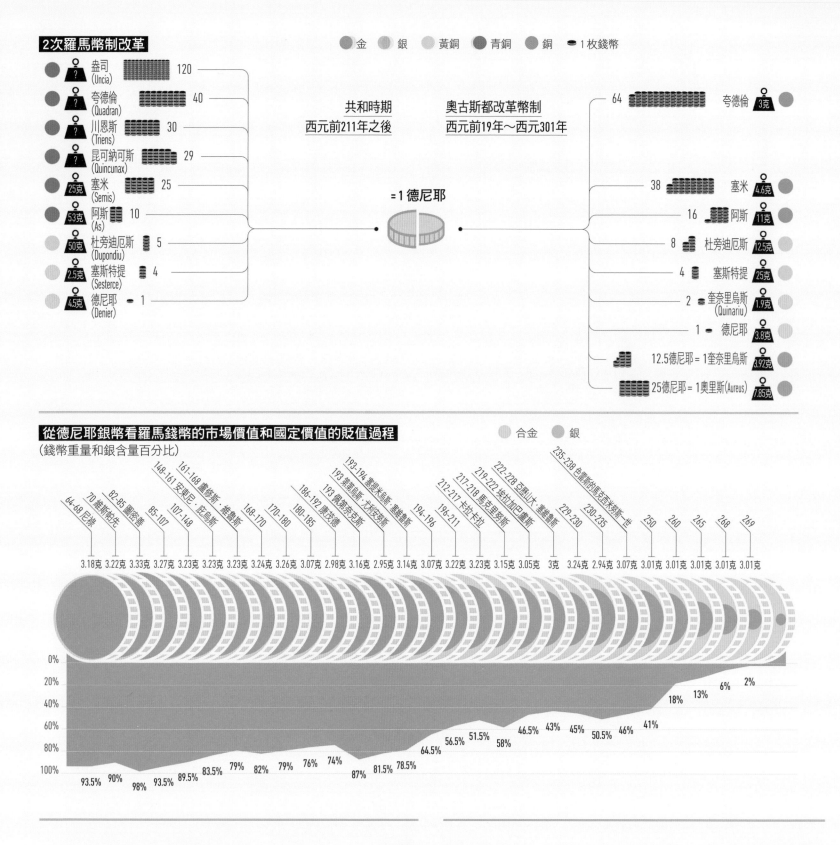

2次羅馬幣制改革

金　銀　黃銅　青銅　銅　● 1枚錢幣

共和時期
西元前211年之後

奧古斯都改革幣制
西元前19年～西元301年

= 1德尼耶

從德尼耶銀幣看羅馬錢幣的市場價值和國定價值的貶值過程
（錢幣重量和銀含量百分比）

合金　銀

　羅馬貨幣發展歷經4個重大時期。直到西元前4世紀，羅馬錢幣都是粗青銅製，接著改用青銅錠製造並印上人像，按重量決定價值。西元前3世紀發生第二次布匿戰爭，財政支出增加，羅馬人從希臘鑄幣方法發想，建立了以銀和青銅為基礎的貨幣制度。第三階段則是帝國時期頭3個世紀：羅馬再次改革貨幣制度並維持了3個世紀。除了金幣（由凱撒創造）和銀幣，另以非貴金屬組成一系列按因數排列的貨幣，且不再使用青銅製作貨幣。共和時期的塞斯特提幣是尺寸很小的銀幣，後來成分變成類似黃銅的銅鋅合金，而阿斯幣則以純銅製造。塞斯特提幣變成羅馬經濟體系的計帳單位，而在進出口及普查家戶收入時，則以德尼耶幣為單位。

　隨著時代變遷，羅馬貨幣加速貶值。到了塞提米烏斯‧塞維魯斯時期，原本含銀量70%的德尼耶幣降到只含50%。卡拉卡拉在215年左右提高士兵的薪餉，為了支付這些款項，他創造了新貨幣：價值等於2德尼耶幣的安東尼安努斯幣（antoninien），後者重量相當於前者的1.5倍，含50%的銀。後來安東尼安努斯幣漸漸失去原本價值，到了哥特人征服者克勞狄烏斯二世時期（268～270年），其成分只剩下3%或4%的銀，因此外觀近似青

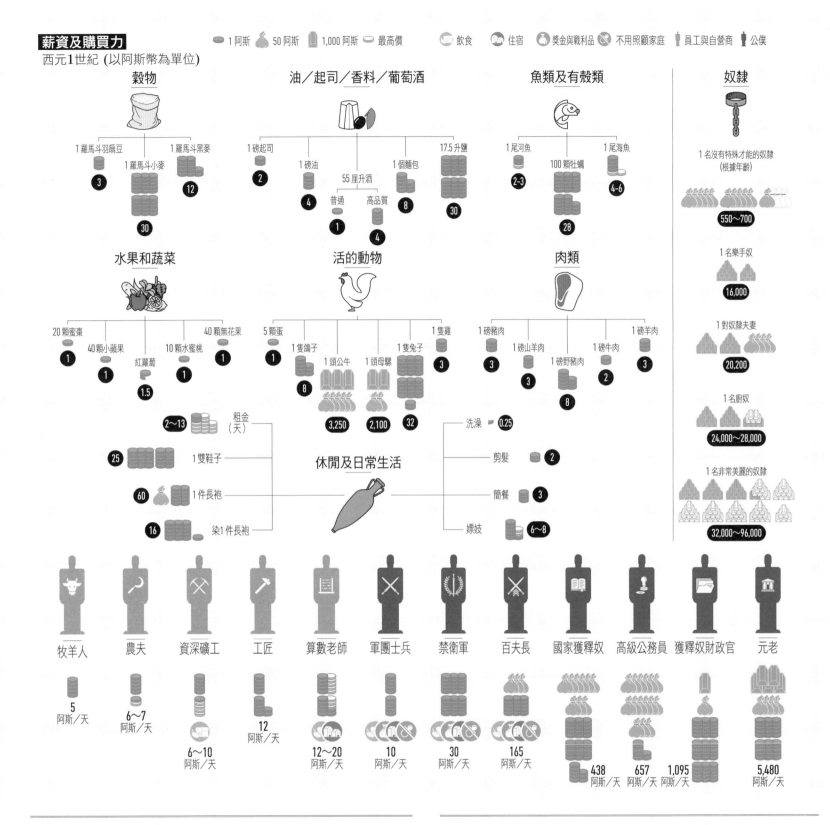

薪資及購買力
西元1世紀 (以阿斯幣為單位)

銅幣。相當於1/8安東尼尼安幣的塞斯特提幣則差不多停產了。

294年底，戴克里先改革貨幣制度，新增數種新貨幣：亞根圖斯銀幣（argenteus），又稱為銀德尼耶幣，品質和尼祿時代的德尼耶幣差不多；此外還有3種青銅幣，其中一種大青銅幣含有微量的銀，被稱為福利斯幣（follis）或努姆斯幣（nummus）。德尼耶幣雖嚴重貶值，但仍是記帳單位。約莫在311年，君士坦丁創造了索利都斯幣（solidus，含約4.5克的純金），貨幣進一步貶值。此時政府沒收了異教廟宇多年積攢下來數量龐大的金子，以穩定大量發行的新貨幣價值，甚至到了11世紀，索利都斯幣在拜占庭帝國還成了避險工具。

羅馬貨幣不隨市場波動，在共和國時期由元老院控管，到了帝國時期則由皇帝控管，透過反高利貸、反借債的措施干預經濟，有時也會利用放款手段。羅馬帶給征服地的益處之一，就是讓德尼耶幣成為交易與稅收通用貨幣單位。

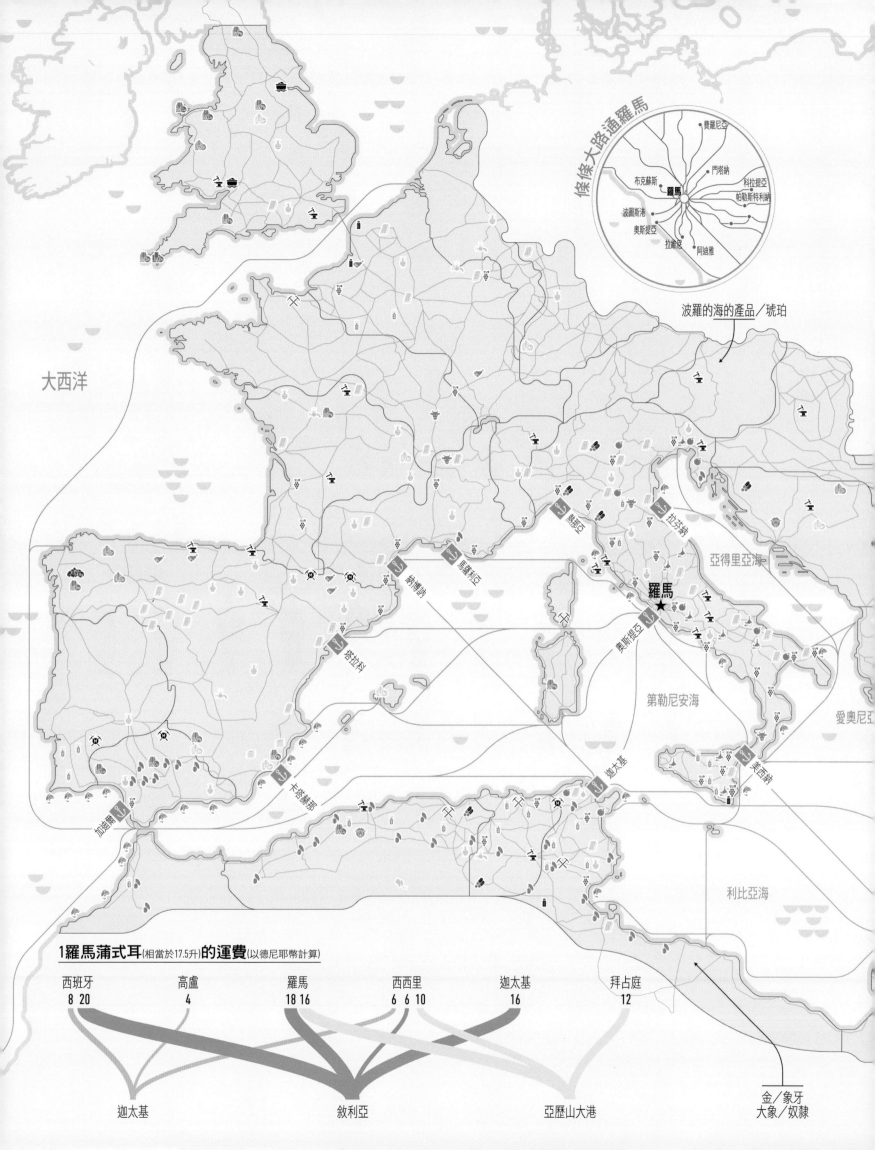

大西洋

條條大路通羅馬

費羅尼亞
布克蘇斯　門塔納
羅馬　科拉提亞
波圖斯港　帕勒斯特利納
奧斯提亞
拉維茲　阿迪雅

波羅的海的產品／琥珀

亞得里亞海

熱那亞
馬羅利亞
拉芬納

羅馬★
奧斯提亞

第勒尼安海

愛奧尼海

利比亞海

卡路蘇邦
塔拉科
納博訥
加迪爾
迦太基
業西納

1羅馬蒲式耳(相當於17.5升)**的運費**(以德尼耶幣計算)

西班牙	高盧	羅馬	西西里	迦太基	拜占庭
8　20	4	18　16	6　6　10	16	12

迦太基　　　　　　敘利亞　　　　　亞歷山大港

金／象牙
大象／奴隸

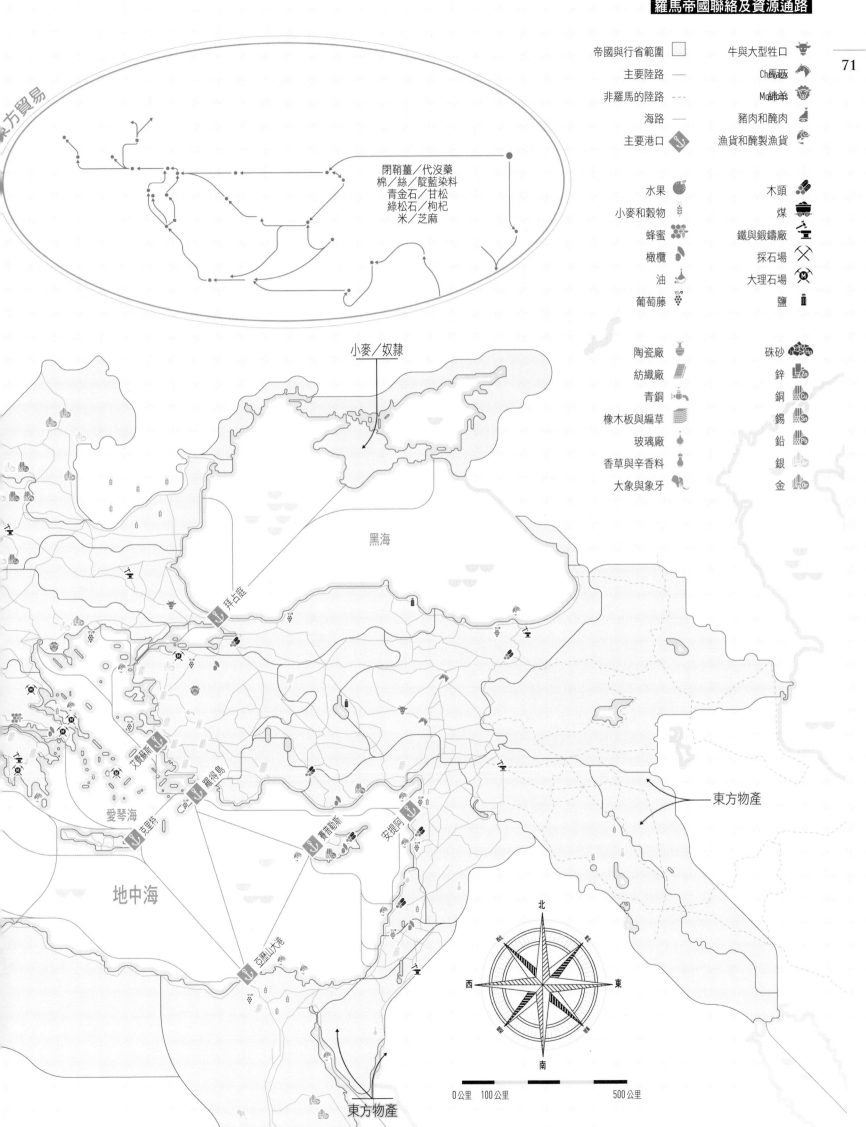

帝國與行省範圍　▢　　　牛與大型牲口
主要陸路　　—　　　　Chariot 馬匹
非羅馬的陸路　- - -　　Mouton 綿羊
海路　　　—　　　　　豬肉和醃肉
主要港口　　　　　　漁貨和醃製漁貨

水果　　　　　　　　木頭
小麥和穀物　　　　　煤
蜂蜜　　　　　　　　鐵與鍛鑄廠
橄欖　　　　　　　　採石場
油　　　　　　　　　大理石場
葡萄藤　　　　　　　鹽

陶瓷廠　　　　　　　硃砂
紡織廠　　　　　　　鋅
青銅　　　　　　　　銅
橡木板與編草　　　　錫
玻璃廠　　　　　　　鉛
香草與辛香料　　　　銀
大象與象牙　　　　　金

閉鞘薑／代沒藥
棉／絲／靛藍染料
青金石／甘松
綠松石／枸杞
米／芝麻

東方貿易

小麥／奴隸

黑海

拜占庭

愛琴海

卡賣麥斯

羅得島

五里特

賽普勒斯

安提阿

地中海

亞歷山大港

東方物產

東方物產

北
西　　東
南

0公里　100公里　　　　500公里

西班牙/阿非利加
達爾馬提亞/加拉太
20,000,000 塞斯特提幣 / 4.5 %

高盧
40,000,000 塞斯特提幣 / 9.1 %

埃及
40,000,000 塞斯特提幣 / 9.1 %

國庫
(稅捐/戰利品)
340,000,000 塞斯特提幣 / 77.3 %

預算
440,000,000 塞斯特提幣

● 向羅馬公民 ● 和外地人 ● 徵收的稅

A. 國家層級 (公共)
●● Vectigal：公用建築與土地的租用金
●● Scriptura：公共地放牧權
●● Portoria：關稅與通行稅
●● 使用森林、礦場、採石場、河流和湖泊所帶來的租用收益

B. 公民付出額
●● Tributum：按財富課徵 (自西元167年後義大利公民除外)
●● Vicesima libertatis：釋放奴隸時付5%稅

C. 行省 (未統一)
●● 羅馬征服前就使用的系統
●● 罰金和特別支付額
●● 羅馬訂定的直接稅 (戰爭稅 + 什一稅 + 5%稅)

III. 全國收入與支出

　　羅馬每年為各地征戰所募集的短期軍隊，後來轉變為常設軍隊，羅馬不僅得穩定供應這些軍力糧食物資，也必須供應首都人民足夠的小麥。帝國時期，羅馬對小麥的需求從15～20公噸增為27～40公噸，而軍隊1年需要10公噸（相當於每人每天1公斤）小麥，在塞維魯斯王朝期間，此數量增為15公噸。這些糧食由稅收和帝國莊園供應。自戴克里先開始，軍隊也經由自由市場取得補給。實際上，官方收成似乎可滿足60%的小麥（及後來的油脂）需求，剩下的40%則由大家族從自家莊園提供給門下的「受庇護者」及其他仰賴者。但我們不清楚私下交易量。

　　自奧古斯都時期開始，除了埃及會提供國庫收入外，羅馬也經由各種直接和間接途徑徵稅，這方面的歷史相當冗長複雜，端

看征服領地的過程而定。自西元前167年開始，義大利的羅馬公民再也不用付直接稅，但還是要付一系列的間接稅（比如自奧古斯都開始，釋放奴隸要付5%的稅，買賣奴隸要付4%的稅，繼承非直系血親的財產要付5%的稅），使用公共空間或土地時則要付租金。除了少數享有義大利權的行省外，大部分行省都會按收入課徵直接稅及其他各式各樣的稅，涵蓋租佃費用到關稅（比如高盧人行經阿爾卑斯山區等地的道路，得付2.5%的稅）。各城邦的政府徵收當地的財產稅，羅馬官員收取通行稅。在共和時期由羅馬騎士組成的包稅業者負責收稅，並分得部分交給國家的行省稅收。而在帝國時期，各總督的財務及帝國資產則由騎士財務官（procurateurs équestre）管理。

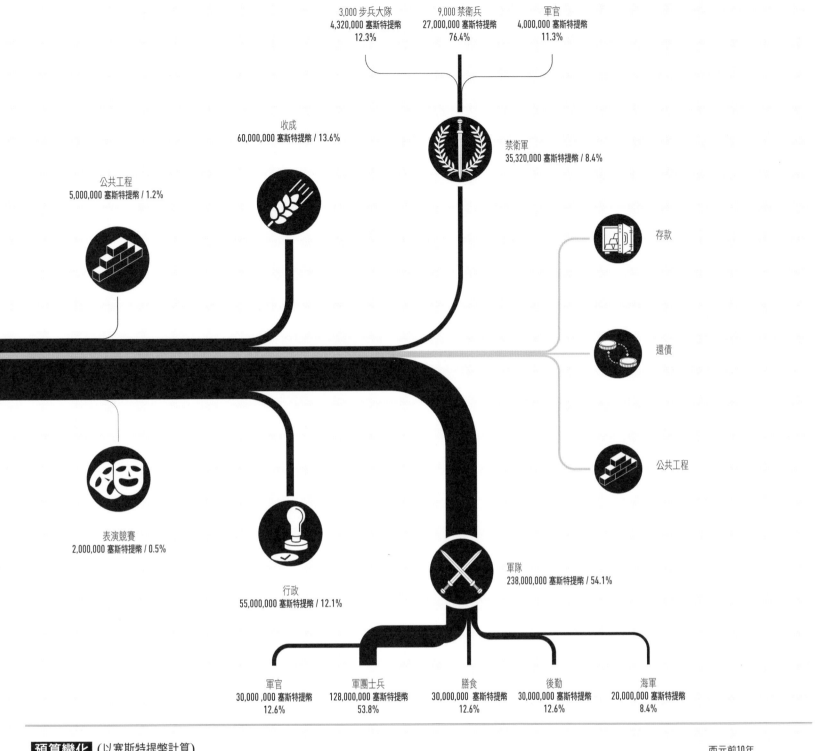

3,000 步兵大隊
4,320,000 塞斯特提幣
12.3%

9,000 禁衛兵
27,000,000 塞斯特提幣
76.4%

軍官
4,000,000 塞斯特提幣
11.3%

收成
60,000,000 塞斯特提幣 / 13.6%

禁衛軍
35,320,000 塞斯特提幣 / 8.4%

公共工程
5,000,000 塞斯特提幣 / 1.2%

存款

還債

公共工程

表演競賽
2,000,000 塞斯特提幣 / 0.5%

軍隊
238,000,000 塞斯特提幣 / 54.1%

行政
55,000,000 塞斯特提幣 / 12.1%

軍官
30,000,000 塞斯特提幣
12.6%

軍團士兵
128,000,000 塞斯特提幣
53.8%

膳食
30,000,000 塞斯特提幣
12.6%

後勤
30,000,000 塞斯特提幣
12.6%

海軍
20,000,000 塞斯特提幣
8.4%

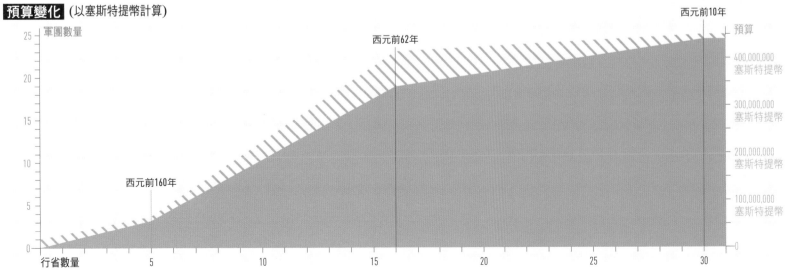

預算變化 (以塞斯特提幣計算)

軍團數量

25

20

15

10

5

0

西元前160年

西元前62年

西元前10年

預算

400,000,000
塞斯特提幣

300,000,000
塞斯特提幣

200,000,000
塞斯特提幣

100,000,000
塞斯特提幣

行省數量   5   10   15   20   25   30

第三部
羅馬軍事強權

古羅馬軍團：

I. 從塞維魯斯系統到帝國軍隊

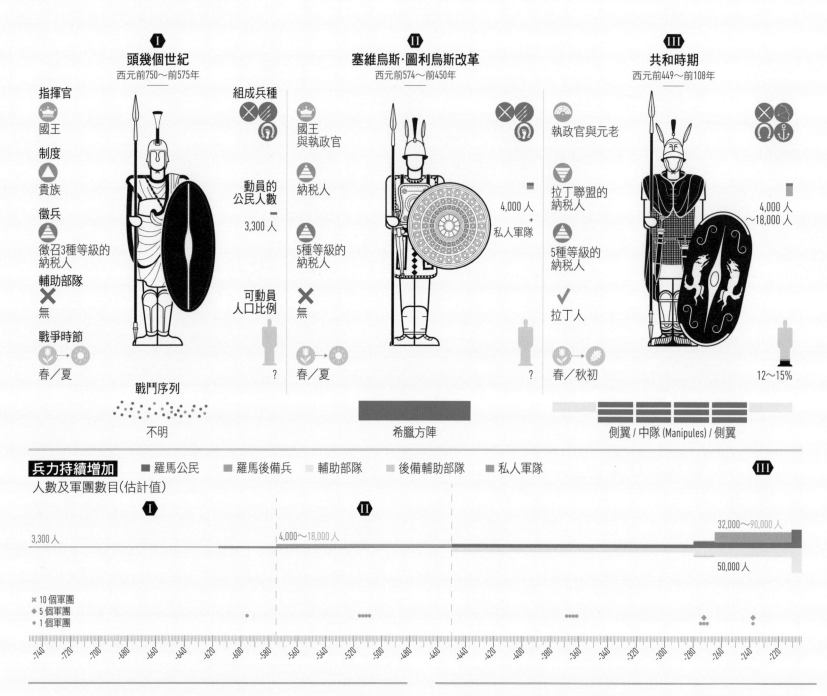

I 頭幾個世紀
西元前750～前575年

指揮官	組成兵種
國王	國王
制度	動員的公民人數
貴族	3,300 人
徵兵	可動員人口比例
徵召3種等級的納稅人	無
輔助部隊	
無	
戰爭時節	
春／夏	?

戰鬥序列
不明

II 塞維烏斯‧圖利烏斯改革
西元前574～前450年

國王與執政官
納稅人
5種等級的納稅人

4,000 人＋私人軍隊

春／夏   ?

希臘方陣

III 共和時期
西元前449～前108年

執政官與元老
拉丁聯盟的納稅人
5種等級的納稅人
拉丁人

4,000 人～18,000 人

春／秋初   12～15%

側翼／中隊（Manipules）／側翼

兵力持續增加　■ 羅馬公民　■ 羅馬後備兵　■ 輔助部隊　■ 後備輔助部隊　■ 私人軍隊

人數及軍團數目（估計值）

I　3,300 人

II　4,000～18,000 人

III　32,000～90,000 人
50,000 人

✕ 10 個軍團
◆ 5 個軍團
● 1 個軍團

-740 -720 -700 -680 -660 -640 -620 -600 -580 -560 -540 -520 -500 -480 -460 -440 -420 -400 -380 -360 -340 -320 -300 -280 -260 -240 -220

　　羅馬在長達11個世紀間四處拓展領土，接著忙於保衛各地行省，其軍隊在這段期間經歷重大變革。其實，羅馬軍隊比人們想像的弱得多。羅馬軍隊在戰場上顯然遠遠比不上同時代的大部分軍隊，不管是迦太基和希臘各王國的職業軍隊，還是以戰鬥為主要活動的蠻族都勝過羅馬軍團一籌。儘管打了不少慘烈的敗仗，羅馬還是在西元前6到前1世紀間戰勝所有敵人，而且在接下來的4個世紀，其軍隊也保衛了整個羅馬世界。這些成效得歸功於以下2項特點。首先，羅馬開放新公民加入，因此自布匿戰爭開始，羅馬的可動員人力大幅增加，讓羅馬在帝國時期得以鎮壓所有反抗行動，也能在蠻族入侵時迅速應對。此外，羅馬人向來明白自家軍隊欠缺技巧和裝備，故加入更有效率的戰鬥部隊，也就是輔助軍，主要由盟國組成（直到西元前78年都是如此，此後義大利自由人都成為羅馬公民）。

　　羅馬公民中最富裕的5個階級向來有納稅與服兵役的義務，徵兵體制一直持續到西元前2世紀。但隨著戰場位置愈漸遠離羅馬城，除了服兵役的公民外，軍隊也走向專業化，同時仍仰賴輔

羅馬稱霸的手段

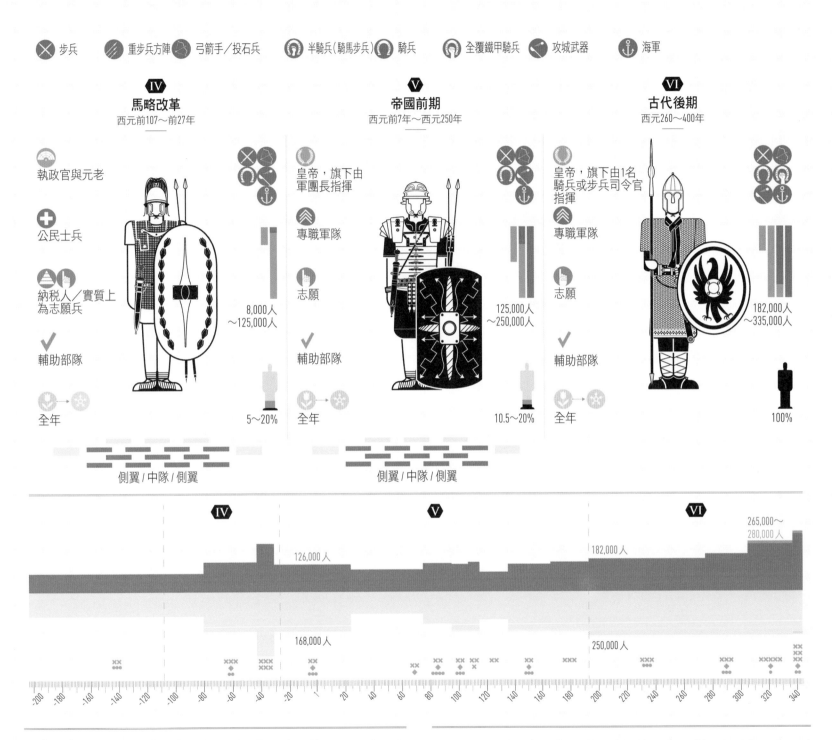

自2世紀開始，多半從各行省或在軍隊駐紮地徵召當地士兵加入軍團。羅馬軍隊不斷演進。尤利—克勞狄王朝時期，約有1/3～1/2的軍士來自行省，到了弗拉維王朝和圖拉真時代，此比例增為3/4；哈德良在位時，駐紮於阿非利加的第三奧古斯塔軍團（IIIe légion Auguste）中，有多達93%的士兵來自北非。長期以來，東北地區的軍隊都從納博訥高盧、西班牙和馬其頓徵召士兵。到了3世紀，軍團很快地改為就地徵兵，主要對象是老兵的子孫。此時軍團兵士多半來自多瑙河流域和巴爾幹半島的行省。

助軍支援。帝國時期之初，徵召範圍以義大利為主，也就是羅馬化最徹底的城邦。自70年起，義大利所能徵得的兵士人數漸漸下降，改為從最羅馬化的行省徵召羅馬公民，也就是納博訥高盧、西班牙、阿非利加等行省。圖拉真透過教育窮苦孩童，期許他們有天加入軍團，藉此刺激義大利人從軍意願。這個手段雖稱不上成功，但圖拉真還是在義大利組建了4個軍團，而馬克·奧理略（Marc Aurèle）為了擴展疆土，以及在緊急時刻抵抗蠻族入侵羅馬，也組了2支軍團。

II. 1支軍團的編制為何？

我們所認識的羅馬軍團，主要是西元前1世紀到3世紀間的編制：1支軍團有10支各約500名步兵的步兵大隊，各由1名軍事護民官指揮，聽帝國軍團長號令。軍事護民官由皇帝從元老之子、各城邦提議的名單或騎士之子中選出。軍事護民官的任期由出身決定，一般說來其為長期職務。10支步兵大隊的9支各有3支中隊，每支中隊各由2支80餘人的百人隊組成，最後1支步兵大隊（其實是第一步兵大隊）的人數加倍。按照每支步兵大隊或百人隊的階級，軍事護民官與百夫長組成不同軍階。也就是說，第一

步兵大隊中第一支百人隊的隊長（首席百夫長）是軍團的參謀成員，通常是最資深的軍官。

除了步兵外，另有4支騎兵支隊，各由30名騎兵組成，且各由1名十夫長（軍階相當於步兵的百夫長）指揮。軍團也有1,400名左右的軍僕負責日常事務（運輸及維修），並協助軍團兵進行日常任務，比如水利工事及搭置帳篷等。

古代末期，軍團數目增加但各軍團的兵士人數下降，戰場上最厲害的軍隊通常由機動性最強的軍事部隊組成。

理論上1支軍團的成員
西元50年

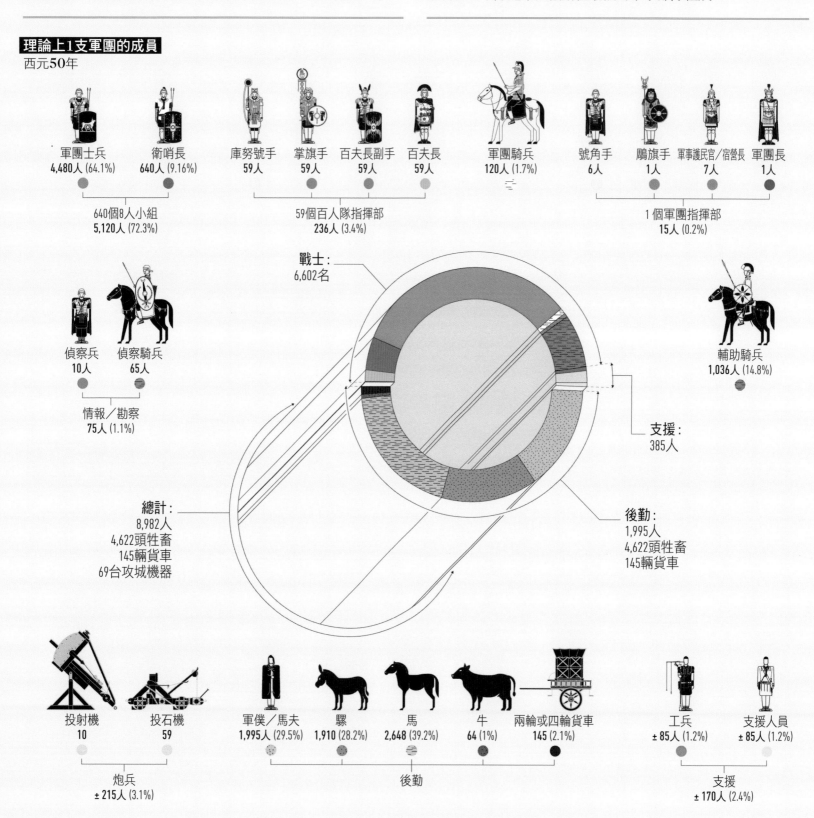

軍團士兵
4,480人 (64.1%)

衛哨長
640人 (9.16%)

庫努號手
59人

掌旗手
59人

百夫長副手
59人

百夫長
59人

軍團騎兵
120人 (1.7%)

號角手
6人

鵰旗手
1人

軍事護民官/宿營長
7人

軍團長
1人

640個8人小組
5,120人 (72.3%)

59個百人隊指揮部
236人 (3.4%)

1個軍團指揮部
15人 (0.2%)

偵察兵
10人

偵察騎兵
65人

情報／勘察
75人 (1.1%)

戰士：
6,602名

輔助騎兵
1,036人 (14.8%)

支援：
385人

後勤：
1,995人
4,622頭牲畜
145輛貨車

總計：
8,982人
4,622頭牲畜
145輛貨車
69台攻城機器

投射機
10

投石機
59

軍僕／馬夫
1,995人 (29.5%)

騾
1,910 (28.2%)

馬
2,648 (39.2%)

牛
64 (1%)

兩輪或四輪貨車
145 (2.1%)

工兵
±85人 (1.2%)

支援人員
±85人 (1.2%)

炮兵
±215人 (3.1%)

後勤

支援
±170人 (2.4%)

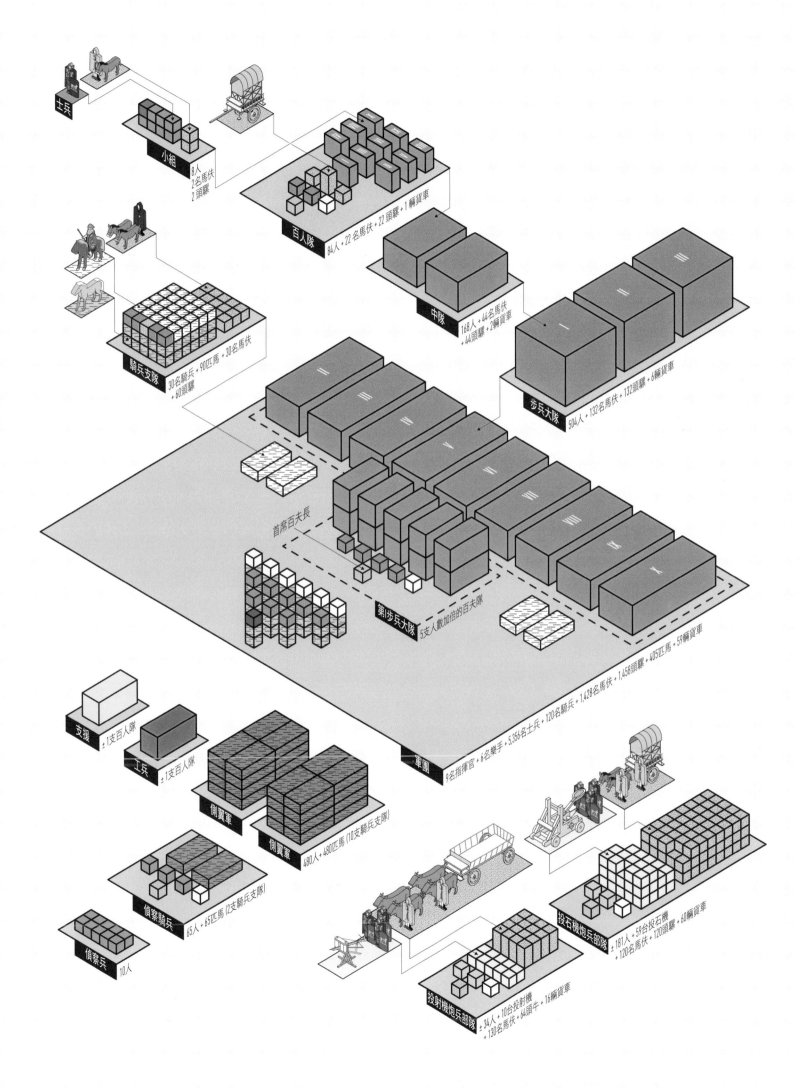

士兵

小組
8人
2名馬伕
2頭騾

百人隊
84人 + 22名馬伕 + 22頭騾 + 1輛貨車

中隊
168人 + 44名馬伕
+ 44頭騾 + 2輛貨車

步兵大隊
504人 + 132名馬伕 + 132頭騾 + 4輛貨車

騎兵支隊
30名騎兵 + 90匹馬 + 30名馬伕
+ 60頭騾

首席百夫長

第1步兵大隊
5支人數加倍的百夫隊

軍團
9名指揮官 + 6名樂手 + 5,356名士兵 + 120名騎兵 + 1,428名馬伕 + 1,458頭騾 + 405匹馬 + 59輛貨車

支援
±1支百人隊

工兵
±1支百人隊

側翼軍

側翼軍
480人 + 480匹馬 (10支騎兵支隊)

偵察騎兵
65人 + 65匹馬 (2支騎兵支隊)

偵察兵
10人

投石機炮兵部隊
±181人 + 59台投石機
+ 120名馬伕 + 120頭騾 + 60輛貨車

投射機炮兵部隊
±34人 + 10台投射機 + 16輛貨車
+ 130名馬伕 + 64頭牛

III. 兵營

供軍團住宿的軍營分為2種，一種是行軍營，一種是永久營。行軍營不以耐久為目標，只要足堪每年交戰期間使用即可。自西元前3世紀以來，行軍營的樣式幾乎沒什麼改變。它們的大小隨參戰軍團、輜重隊及輔助部隊的數量而變化。因此營區大小從20到50公頃以上都有。根據《軍營防禦工事論》（De Munitionibus Castrorum），一個軍團的兵營尺寸約莫是長700公尺、寬470公尺，也可以按照1.5的比例變化，搭成較小的樣式。營區的防禦牆高約6英尺，相當於180公分。我們由此得知，西元前1世紀末，漢諾威（Hannovre）一座佔地20公頃左右的軍營可容納20,000名士兵（3個軍團加上輜重隊）。這些設有圍籬、防禦牆、壕溝及4個入口的軍營，由一部分的士兵在1天之內迅速搭建而成，其他士兵則負責守衛。羅馬軍營令其敵方嘆為觀止，由此可見重紀律且訓練有素的羅馬軍團效率驚人。

軍營可能有幾種不同設計，但都遵循同樣原則：統帥營帳位在軍營中心地帶，旁邊是軍旗廳和參謀部，周圍則是第一步兵大隊及護衛兵。這樣的規畫讓指揮官得以監督整個營區，也能快速傳達命令。營區主要按長度分成3部分，統帥營帳位在中心區，兩側各分一區，由3條路穿越整個軍營：最長的統帥營路直切中線，2條路橫切，統帥營前方是主路，統帥營後方是第五路，接著就是聽命於指揮官的會計所住的財務官營。統帥營路及主路分別通向2個大門。每8名士兵組成一個小組，共享一頂長寬各3公尺的帳篷，前方有放置武器的空間，容納負重的牲口和負責照料的奴隸（軍僕）。軍營各區由數條道路明確劃分，輔助部隊位在統帥營前方及後方。

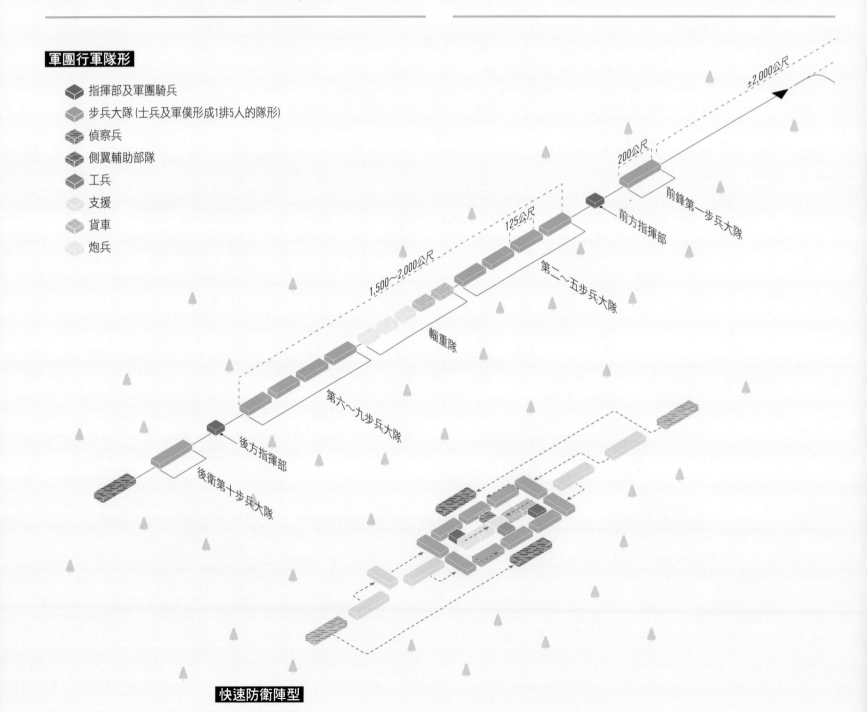

軍團行軍隊形

- 指揮部及軍團騎兵
- 步兵大隊 (士兵及軍僕形成1排5人的隊形)
- 偵察兵
- 側翼輔助部隊
- 工兵
- 支援
- 貨車
- 炮兵

±2,000公尺

200公尺
前鋒第一步兵大隊

前方指揮部

125公尺

第二～五步兵大隊

1,500～2,000公尺

輜重隊

第六～九步兵大隊

後方指揮部

後衛第十步兵大隊

快速防衛陣型

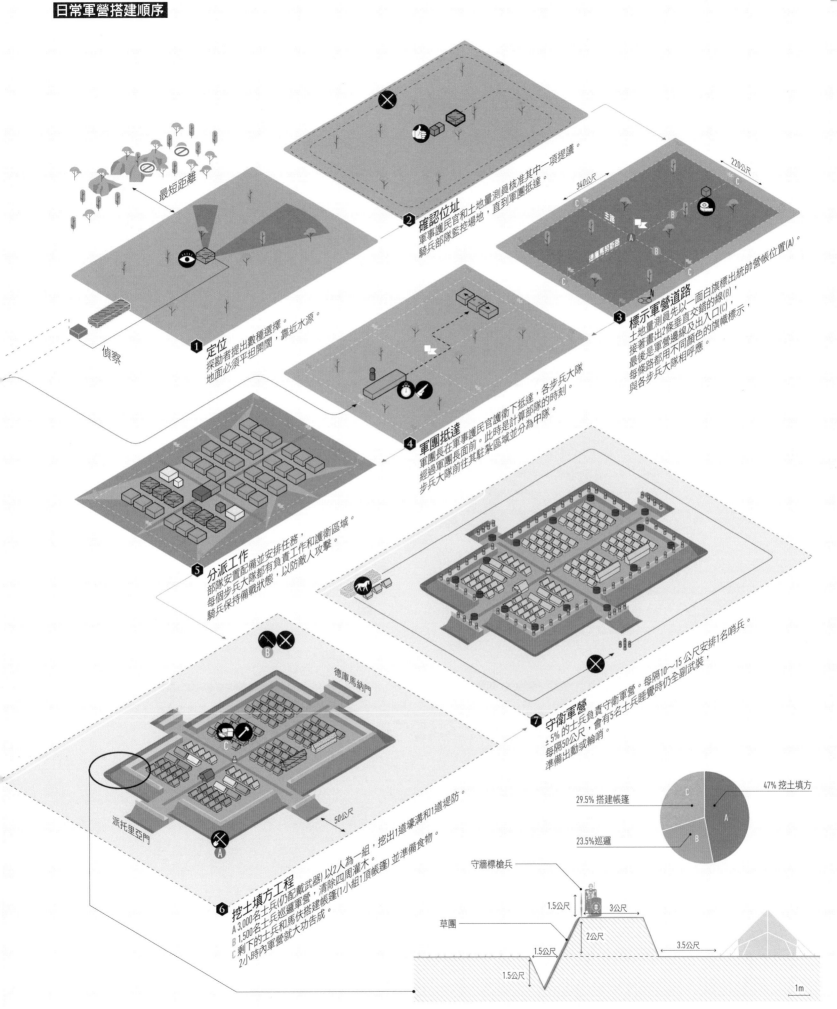

1 定位
探勘者提出數種選擇。
地面必須平坦開闊，靠近水源。

最短距離

偵察

2 確認位址
軍事護民官和土地量測員核准其中一項提議。
騎兵部隊監控場地，直到軍團抵達。

3 標示軍營道路
土地量測員先以一面白旗標出統帥營帳位置(A)，
接著畫出2條垂直交錯的線(B)，
最後是軍營邊路用不同顏色的旗幟標示，
與各步兵大隊相呼應。

340公尺
220公尺
主路
德庫馬努斯道

4 軍團抵達
軍團長在軍事護民官面前。
經過軍團長面前，是計算部隊的時刻。
步兵大隊前往其駐紮區域並分為中隊。

5 分派工作
部隊安置配備並安排任務和護衛區域。
每個步兵大隊都有負責工作和護衛區域。
騎兵保持備戰狀態，以防敵人攻擊。

7 守衛軍營
±5% 的士兵負責守衛軍營。每隔10～15公尺安排1名哨兵。
每隔50公尺，會有5名士兵睡覺時仍全副武裝，
準備出動或輪哨。

6 挖土填方工程
A 3,000名士兵(仍配戴武器)以2人為一組，挖出1道壕溝和1道堤防。
B 1,500名士兵巡邏軍營，清除四周灌木。
C 剩下的士兵和馬伕搭建帳篷(1小組1頂帳篷)並準備食物。
2小時內軍營就大功告成。

德庫馬納門

派托里亞門

50公尺

守牆標槍兵

草團

1.5公尺
3公尺
2公尺
1.5公尺
1.5公尺
3.5公尺

1m

47% 挖土填方
29.5% 搭建帳篷
23.5% 巡邏
A
B
C

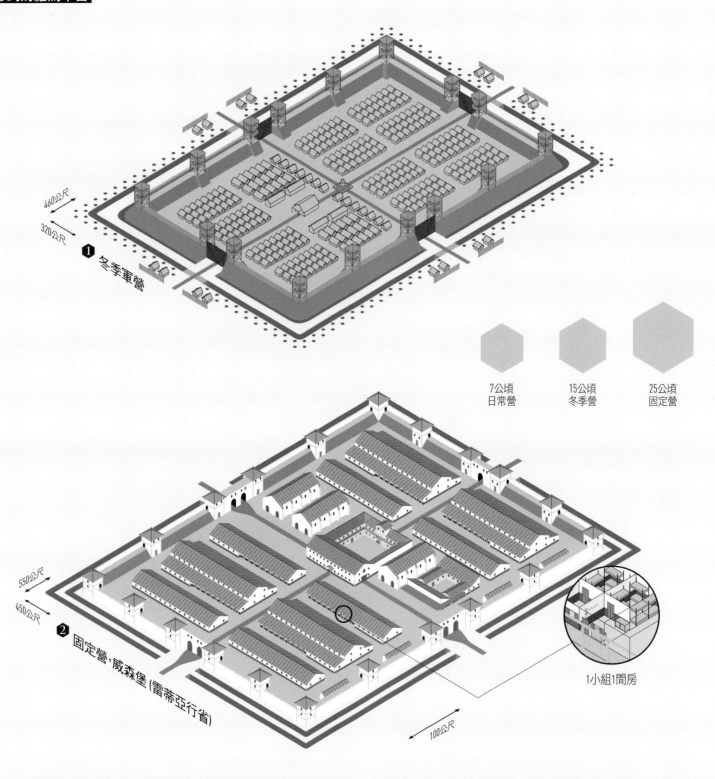

460公尺
320公尺
❶ 冬季軍營

7公頃
日常營

15公頃
冬季營

25公頃
固定營

550公尺
450公尺
❷ 固定營，威森堡（雷蒂亞行省）

100公尺

1小組1間房

　　隨著戰爭期間愈來愈長，軍隊的冬季軍營經過改良，建立更完善的設備，比如塔樓。根據考古調查，這些冬季軍營仍依循政治家波利比烏斯（Polybe）的著作及《軍營防禦工事論》提到的模式，只是橫切的主路漸漸像直切的統帥營路一樣，也朝中央靠攏。考古研究則揭露一種不同於《軍營防禦工事論》的軍營形式。羅馬軍隊長期駐紮於邊界地區或戍守於行省時，會建造固定軍營，空間安排遵循行軍營的模式，只是不搭帳篷，改以實體建築物取代，宿舍內設有寢室及武器室。軍營周圍設的不是籬笆而是實牆，建有磚石塔樓，周圍可能挖了2道甚至3道壕溝。營區大

小沒什麼變化。阿非利加的拉百瑟斯（Lambaesis）大軍營建於西元115～120年，可容納12,000人，長500公尺，寬420公尺（佔地21公頃）。

　　帝國邊境建造的防衛營，一旦確認大小後就會加上防禦工事。在某些地區，比如日耳曼尼亞和多瑙河流域，營區周圍的防禦工事是依循接下來的進攻計畫而建，只有在蠻族不斷攻擊時才轉為防禦功能。直到3世紀，羅馬人才給這種建築特定名稱：界牆（limes）。雖然在不列顛尼亞、萊茵河及多瑙河流域，都出現沿軍營和堡壘建造城牆的防禦工事，但其他地方則有不同形態的

主要的加固邊界　◆堡壘　●堡壘／小堡壘／防禦農莊　▬▬連續城牆　■ ■不連續城牆

±63公里
±19座堡壘
安東尼牆(不列顛尼亞) / 西元142年

117公里
±80座堡壘和小堡壘
哈德良長城(不列顛尼亞) / 西元122年

420公里
±69座堡壘
潘諾尼亞界牆 / 西元1世紀

550公里
±150座堡壘
日耳曼尼亞界牆 / 西元9年

±735公里
±50座堡壘
達契亞界牆 / 西元107年

±750公里
±48座堡壘
阿非利加邊界防禦系統 / 西元2世紀

800公里
±41座堡壘和小堡壘
默西亞邊界防禦系統 / 西元87年

896公里
±2,000座防禦莊園
利比亞界牆 / 西元2世紀

±1,500公里
150座堡壘和防禦莊園
敘利亞及阿拉比亞的邊界防禦系統 / 西元111年

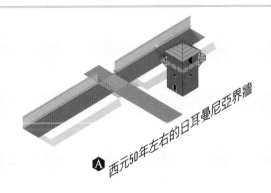

Ⓐ 西元50年左右的日耳曼尼亞界牆

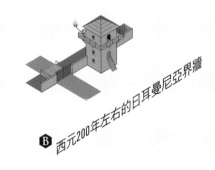

Ⓑ 西元200年左右的日耳曼尼亞界牆

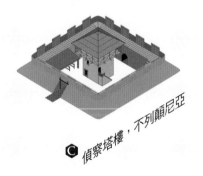

Ⓒ 偵察塔樓，不列顛尼亞

工事。阿非利加行省的邊界牆被現代人稱為「阿非利加邊界壕溝」（fossatum Africae），和北方的防衛牆完全不同，當地不可能建造一條完整的防衛線，因此邊界壕溝是一個由軍隊控制的廣大區域，士兵在此監視游牧民族的動向，比較務農部落與村鎮和半游牧畜牧部落的情況，保護水源，同時確保第三奧古斯塔軍團的小堡壘後方有足夠的屏障阻斷通路。而在北邊，自2～3世紀起出現了連續的城牆和壕溝，結合一系列監視用的塔樓和小堡壘，由布旗隊（vexillations）和蠻族組成的輔助部隊（稱為numeri的民兵團）負責守衛，同時也連接數個重要軍營。

3世紀末至4世紀間，羅馬軍隊因應當時的緊急事件，重整為野戰軍（comitatenses）及沿岸軍（ripenses，字根ripa指河岸），後者後來稱為邊防軍（limitanei，意指「界牆的」）。野戰軍駐紮在城鎮中，類似過去聽皇帝號令、政治色彩濃厚的禁衛軍，而駐紮於兵營的邊防軍則是保衛邊境行省的部隊。這兩種部隊佔了2/3的軍力，必須抵抗敵人的突襲入侵。

「三線陣」運作方式

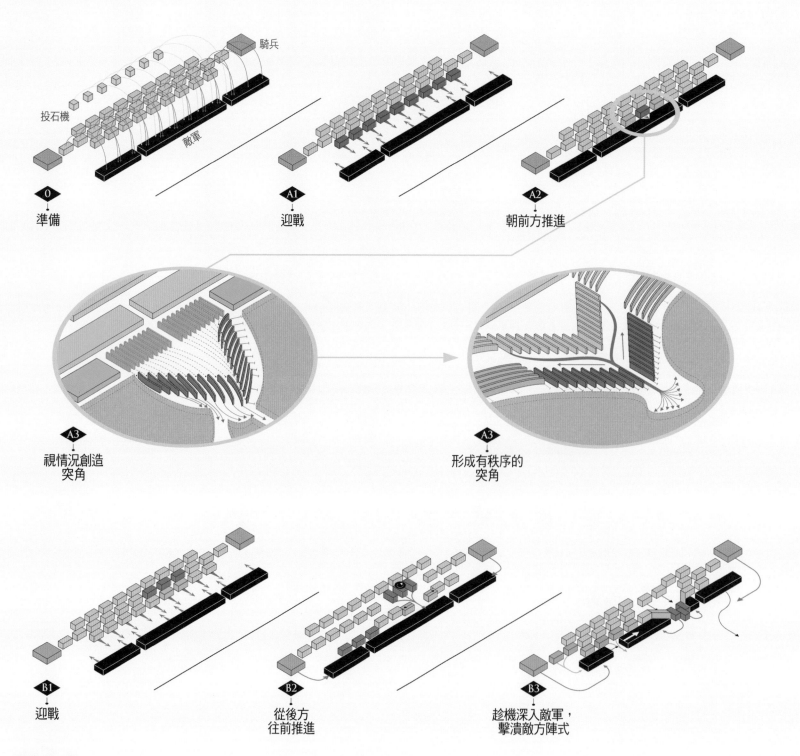

騎兵

投石機

敵軍

0
準備

A1
迎戰

A2
朝前方推進

A3
視情況創造
突角

A3
形成有秩序的
突角

B1
迎戰

B2
從後方
往前推進

B3
趁機深入敵軍，
擊潰敵方陣式

運作方式：

0. 軍團按梅花形組成各列彼此交錯的三線陣，使各單位得以輪替上陣（第一排一被擊退，第二排立刻補上），同時保持嚴密陣形，避免出現缺口。
士兵先用投擲兵器削弱敵軍勢力，比如標槍、箭、投彈器和其他投石裝置。

A1. 正面交戰開始。百人隊行動一致，中隊靈活移動，使軍團擋住敵軍突擊或殺入敵軍。

A2. 往前推進時，前線的各百人隊努力擊破敵軍防線，使其出現缺口。

A3. 一旦有百人隊成功衝進敵軍，其協防百人隊立刻補上支援，保護位在尖端的百人隊兩側，同時左右中隊跟著推進，打亂敵軍可能的反擊。如果戰士筋疲力盡，無法繼續推進，2支百人隊會留下空間讓第二排的1支中隊往前替補，繼續推進。這讓軍團得以同時殺出好幾個缺口。

B1. 軍團亦可以創造更深入的缺口為目標。在第一排2支中隊的支援下，第二排的3支中隊往前擊穿敵軍陣線。

B2. 第一排的2支中隊分開，讓突擊部隊前進。同時整個軍團往前推進以保持一致陣線，擊敗敵方陣勢。

B3. 敵方陣線斷裂後，其他中隊衝進缺口，一口氣往敵軍深處推進。側翼的騎兵部隊發動，一方面追擊逃跑的敵軍，一方面攻向敵軍後方。

在戰場上，各部隊一聽到喇叭或號角傳達軍令後，必須立刻調遣、快速出擊，才能實現不同的進攻策略。比起歷史悠久、行動遲緩的方陣，三線陣的行動更加敏捷，讓羅馬軍隊得以擊敗兵士數目超過己方的敵人。
不過騎兵部隊必須保護軍團的側翼和後方，才能讓三線陣發揮功效。

IV. 軍團戰鬥

西元前2世紀前，除非採取消耗戰（這是常用戰術之一），羅馬軍隊通常是戰場上主動攻擊的一方，在距離敵軍25～30公尺時，派出一批又一批士兵持重標槍連續衝鋒，同時發出戰吼。早期羅馬軍隊模仿希臘城邦的方陣，但方陣不夠靈活，特別是地面高低不平時：方陣無法迅速分散成更小的單位出擊、調遣或撤退。因此，讓軍團更加行動矯捷的新陣式是羅馬軍團的成功祕訣，以西元前168年彼得那（Pydna）與馬其頓一戰為例：以率領步兵大隊的中隊為調遣單位，不管遇上哪種地勢，行動都比以往更加敏捷；各步兵大隊組成長145公尺、寬6.5公尺的長排，第一步兵大隊則是組成長245公尺、寬6.5公尺的長排。不只

如此，行軍時步兵大隊、中隊、百人隊也維持同樣的隊型，萬一遭遇攻擊就能很快組成三線陣。三線陣的第一排是手持重標槍的槍兵（hastati），也是最年輕的兵種；第二排則是年紀較長的壯年兵（principes），第三排是年紀最長、手持長槍的成年後備兵（triarii）。頭兩排各由120～160人組成，第三排則為60人。

軍團指揮官通常位在第二排壯年兵後方，可清楚看見戰鬥情況也能被士兵看見。他的命令都會經由掌旗兵、喇叭手（tubicines）、庫努號手（cornicines）以及負責傳令的衛哨長（tesserarii），傳達給不同單位。如果皇帝親臨戰爭前線，這也是他的位置，周圍則由一群騎兵和禁衛軍護衛。

其他陣型

楔型陣
各排組成凸角，
以攻破敵人陣線為目標。

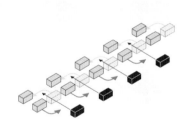

札馬戰術
中隊移動露出空隙，誘使敵軍前進掉入陷阱，
卡在己方中隊之間，再加以殲滅。

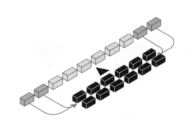

單列防衛
中隊排成一長排，突出敵軍兩翼並加以攻擊，
同時保護自己的兩翼。

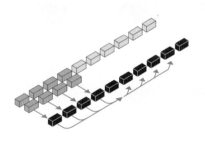

前線加強戰術
前線一側的部隊加倍，好擊破敵軍一邊的陣線，
接著再從後方攻擊敵軍其他部隊。

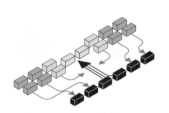

中弱戰術
中央佈兵特別少，
吸引敵軍攻擊並加以包圍。

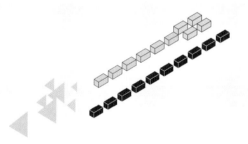

仰賴側邊地勢保護
當一側有自然屏障（山或河流……等），
將騎兵和輔助部隊安置在另一側。

軍團士兵調遣

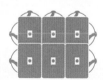

三線陣
基本佈局。

輪替式
為了緩解首排士兵壓力，
第二排士兵插入首列士兵間，
繼續往前推進。

龜甲陣
防衛陣式，
在靠近城牆或擋住敵軍飛箭時使用。
方陣型的攻擊陣型。

楔型陣
用來衝破敵軍防衛。

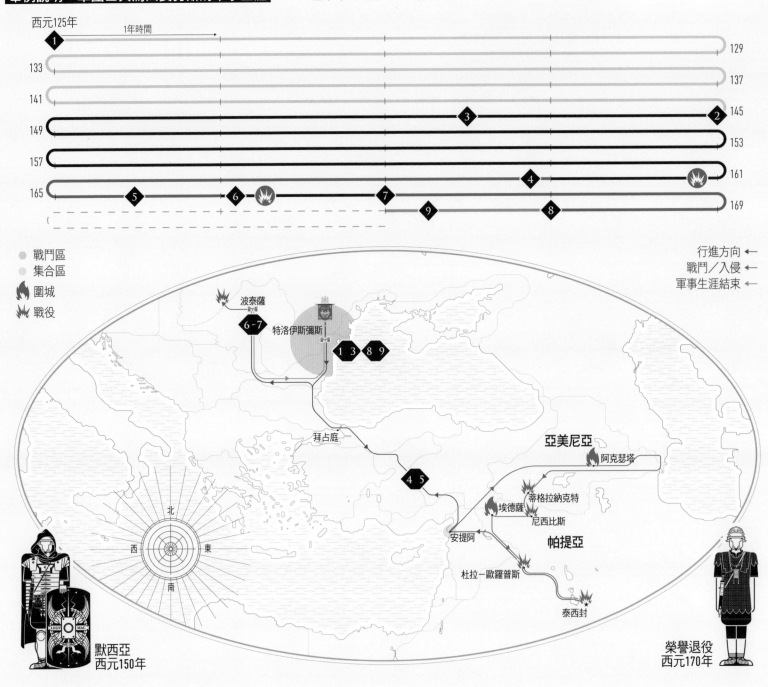

舉例說明：軍團士兵馬西安努斯的軍事生涯　━ 童年/少年時期　━ 從軍時期　━ 戰鬥　━ 退休/榮譽退伍

戰鬥區
集合區
圍城
戰役

行進方向 ←
戰鬥／入侵 ←
軍事生涯結束 ←

波泰薩
特洛伊斯彌斯
拜占庭
亞美尼亞
阿克瑟塔
蒂格拉納克特
埃德薩
尼西比斯
安提阿
帕提亞
杜拉－歐羅普斯
泰西封

北
西　東
南

默西亞
西元150年

榮譽退役
西元170年

V. 軍團士兵

　　軍團士兵經常到處移動。行軍時通常以縱列為單位，1排4～6人，不計輜重隊的話，隊伍也長達2.5～4.2公里。平時每個月每個軍團都會做3次15公里的行軍演練，作為正式行軍的準備。軍營附近會有一座用來演練的操練場，士兵會在這兒使用比一般武器更重的木製刀劍和柳枝編的盾牌練習戰鬥技巧。他們當然也會練習各種陣式調遣，從穿越敵軍陣線、包圍敵軍，到楔形陣、龜甲陣等等。

　　除了訓練之外，士兵在軍營的主要任務是監視周圍環境。他們也會參與公共工程，首先是軍隊的公共工程：建造戰略道路、採石場、磚瓦廠等，出廠的產品都會蓋上軍方印記。再者，

他們也會派遣專家、量測員、建築師和工程師至非軍方的工地。最後，軍團負責解決駐紮地附近或其他行省的軍事危機。整支軍團可能會為了某場戰爭遷移到某處，在某戰場待上數年，或者在戰亂期間行軍各地，最後回到基地，這通常發生在必須平定暴動或內戰之時。自2世紀中期開始，軍團移動的情形大大減少；軍團通常會派出布旗隊，它們是相當於1支步兵大隊的分遣隊，在某些地方組成作戰部隊。軍團士兵從軍25年以上後，如果沒有犯下情節重大的違紀事件就能榮譽退伍，取回長年由掌旗官強制代存的存款，也能獲得一小塊殖民地土地或一筆退役獎金。從軍期間軍團士兵也會固定獲得高額賞金。

1. 提圖斯・瓦勒瑞烏斯・馬西安努斯（Titus Valerius Marcianus）出生於西元125年，默西亞一個離特洛伊斯彌斯（Troesmis）30公里的人家，他的父親是名老兵。

2. 145年，20歲的他加入駐紮在默西亞特洛伊斯彌斯的第五馬其頓軍團。

3. 他在接下來16年間的主要任務：擔任警察與防衛邊境。

4. 161年盧修斯・維魯斯發動帕提亞之戰，羅馬軍失利。162年，第五馬其頓軍團協同其他5個軍團、5支布旗隊被派往安提阿加入戰局。各路軍隊會合後先經過一番演練，接著攻下亞美尼亞，佔領帕提亞首都，迫使帕提亞軍投降。此時馬西安努斯37歲。

5. 服役20年後，他在165年成為「老兵」，升任為執政官受益者（bénéficiaire consulaire），不再從事勞動工作，改而替側翼軍長官、軍團指揮官或行省省長服務，自此之後從事行政、後勤或警務工作。

6. 日耳曼尼亞戰爭於166年爆發，他回到達契亞波泰薩（Potaissa）的新軍營。

7. 167～170年，他參與日耳曼尼亞的戰事，但都在後方服務。

8. 170年，45歲的他已從軍25年。他從軍隊退休，回拒了義大利殖民地一小塊土地的退役獎勵，選擇收下榮譽退伍金（未犯下嚴重違紀情事的獎賞）3,000德尼耶幣（相當於10年薪資）及「強迫存款」的250德尼耶幣。他回到特洛伊斯彌斯的家人身邊。

9. 西元170年，他娶了瑪西亞・巴西利沙（Marcia Basilissa），一名同袍的小姨子。過世年紀不明，不確定是否有子女。

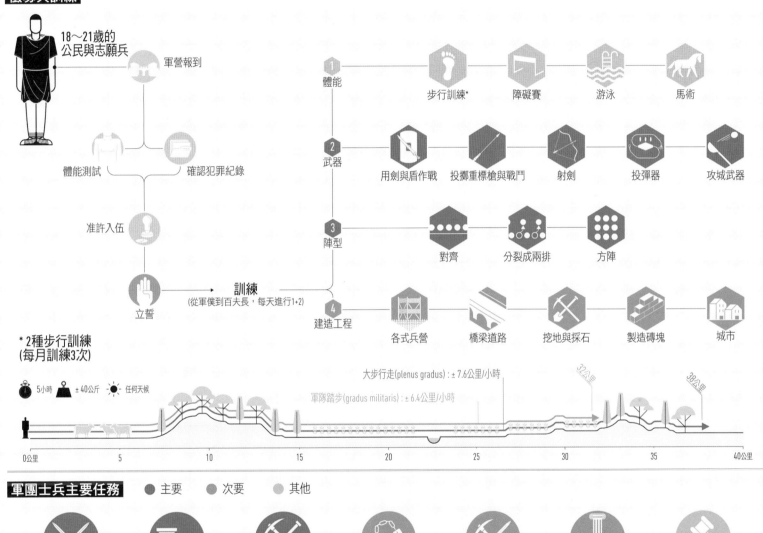

徵募與訓練

18～21歲的公民與志願兵

軍營報到

體能測試　確認犯罪紀錄

准許入伍

立誓

訓練
（從軍僕到百夫長，每天進行1+2）

* 2種步行訓練
（每月訓練3次）

5小時　±40公斤　任何天候

1 體能：步行訓練*　障礙賽　游泳　馬術

2 武器：用劍與盾作戰　投擲重標槍與戰鬥　射劍　投彈器　攻城武器

3 陣型：對齊　分裂成兩排　方陣

4 建造工程：各式兵營　橋梁道路　挖地與採石　製造磚塊　城市

大步行走（plenus gradus）：±7.6公里/小時

軍隊踏步（gradus militaris）：±6.4公里/小時

32公里　38公里

0公里　5　10　15　20　25　30　35　40公里

軍團士兵主要任務　● 主要　● 次要　● 其他

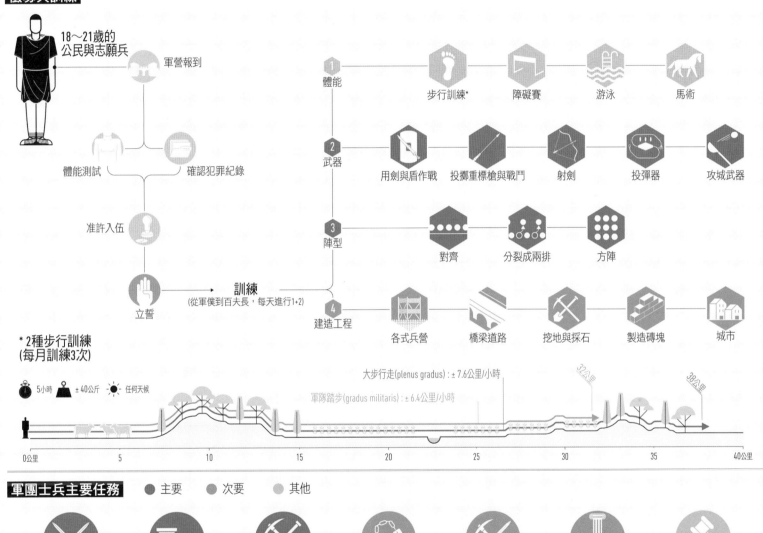

戰鬥　保衛疆界　領地內的工程與建設　警務　保衛礦場與開採　殖民　治理

懲罰

勞役　配糧減少　扣薪　失去官階　　挨打　鞭刑　　石刑　被釘上十字架　　十一抽殺律

小失誤　　抗命、竊盜、偽證、道德淪喪連犯3次錯誤　　棄戰或逃跑　　重大犯罪，叛變

羅馬人持續改良軍團用的甲冑。共和時期的頭幾個世紀，他們主要採用古希臘重裝步兵（hoplitai）式的沉重鎧甲，而且入伍兵士必須自行採買。西元前3世紀，較短的羅馬短劍取代了長劍，前者在近身攻擊時更為靈巧。士兵將短劍佩戴在身體右側，百夫長則佩戴在左側。帝國時期，板甲（lorica segmentata，6～8公斤）從西元1世紀開始取代較重的鎖甲（9～12公斤）。

帝國時期的武器與裝備也繼續演進。長槍取代了較短的標槍（同時軍團兵士變成1排8人），騎兵則佩戴羅馬長劍而非短劍。3世紀起，第一排士兵手握長槍，下一排是投擲兵，後面是弓箭

手。比起沉重的四角形長盾，圓盾受到愛用。此外，不管是西方的鎖甲還是東方的鱗甲，都被板甲取代。軍隊提供全套裝備，費用再從士兵軍餉中扣除，退伍時全套交還。

行軍和執行任務時，士兵佩載一部分的裝備（武器、工具、糧食）。此外每個小組都配有1輛貨車或1頭騾子，用來運輸比較沉重的物資。除了士兵身上攜帶的即食軍糧，軍團每天得準備18.4公噸的食物配給和飼料。大略而言，參謀部必須預備整整17天的糧食，也因此來往於江河的船隊在軍需補給上，扮演了相當重要的角色。

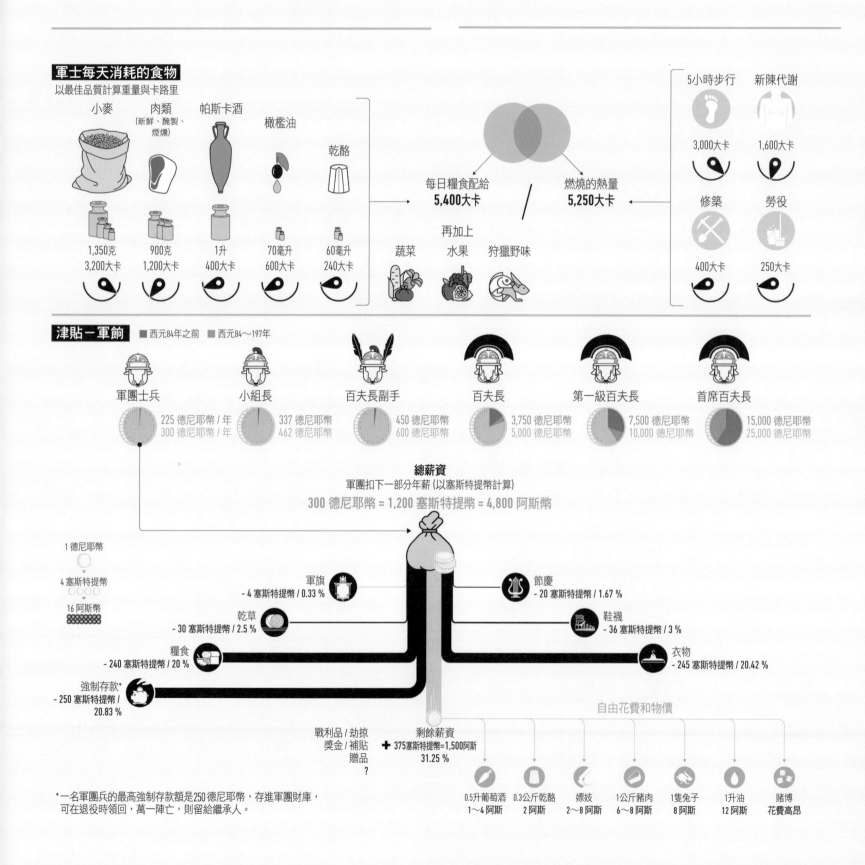

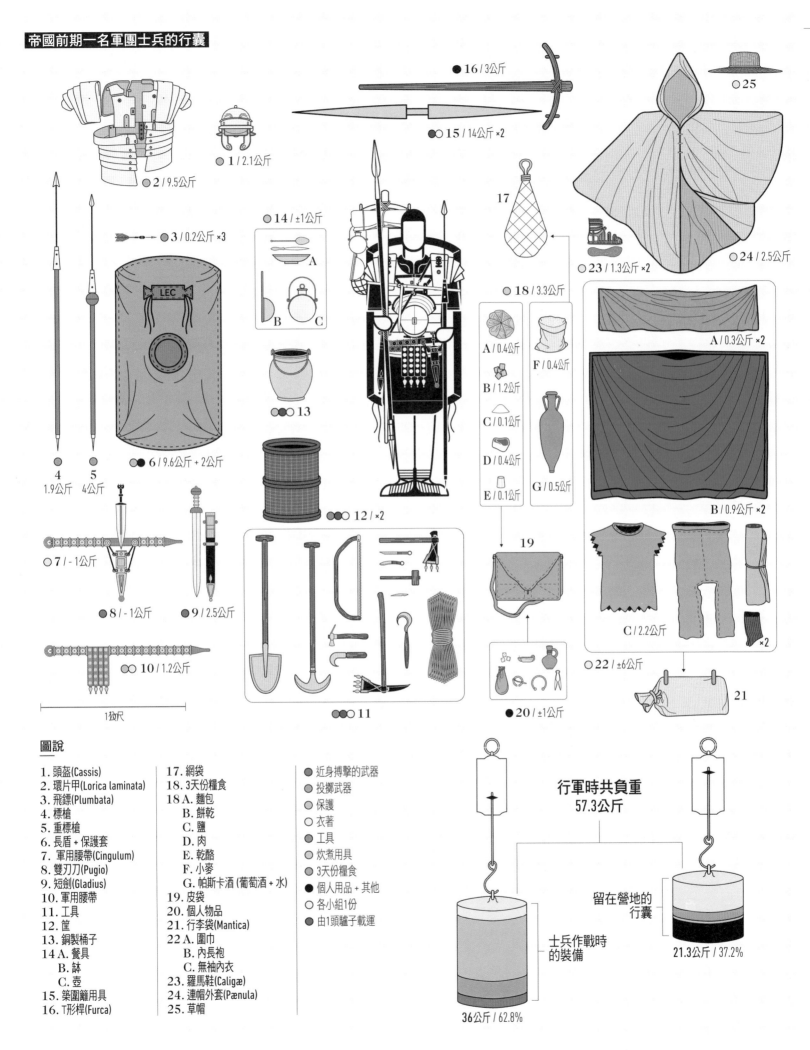

● 16 / 3公斤

○ 25

●○ 15 / 14公斤 ×2

○ 1 / 2.1公斤

○ 2 / 9.5公斤

● 3 / 0.2公斤 ×3

17

○ 14 / ±1公斤

A

B   C

●●○ 13

○ 18 / 3.3公斤

A / 0.4公斤   F / 0.4公斤

B / 1.2公斤

C / 0.1公斤

D / 0.4公斤   G / 0.5公斤

E / 0.1公斤

●● ○ 12 / ×2

○ 23 / 1.3公斤 ×2

○ 24 / 2.5公斤

A / 0.3公斤 ×2

B / 0.9公斤 ×2

4   5
1.9公斤   4公斤

●● 6 / 9.6公斤 + 2公斤

○ 7 / -1公斤

● 8 / -1公斤   ● 9 / 2.5公斤

○○ 10 / 1.2公斤

1猞尺

●●○ 11

19

●●○ 12 / ×2

C / 2.2公斤

×2

○ 22 / ±6公斤

21

● 20 / ±1公斤

圖說

1. 頭盔(Cassis)
2. 環片甲(Lorica laminata)
3. 飛鏢(Plumbata)
4. 標槍
5. 重標槍
6. 長盾 + 保護套
7. 軍用腰帶(Cingulum)
8. 雙刃刀(Pugio)
9. 短劍(Gladius)
10. 軍用腰帶
11. 工具
12. 筐
13. 銅製桶子
14 A. 餐具
     B. 缽
     C. 壺
15. 築圍籬用具
16. T形桿(Furca)

17. 網袋
18. 3天份糧食
18 A. 麵包
     B. 餅乾
     C. 鹽
     D. 肉
     E. 乾酪
     F. 小麥
     G. 帕斯卡酒 (葡萄酒 + 水)
19. 皮袋
20. 個人物品
21. 行李袋(Mantica)
22 A. 圍巾
     B. 內長袍
     C. 無袖內衣
23. 羅馬鞋(Caligæ)
24. 連帽外套(Pænula)
25. 草帽

● 近身搏擊的武器
● 投擲武器
● 保護
○ 衣著
● 工具
● 炊煮用具
● 3天份糧食
● 個人用品 + 其他
○ 各小組1份
● 由1頭驢子載運

**行軍時共負重
57.3公斤**

士兵作戰時
的裝備

留在營地的
行囊

21.3公斤 / 37.2%

36公斤 / 62.8%

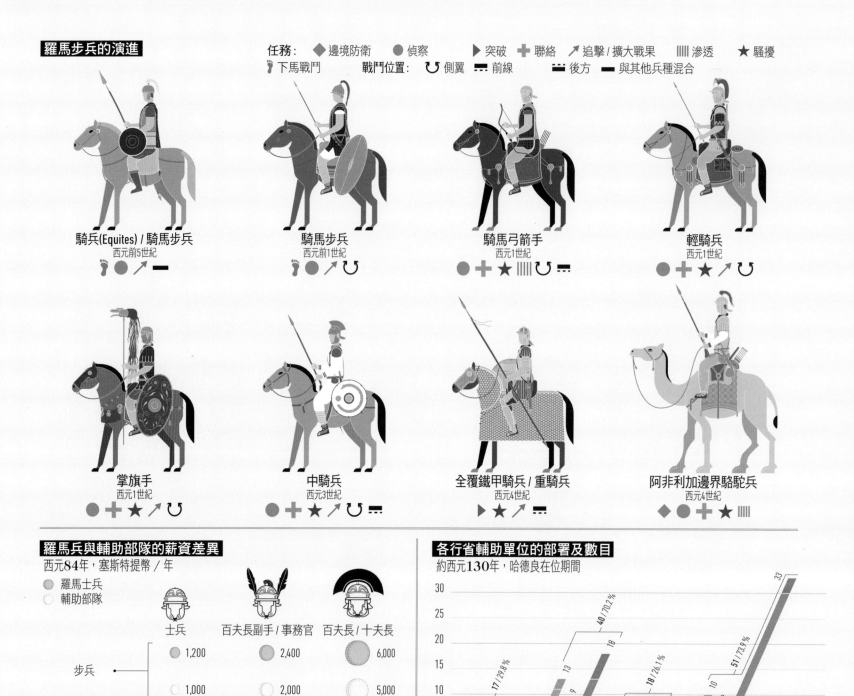

羅馬步兵的演進

任務：◆邊境防衛 ●偵察 ▶突破 ✚聯絡 ↗追擊/擴大戰果 ▓渗透 ★騷擾
🦵下馬戰鬥 戰鬥位置：↻側翼 ▭前線 ▬後方 ▬與其他兵種混合

騎兵(Equites) / 騎馬步兵
西元前5世紀
🦵● ● ▬

騎馬步兵
西元前1世紀
🦵● ● ↻

騎馬弓箭手
西元1世紀
● ✚ ★ ▓ ↻ ▬

輕騎兵
西元1世紀
● ✚ ★ ↗ ↻

掌旗手
西元1世紀
● ✚ ★ ↗ ↻

中騎兵
西元3世紀
● ✚ ★ ↗ ↻ ▬

全覆鐵甲騎兵 / 重騎兵
西元4世紀
▶ ★ ↗ ▬

阿非利加邊界騎駝兵
西元4世紀
◆ ● ✚ ★ ▓

羅馬兵與輔助部隊的薪資差異
西元84年，塞斯特提幣 / 年

● 羅馬士兵
○ 輔助部隊

	士兵	百夫長副手 / 事務官	百夫長 / 十夫長
步兵	1,200	2,400	6,000
	1,000	2,000	5,000
騎兵	1,400	3,400	8,400
	1,200	2,800	7,000

各行省輔助單位的部署及數目
約西元130年，哈德良在位期間

埃及 6 6 5
毛里塔尼亞 17 / 29.8% 13 9 18 40 / 70.2%
卡帕多西亞 18 / 26.1% 5 6 7
敘利亞 / 阿拉比亞 51 / 73.9% 10 8 33

阿非利加界牆 (57 / 14.8%)
阿拉伯界牆 (69 / 18 %)

VI. 騎兵及輔助部隊

　　共和初期，羅馬軍隊的騎兵比重很低。第二次布匿戰爭讓羅馬人見識到西班牙和高盧重騎兵的衝鋒能力，因此羅馬從西元前2世紀末開始從西班牙和高盧盟國徵召士兵，整建類似的騎兵部隊。羅馬軍團向來備有120名軍團騎兵，這些人負責戰略任務，而盟國的騎兵部隊則負責戰鬥，有時會和其他兵種組成混合部隊。

　　軍團騎兵來自納稅公民中最高階級的年輕人。他們都出身元老或騎士階級，利用國家提供補助金設置的「公家馬匹」進行訓練。共和時期，這些人必須服役10年，在此期間監察官會評估

他們的服役表現和馬匹狀況。審查合格的人有機會擔任軍事護民官，取得指揮權；另一個管道是經由人民選出，出任執政官軍團的軍事護民官，或在戰爭期間經執政官或法務官任命，此外也可參加第一級政務官、財務官的選舉。自從西元前107年馬略（Marius）改革後，騎士雖仍需服役10年，但不用再擔任騎兵，轉而擔任指揮官。

　　側翼的輔助騎兵部隊擔下了騎兵的任務（但仍由騎士或元老階級的年輕軍官指揮），而騎馬步兵大隊則由120名騎兵和680名步兵組成。這樣一來，羅馬軍隊握有名符其實的騎兵部隊，成為

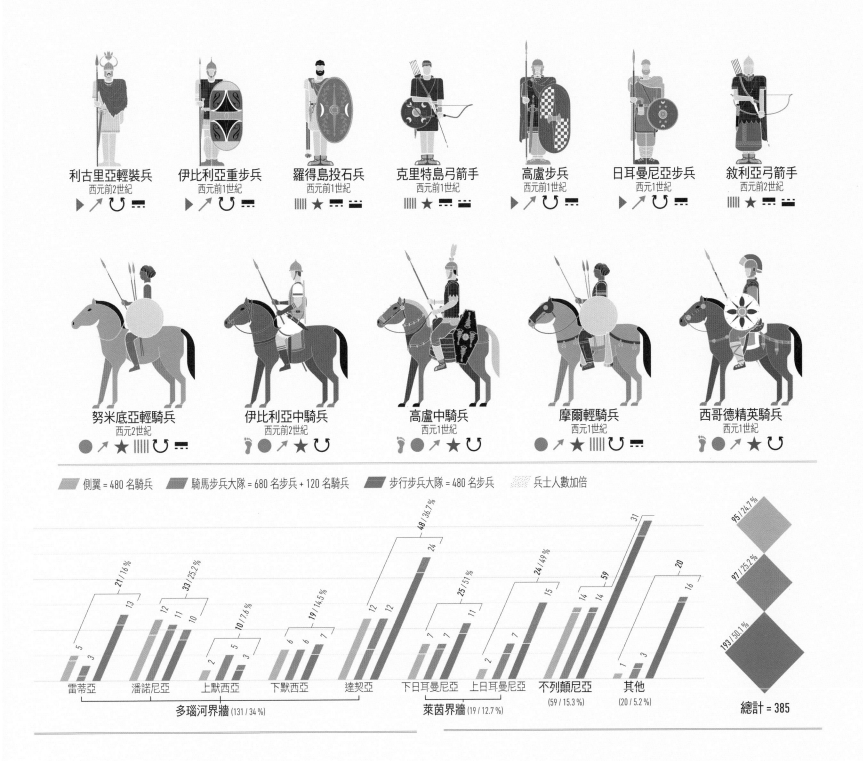

戰術計畫的要角之一。輔助部隊的士兵服完兵役時，尚未得到羅馬公民權的士兵及其家人都可獲得公民權。

自4世紀開始，戴克里先和後來的繼任者注意到敵軍的行動更加迅捷且增加了騎馬兵種，也跟著改革羅馬軍隊，減少步兵人數，增加騎兵。自塞維魯斯開始，羅馬騎兵團也出現全覆鐵甲騎兵。軍團騎兵人數進一步擴增，到了3世紀中期，已從原先的120人增為726人，共有22支騎兵支隊，想必有些成員來自軍團士兵。騎兵與步兵的比例從早先的1:10，在此時變為1:3。

加里恩努斯皇帝（Gallien）把軍團派出的分遣隊、側翼騎兵

部隊及愈來愈多的民兵團部署在萊茵河畔，其中民兵團是從帝國邊界招收的補充部隊，按照各自的傳統方式戰鬥。加里恩努斯接著把這些部隊安排在米蘭，當作快速反應軍隊，並納入步兵分遣隊。戰鬥序列也跟著改變，我們可推斷自3世紀中期開始，騎兵在前線的角色愈來愈重要，騎兵隊的軍官和士官也會在前線戰鬥，顯然是因為有愈來愈多的騎兵軍官是從日耳曼尼亞徵募而來。步兵的角色也隨之改變，以對抗重騎兵為目的設計步兵的戰鬥方式。

VII. 圍城

對古代軍隊來說，圍城戰是項複雜任務。他們必須把許多部隊（3支軍團和耶路撒冷的輔助部隊）集結到一個定點，所需時間比一般作戰更長，連帶影響到本就相當繁複的軍需補給。因此，圍城戰的戰術目的通常是迫使敵軍投降或出面交涉。以名將漢尼拔來說，因為補給線不夠穩定的關係，不會冒險進行長時間的圍城戰。

羅馬軍事史上有幾場知名的圍城戰事，首先是神話時期，位於羅馬城北方15公里處的維伊（Véies）城。根據傳說，經歷長達10年的征戰，這座伊特拉斯坎人的城邦終於在西元前396年被破。羅馬人在這場戰爭中顯然多次攻擊城門，但與我們認知

的圍城戰略有所不同，後來的敘拉古（Syracuse，西元前213～212年）、迦太基（西元前146年）、阿列夏（Alésia，西元前52年）、裴路斯（Pérouse，西元前41～40年）、耶路撒冷（西元70年）等地才是真正的圍城戰。這些圍城戰都是浩大艱辛的任務，儘管使用了炮兵及其他攻城器械，但最重要的還是圍困整座城市，阻斷其生存必備物資的運送和水源，迫使受困城民不得不投降，或者因體能太過衰弱，即使出兵突擊也無法造成重大危害。與此同時，守在外面的軍隊建造大型爬城梯或斜坡，讓軍士越牆攻入城內。

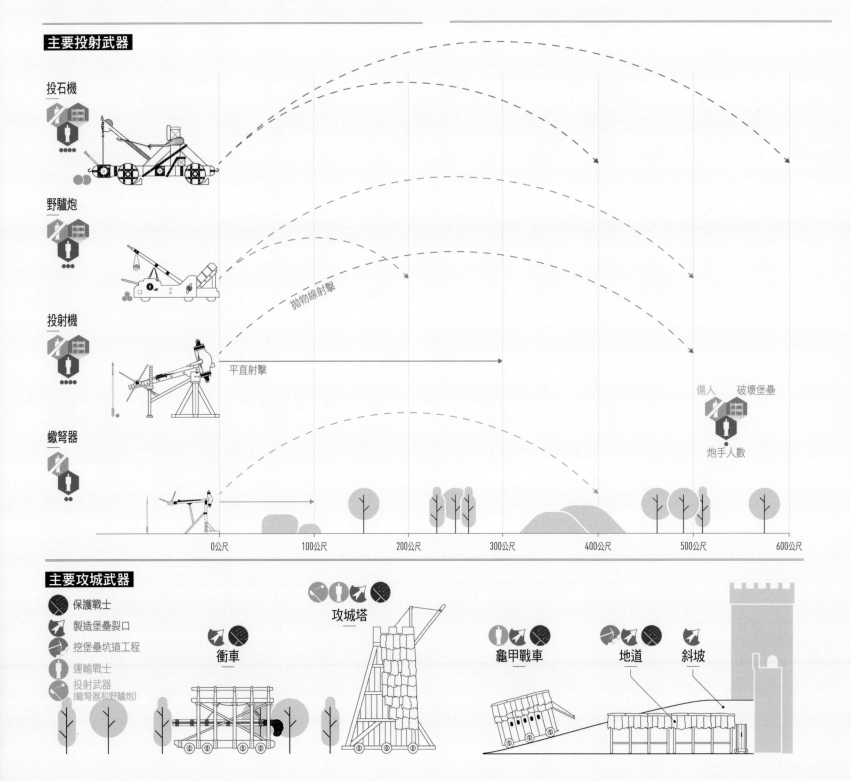

主要投射武器

投石機

野驢炮

投射機

蠍弩器

拋物線射擊

平直射擊

傷人　破壞堡壘

炮手人數

0公尺　100公尺　200公尺　300公尺　400公尺　500公尺　600公尺

主要攻城武器

- 保護戰士
- 製造堡壘裂口
- 挖堡壘坑道工程
- 運輸戰士
- 投射武器（蠍弩器和野驢炮）

攻城塔

衝車

龜甲戰車　地道　斜坡

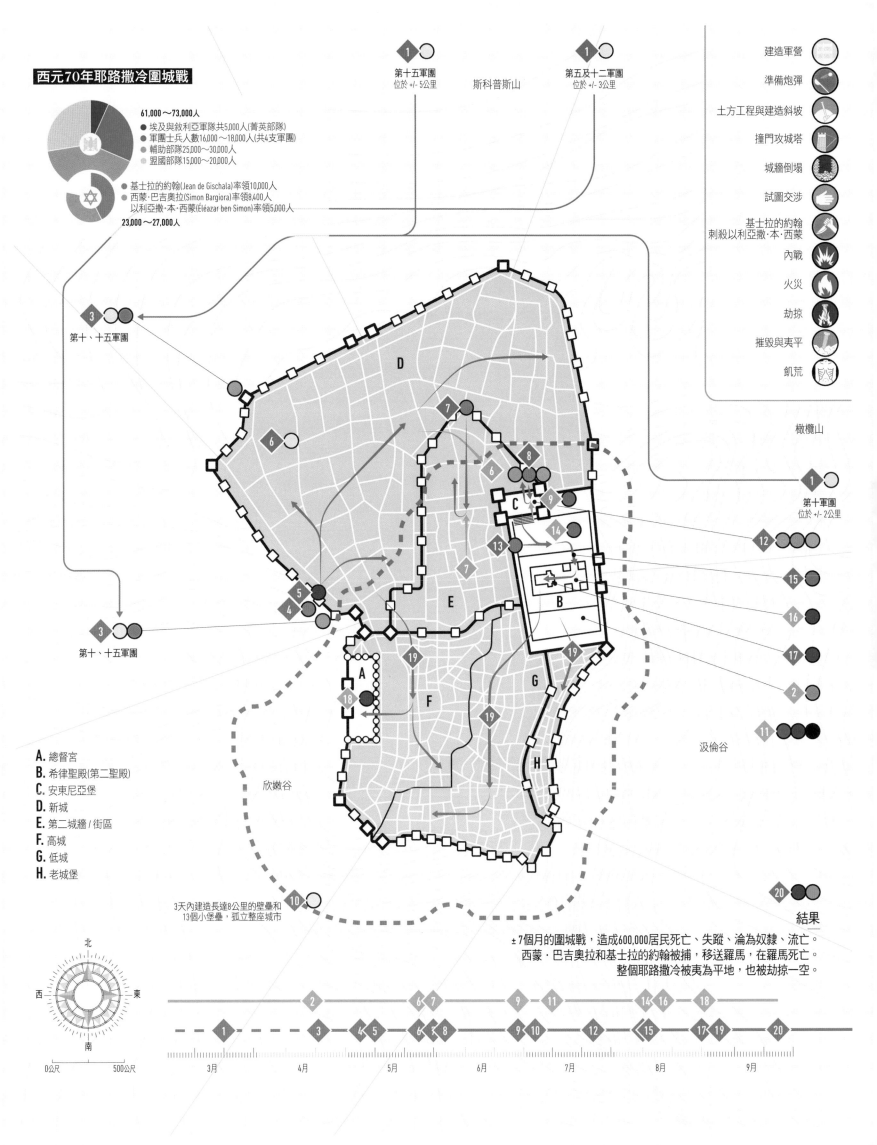

VIII. 各軍團與領地

共和時期，羅馬軍團每年都會出戰，冬天解散，隔年於某地集合。西元前3世紀，特別是第二次布匿戰爭期間，4支執政官軍團不敷使用，需要更多士兵，而且戰場往往遠離義大利，在不宜作戰的季節，士兵也難以返鄉。因此軍團會就地過冬，新指揮官也會前往當地加入軍團。這種制度在西元前2世紀成為常態，再加上行省不斷擴增，羅馬人必須在各地建立固定軍營。西元前1世紀，羅馬軍團除了必須平定叛亂和征服新領地，還得面對接連不斷的內戰，促使軍團職業化，同時也擴增軍團數量。西元前42年之後，年輕的屋大維與安東尼、雷比達（Lépide）組成後三頭同盟（triumvirs），三人致力於解散大部分的凱撒軍團，把老兵安置在各殖民地。西元前30年，隨著數場戰爭爆發，軍團數目增加到60支，但重建和平後，考量到維持軍團的成本和軍團代表的政治危機，大部分的軍團都面臨解散的命運，再次必須設法安置退役老兵。奧古斯都把軍團數目急劇減少到18支；他在位末年，共有25支軍團。後來，有些軍團戰敗時全軍覆滅（比如西元9年的3支軍團）或者被解散（西元69年的8支軍團），但又新建了16支軍團。軍團數目定期增加，到了2世紀穩定維持在30支，於3世紀初達到33支。

軍團參戰情況
■ 各場戰爭動員的軍團數
◆ 1支軍團參與的戰爭數

平均 = 20.5個軍團

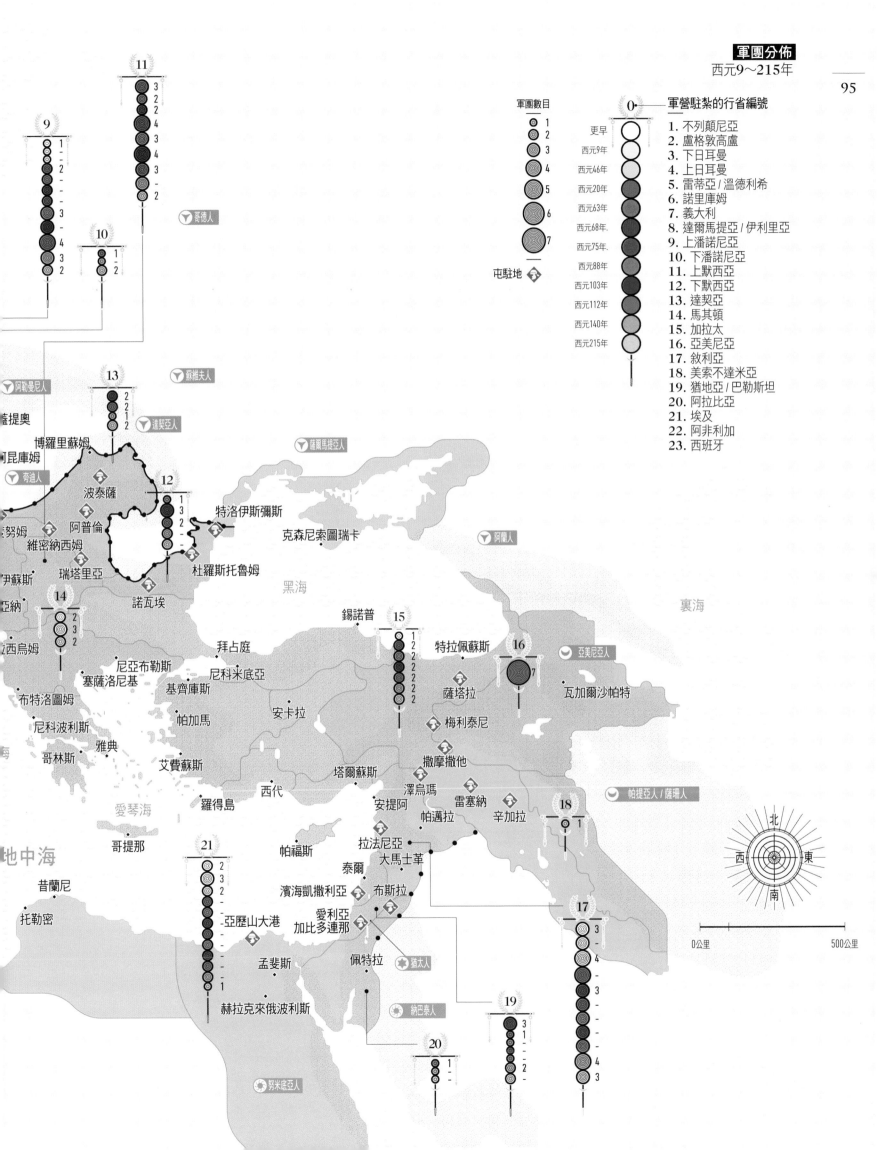

軍團分佈
西元9～215年

軍團數目

軍營駐紮的行省編號

1. 不列顛尼亞
2. 盧格敦高盧
3. 下日耳曼
4. 上日耳曼
5. 雷蒂亞 / 溫德利希
6. 諾里庫姆
7. 義大利
8. 達爾馬提亞 / 伊利里亞
9. 上潘諾尼亞
10. 下潘諾尼亞
11. 上默西亞
12. 下默西亞
13. 達契亞
14. 馬其頓
15. 加拉太
16. 亞美尼亞
17. 敘利亞
18. 美索不達米亞
19. 猶地亞 / 巴勒斯坦
20. 阿拉比亞
21. 埃及
22. 阿非利加
23. 西班牙

屯駐地

內戰與繼位爭戰　色雷斯人 達爾馬提亞人　坎塔布里人 阿斯圖里雷人　高盧人　日耳曼人/法蘭克人 卡蒂人/巴達維人　達契亞人/馬科曼尼人　薩爾馬提亞人/哥德人…　摩爾人 柏柏人

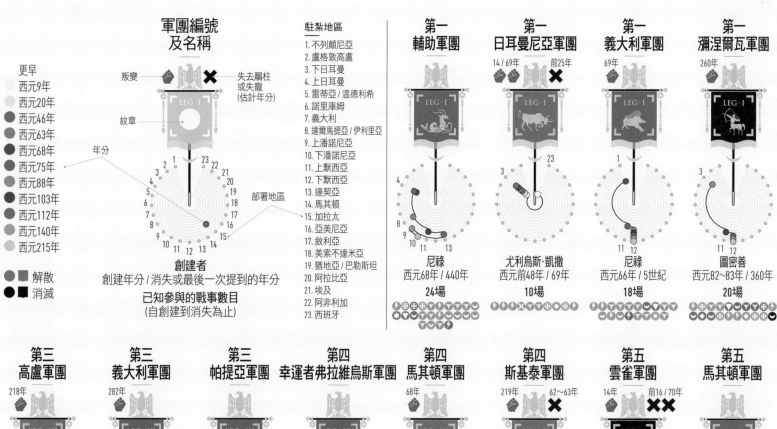

軍團編號及名稱

更早
西元9年
西元20年
西元46年
西元63年
西元68年
西元75年
西元88年
西元103年
西元112年
西元140年
西元215年

■ 解散
● 消滅

叛變
紋章
年分
部署地區

失去鷹柱或失寵（估計年分）

創建者
創建年分 / 消失或最後一次提到的年分
已知參與的戰事數目
（自創建到消失為止）

駐紮地區
1. 不列顛尼亞
2. 盧格敦高盧
3. 下日耳曼
4. 上日耳曼
5. 雷蒂亞/溫德利希
6. 諾里庫姆
7. 義大利
8. 達爾馬提亞/伊利里亞
9. 上潘諾尼亞
10. 下潘諾尼亞
11. 上默西亞
12. 下默西亞
13. 達契亞
14. 馬其頓
15. 加拉太
16. 亞美尼亞
17. 敘利亞
18. 美索不達米亞
19. 猶地亞/巴勒斯坦
20. 阿拉比亞
21. 埃及
22. 阿非利加
23. 西班牙

第一 輔助軍團
尼祿
西元68年 / 440年
24場

第一 日耳曼尼亞軍團
尤利烏斯·凱撒
西元前48年 / 69年
10場

第一 義大利軍團
尼祿
西元66年 / 5世紀
18場

第一 濔涅爾瓦軍團
圖密善
西元82~83年 / 360年
20場

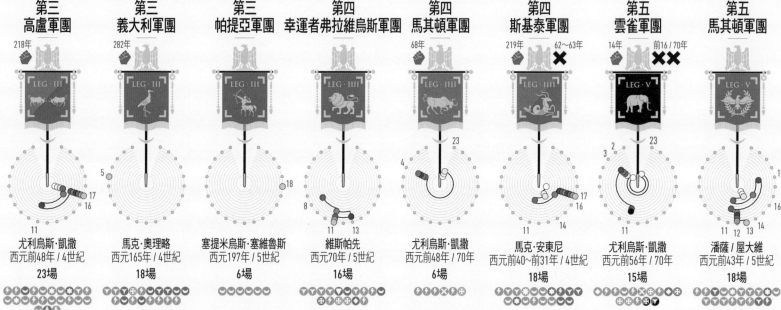

第三 高盧軍團
尤利烏斯·凱撒
西元前48年 / 4世紀
23場

第三 義大利軍團
馬克·奧理略
西元165年 / 4世紀
18場

第三 帕提亞軍團
塞提米烏斯·塞維魯斯
西元197年 / 5世紀
6場

第四 幸運者弗拉維烏斯軍團
維斯帕先
西元70年 / 5世紀
16場

第四 馬其頓軍團
尤利烏斯·凱撒
西元前48年 / 70年
6場

第四 斯基泰軍團
馬克·安東尼
西元前40~前31年 / 4世紀
18場

第五 雲雀軍團
尤利烏斯·凱撒
西元前56年 / 70年
15場

第五 馬其頓軍團
潘薩 / 屋大維
西元前43年 / 5世紀
18場

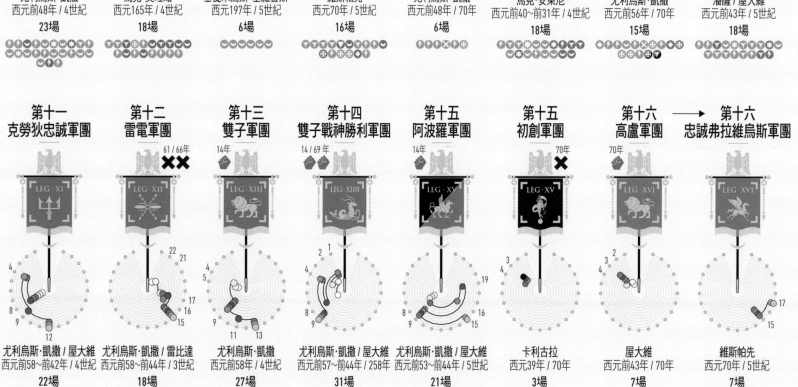

第十一 克勞狄忠誠軍團
尤利烏斯·凱撒 / 屋大維
西元前58~前42年 / 4世紀
22場

第十二 雷電軍團
尤利烏斯·凱撒 / 雷比達
西元前58~前44年 / 3世紀
18場

第十三 雙子軍團
尤利烏斯·凱撒
西元前58年 / 4世紀
27場

第十四 雙子戰神勝利軍團
尤利烏斯·凱撒 / 屋大維
西元前57~前44年 / 258年
31場

第十五 阿波羅軍團
尤利烏斯·凱撒 / 屋大維
西元前53~前44年 / 5世紀
21場

第十五 初創軍團
卡利古拉
西元39年 / 70年
3場

第十六 高盧軍團 → 第十六 忠誠弗拉維烏斯軍團
屋大維
西元前43年 / 70年
7場

維斯帕先
西元70年 / 5世紀
7場

帕提亞人/薩珊人 波斯人/亞美尼亞人　猶太人/撒馬利亞人　埃及人/努米底亞人　塞爾特人/喀里多尼亞人 皮克特人/博迪西亞人……　整個軍團　布旗隊　被……殲滅

第一 帕提亞軍團
LEG·I
塞提米烏斯·塞維魯斯
西元196年/360年
11場

第二 輔助軍團
前14年/197/260年
LEG·II
尼祿
西元67~70年/5世紀
23場

第二 奧古斯塔軍團
LEG·II
潘薩/屋大維
西元前43年/407年
17場

第二 義大利忠誠軍團
LEG·II
馬克·奧理略
西元165年/480年
15場

第二 帕提亞軍團
312年
LEG·II
塞提米烏斯·塞維魯斯
西元197年/5世紀
18場

第二 強大圖拉真軍團
175/232年
LEG·II
圖拉真
西元101年/360年
16場

第三 奧古斯塔軍團
238年
LEG·III
潘薩/屋大維
西元前43年/5世紀
23場

第三 昔蘭尼加軍團
LEG·III
雷比達/馬克·安東尼
西元前40~前36年/5世紀
22場

第六 鐵臂軍團
LEG·VI
尤利烏斯·凱撒/龐培
西元前65~前53年/4世紀
18場

第六 凱旋軍團
LEG·VI
屋大維
西元前41年/5世紀
13場

第七 克勞狄軍團
LEG·VII
尤利烏斯·凱撒/屋大維
西元前58~前44年/5世紀
24場

第七 雙子軍團
LEG·VII
加爾巴
西元68年/5世紀
7場

第八 奧古斯塔軍團
14年
LEG·VIII
尤利烏斯·凱撒
西元59年/4世紀
17場

第九 西班牙軍團
LEG·IX
尤利烏斯·凱撒
西元前58年/161年
13場

第十 海峽軍團
LEG·X
屋大維
西元前43年/274年
16場

第十 雙子軍團
LEG·X
尤利烏斯·凱撒/屋大維
西元前58~前48年/4世紀
17場

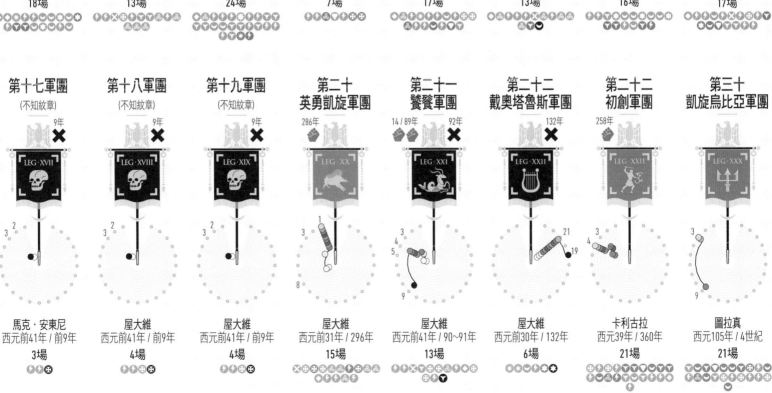

第十七軍團
（不知紋章）9年
LEG·XVII ✕
馬克·安東尼
西元前41年/前9年
3場

第十八軍團
（不知紋章）9年
LEG·XVIII ✕
屋大維
西元前41年/前9年
4場

第十九軍團
（不知紋章）9年
LEG·XIX ✕
屋大維
西元前41年/前9年
4場

第二十 英勇凱旋軍團
286年
LEG·XX
屋大維
西元前31年/296年
15場

第二十一 饕餮軍團
14/89年　92年
LEG·XXI ✕
屋大維
西元前41年/90~91年
13場

第二十二 戴奧塔魯斯軍團
132年
LEG·XXII ✕
屋大維
西元前30年/132年
6場

第二十二 初創軍團
258年
LEG·XXII
卡利古拉
西元39年/360年
21場

第三十 凱旋烏比亞軍團
LEG·XXX
圖拉真
西元105年/4世紀
21場

眾所皆知，羅馬原非海事強國，而是基於各種因素不得不發展航海技術。自西元前311年起，羅馬每年任命2名海事政務官，各掌管1支由10艘戰船組成的小型艦隊，好對抗第勒尼安海的海盜。約莫西元前306～前302年，羅馬對海權展露興趣：波利比烏斯提及此時羅馬與羅得島的關係更加緊密，羅得島的艦隊相當出名，羅馬亦於西元前306年與迦太基簽訂的第三次條約明定地中海兩岸各自的勢力範圍。西元前264年，羅馬在第一次布匿戰爭初期就失去所有海軍，必須向盟國塔蘭托（Tarente）、洛克里（Locres）、維利亞及拿坡里求救，他們提供了數艘希臘式三列槳座戰船（trière）和五十槳戰船（pentécontère）。接著羅馬建造了100艘五槳座戰船（quinquereme）和20艘羅馬三列槳座戰船（trirème），組成1支艦隊。擁抱實務主義的羅馬人掌握五槳座戰船的精髓，得以在布匿人的領海，用布匿人擅長五槳座戰船擊潰布匿人。執政官盧塔提烏斯·卡圖盧斯（Lutatius Catulus）雖在241年打了一場精采勝仗，擊潰了裝備與訓練都不足的布匿艦隊，但羅馬仍把重心放在拓展陸地疆域。

西元前200年，羅馬依舊仰賴希臘各國盟友維持海上霸權，其中又以羅得島艦隊特別重要。愛奧尼亞、腓尼基、潘菲利亞（Pamphylie）及敘利亞的盟國提供羅馬艦隊大部分的船隻。當然羅馬本身也會造船，但多半由盟國提供船上裝備與人員，這樣的作法讓希臘和東方各國的海事技術愈漸成熟，甚至到了同盟者戰爭（guerre sociale，西元前90～前88年）時漸漸超越羅馬。經歷了與米特里達梯（Mithridate）國王的對戰（西元前89～前85年）後，羅馬首次組建1支固定艦隊。西元前67年，龐培打敗了在地中海四處作亂的海盜。凱撒與龐培的內戰期間，擅長海事的臨海盟國也扮演了很重要的角色。直到最後一場內戰在西元前30年落幕後，羅馬才創建了更多固定的海洋與江河艦隊，船員和士兵常常都是外國人，甚至由奴隸擔任。後來愈來愈多的自由人和公民加入海軍。

古代船艦種類
西元前1000年～西元前500年

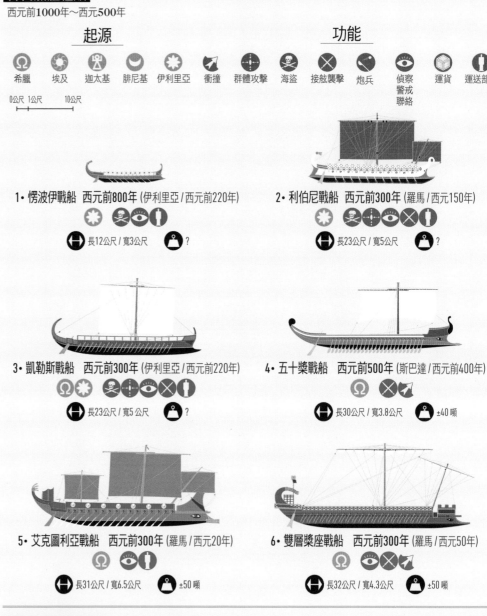

起源　　　　　　　　　　　　　　　　功能

希臘　埃及　迦太基　腓尼基　伊利里亞　衝撞　群體攻擊　海盜　接舷襲擊　炮兵　偵察警戒聯絡　運貨　運送部隊

0公尺 1公尺　10公尺

1・愣波伊戰船　西元前800年（伊利里亞／西元前220年）
長12公尺／寬3公尺　　?

2・利伯尼戰船　西元前300年（羅馬／西元150年）
長23公尺／寬5公尺　　?

3・凱勒斯戰船　西元前300年（伊利里亞／西元前220年）
長23公尺／寬5公尺　　?

4・五十槳戰船　西元前500年（斯巴達／西元前400年）
長30公尺／寬3.8公尺　　±40噸

5・艾克圖利亞戰船　西元前300年（羅馬／西元前20年）
長31公尺／寬6.5公尺　　±50噸

6・雙層槳座戰船　西元前300年（羅馬／西元前50年）
長32公尺／寬4.3公尺　　±50噸

各種划槳手配置
■ 划槳席　■ 槳

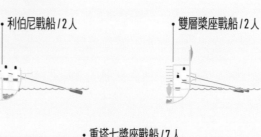

利伯尼戰船／2人

雙層槳座戰戰／2人

羅馬三列槳座戰船／3人

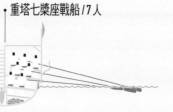

重塔七槳座戰船／7人

四槳座戰船／4人（最為常見）

羅馬海軍

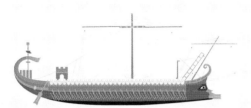

7・雙列槳戰船 / 羅馬三列槳座戰船　西元前300年（羅馬 / 西元前260年）
 長38公尺 / 寬6公尺　±60噸

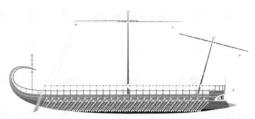

8・希臘三列槳座戰船　西元前704年（迦太基 / 西元前250年）
 長40公尺 / 寬6公尺　±70噸

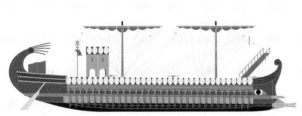

9・四槳座戰船　西元前350年（羅馬 / 西元前260年）
 長50公尺 / 寬7公尺　±80噸

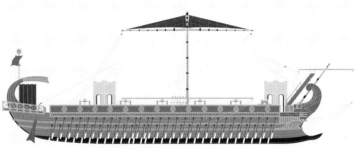

10・五槳座戰船　西元前400年（羅馬 / 西元前68年）
 長58公尺 / 寬7公尺　100噸

11・高洛戰船　西元前2000年
 長±40公尺 / 寬10公尺　?

12・考貝塔戰船　西元前150年
 長55公尺 / 寬13公尺　?

力量與速度　　∼ 巡航船速　∼ 最高船速　▶ 撞角　● 投石器　■ 射箭塔　✖ 蠍弩器 / 投射機　╱ 接舷吊橋　∖ 懸掛鉛塊　★ 連續甲板

愣波伊戰船・1	16名划槳兵　▶	7～14節
利伯尼戰船・2	44名槳手 / 10名水手 / ±10名士兵　▶	
凱勒斯戰船・3	23名槳手 / 3名水手 / ±10名士兵　▶	
五十槳座戰船・4	50名槳手 / 3名水手 / ±10名士兵　▶	6～10節
艾克圖利亞戰船・5	50名槳手 / 3名水手 / ±30名士兵　▶✖✖	±5～8節
雙層槳座戰船・6	50名槳手 / ±10名水手 / ±30名士兵　▶✖✖╱	
羅馬三列槳座戰船・7	170名槳手 / 25名水手 / 50名士兵　▶■✖✖╱∖★	
希臘三列槳座戰船・8	240名槳手 / ±10名水手 / ±50名士兵　▶✖✖╱★	±3～8節
四槳座戰船・9	230名槳手 / 40名水手 / 75名士兵　▶▶✖✖╱∖★	±3～8節
五槳座戰船・10	300名槳手 / 50名水手 / 130名士兵　▶▶▶●●●●●●●●●●●●■■✖✖╱∖★	

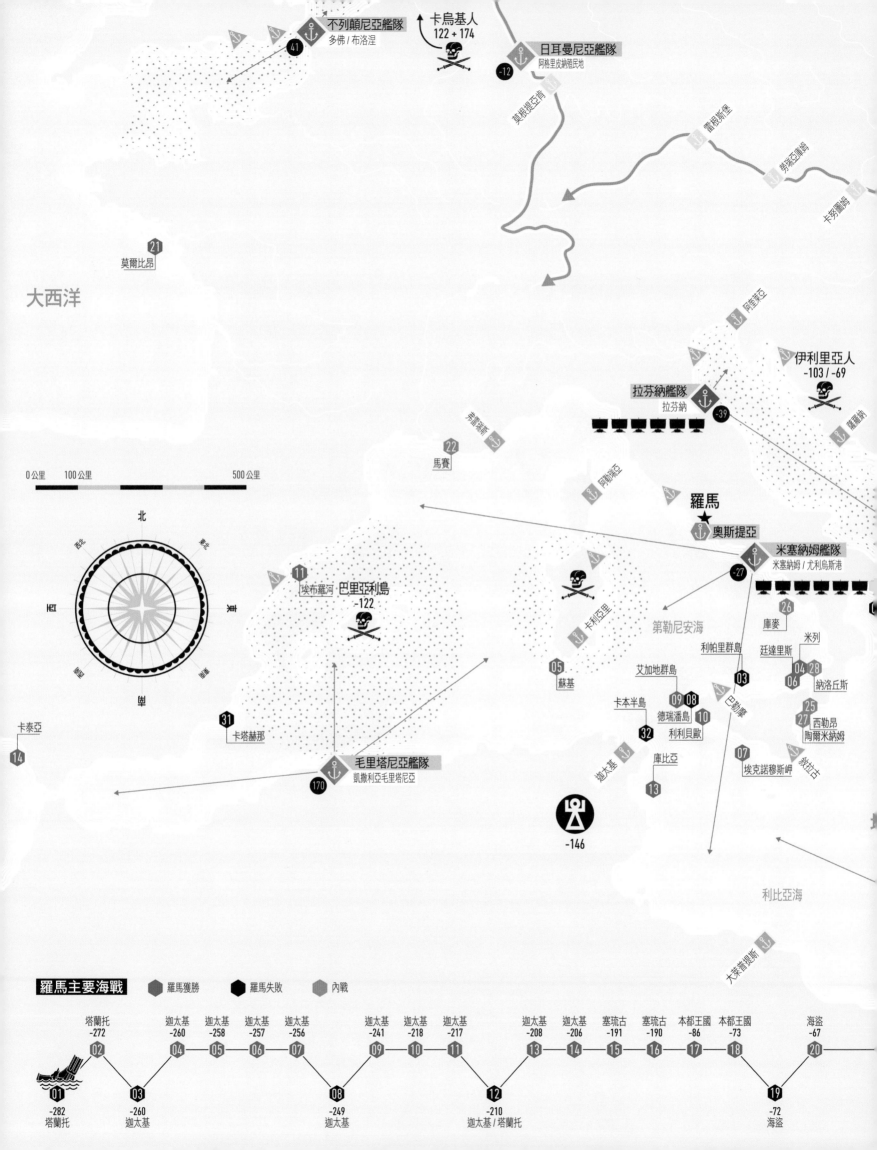

不列顛尼亞艦隊
多佛 / 布洛涅
41

卡烏基人
122 + 174

日耳曼尼亞艦隊
阿格里皮納殖民地
-12

莫根提亞肯

雷根斯堡

勞瑞亞庫姆

卡努圖姆

莫爾比昂
21

大西洋

阿奎萊亞

伊利里亞人
-103 / -69

拉芬納艦隊
拉芬納
-39

薩羅納

弗雷瑞斯
22
馬賽

阿勒里亞

阿雷歐

羅馬 ★
奧斯提亞

米塞納姆艦隊
米塞納姆 / 尤利烏斯港
-27

埃布羅河　巴里亞利島
-122

卡利亞里

第勒尼安海

26
庫麥

利帕里群島

廷達里斯
03

米列
04　28
納洛丘斯
06

0公里　100公里　500公里

北
西北　東北
西　東
西南　東南
南

05
蘇基

艾加地群島
09　08
德瑞潘島
卡本半島　10
32　利利貝歐
31
卡塔赫那

巴勒摩

25
27　西勒昂
陶爾米納姆
敘拉古

07
埃克諾穆斯岬

14
卡泰亞

毛里塔尼亞艦隊
凱撒利亞毛里塔尼亞
170

迦太基

13
庫比亞
-146

利比亞海

大萊普提斯

羅馬主要海戰　　羅馬獲勝　　羅馬失敗　　內戰

塔蘭托
-272

迦太基
-260

迦太基
-258

迦太基
-257

迦太基
-256

迦太基
-241

迦太基
-218

迦太基
-217

迦太基
-208

迦太基
-206

塞琉古
-191

塞琉古
-190

本都王國
-86

本都王國
-73

海盜
-67

02　04　05　06　07　09　10　11　13　14　15　16　17　18　20

01　03　08　12　19

-282
塔蘭托

-260
迦太基

-249
迦太基

-210
迦太基 / 塔蘭托

-72
海盜

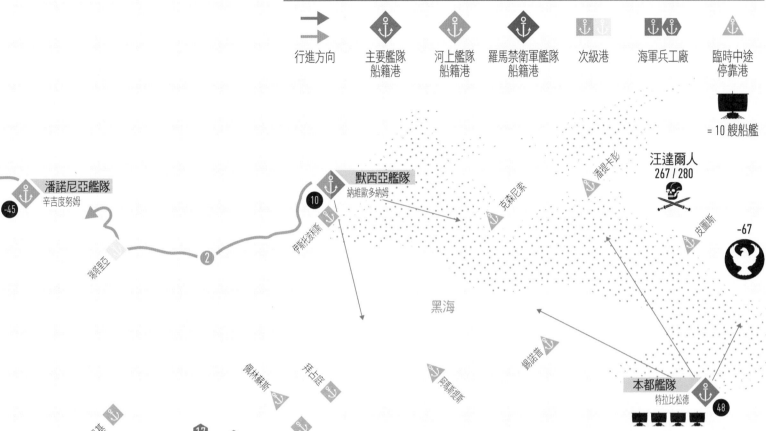
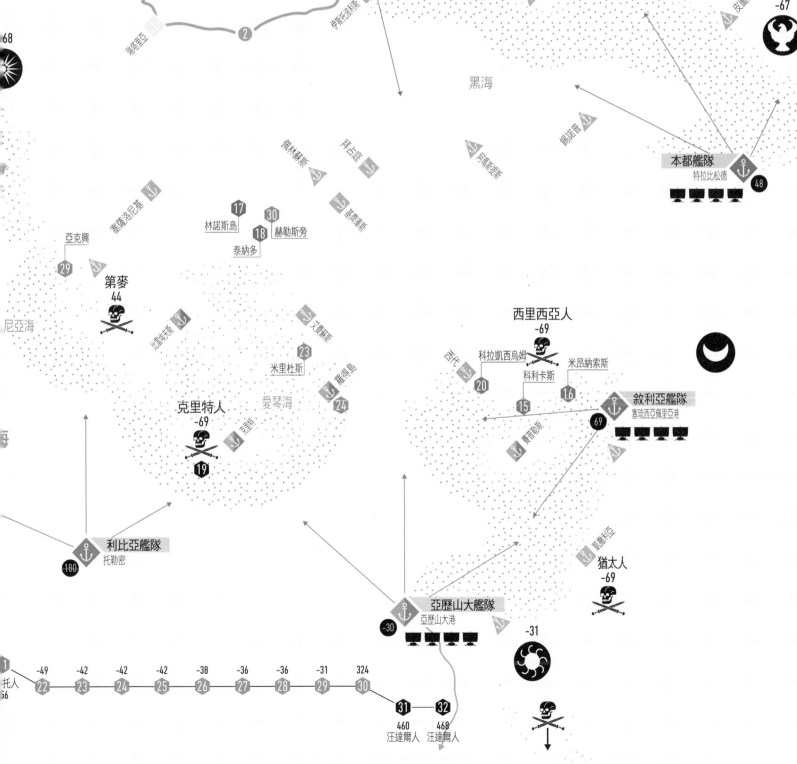

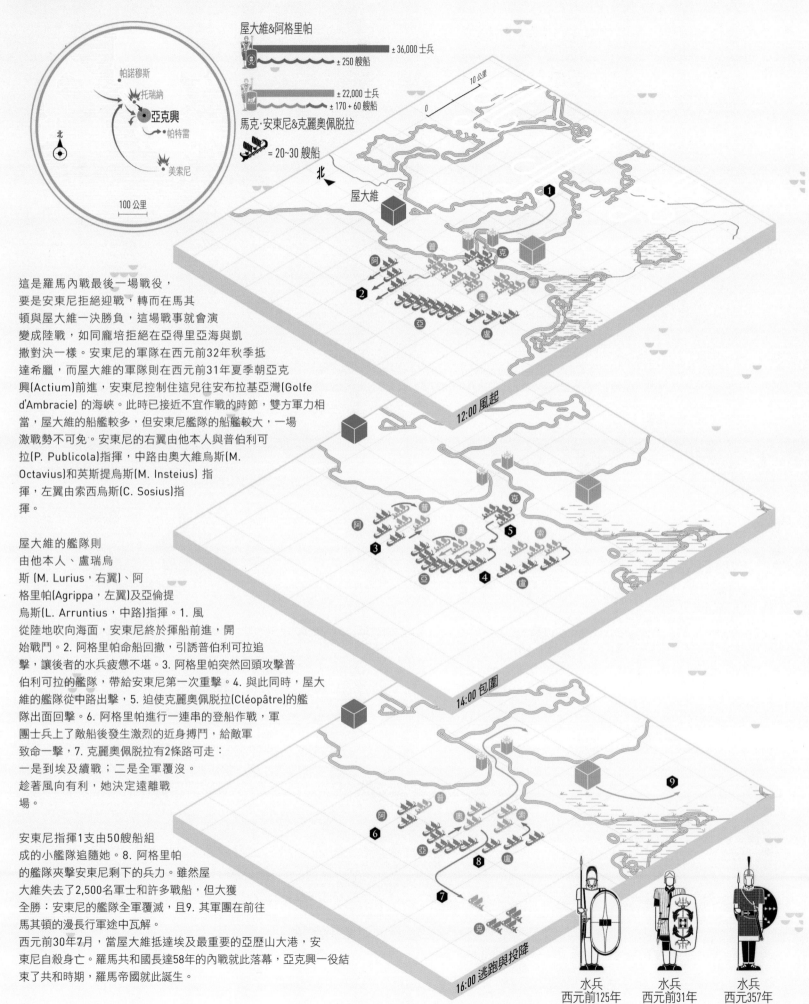

亞克興戰役

西元前31年9月2日

屋大維&阿格里帕 ±36,000 士兵 / ±250 艘船

±22,000 士兵 / ±170 + 60 艘船

馬克·安東尼&克麗奧佩脫拉 = 20~30 艘船

帕諾穆斯　托瑞納　亞克興　帕特雷　美索尼

北　100公里　10公里　0

北　屋大維

12:00 風起

14:00 包圍

16:00 逃跑與投降

這是羅馬內戰最後一場戰役，要是安東尼拒絕迎戰，轉而在馬其頓與屋大維一決勝負，這場戰事就會演變成陸戰，如同龐培拒絕在亞得里亞海與凱撒對決一樣。安東尼的軍隊在西元前32年秋季抵達希臘，而屋大維的軍隊則在西元前31年夏季朝亞克興(Actium)前進，安東尼控制住這兒往安布拉基亞灣(Golfe d'Ambracie) 的海峽。此時已接近不宜作戰的時節，雙方軍力相當，屋大維的船艦較多，但安東尼艦隊的船艦較大，一場激戰勢不可免。安東尼的右翼由他本人與普伯利可拉(P. Publicola)指揮，中路由奧大維烏斯(M. Octavius)和英斯提烏斯(M. Insteius) 指揮，左翼由索西烏斯(C. Sosius)指揮。

屋大維的艦隊則由他本人、盧瑞烏斯 (M. Lurius，右翼)、阿格里帕(Agrippa，左翼)及亞倫提烏斯(L. Arruntius，中路)指揮。1. 風從陸地吹向海面，安東尼終於揮船前進，開始戰鬥。2. 阿格里帕命船回撤，引誘普伯利可拉追擊，讓後者的水兵疲憊不堪。3. 阿格里帕突然回頭攻擊普伯利可拉的艦隊，帶給安東尼第一次重擊。4. 與此同時，屋大維的艦隊從中路出擊，5. 迫使克麗奧佩脫拉(Cléopâtre)的艦隊出面回擊。6. 阿格里帕進行一連串的登船作戰，軍團士兵上了敵船後發生激烈的近身搏鬥，給敵軍致命一擊，7. 克麗奧佩脫拉有2條路可走：一是到埃及續戰；二是全軍覆沒。趁著風向有利，她決定遠離戰場。

安東尼指揮1支由50艘船組成的小艦隊追隨她。8. 阿格里帕的艦隊夾擊安東尼剩下的兵力。雖然屋大維失去了2,500名軍士和許多戰船，但大獲全勝：安東尼的艦隊全軍覆滅，且9. 其軍團在前往馬其頓的漫長行軍途中瓦解。西元前30年7月，當屋大維抵達埃及最重要的亞歷山大港，安東尼自殺身亡。羅馬共和國長達58年的內戰就此落幕，亞克興一役結束了共和時期，羅馬帝國就此誕生。

水兵 西元前125年　水兵 西元前31年　水兵 西元357年

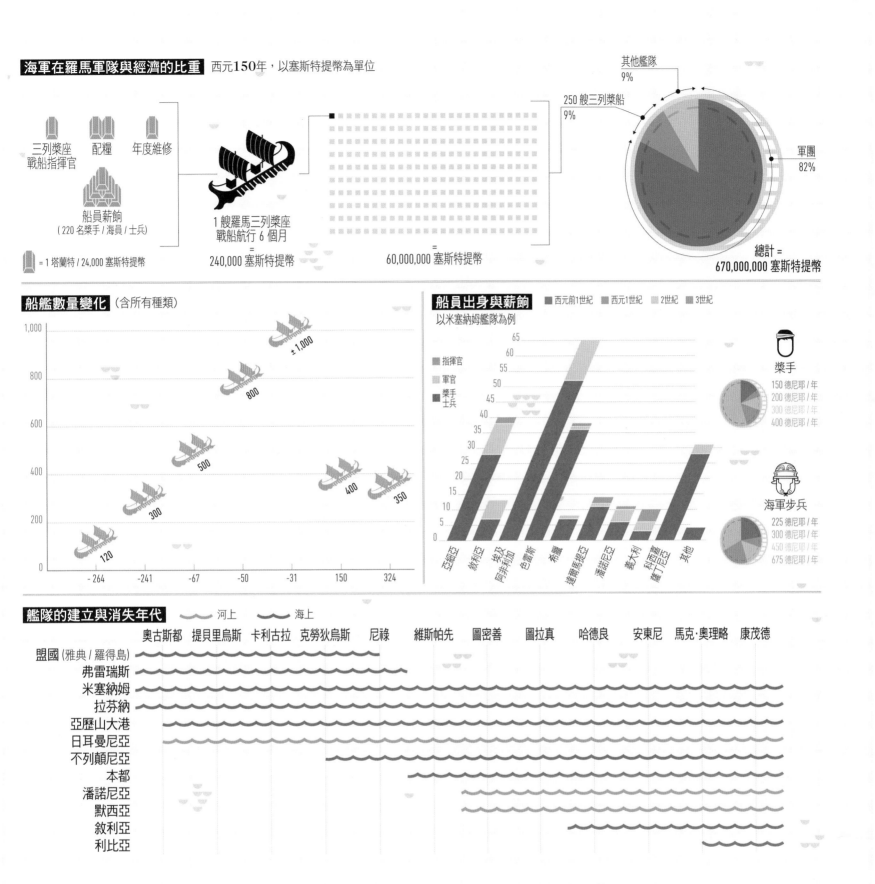

海軍在羅馬軍隊與經濟的比重 西元150年，以塞斯特提幣為單位

船艦數量變化 (含所有種類)

船員出身與薪餉

艦隊的建立與消失年代

　　羅馬和地中海恢復和平，艦隊也成為固定軍種。直到尼祿即位，羅馬艦隊中仍有部分人員來自過去的盟國海軍，帝國海軍後來才達成自行建造船隻、補給軍需的目標，但許多船員仍來自所謂的「濱海行省」。米塞納姆（Misène）及拉芬納成了大型軍事港。接著羅馬先後在敘利亞、埃及、阿非利加等地中海地區及不列顛尼亞編制次級艦隊，或在港口（比如毛里塔尼亞〔Maurétanie〕的凱撒利亞〔Césarée〕，或利比亞的托勒密（Ptolémaïs〕）建立長期分遣艦隊。後來羅馬在萊茵河、多瑙河、黑海也都設有艦隊。幼發拉底河流域的軍隊很需要艦隊相助，但這一帶從未設立長期艦隊。這是因為船隻在幼發拉底河無法逆流航行，要是採取曳船方式又會耗費太多人力物資和時間。與帕提亞人作戰時，羅馬軍隊派出海上分遣隊，在當地建造船隻好運輸部隊和裝備。

戰爭與戰役

I. 內戰

羅馬的歷史滿是一場又一場的內戰，我們無法在此一一詳述。早期內戰都發生在羅馬城內和周邊地區，比如西元前494年，對羅馬不滿的平民在離羅馬4.5公里外的聖山（mont Sacré）為了爭取權益而起義，其中一項訴求是由平民選出護民官，負責保障平民安全。這些起義慢慢改變了羅馬體制，比如前451～前449年間頒行十二表法，後來羅馬也漸漸讓所有公民享有同等政治權。

數世紀的各地征戰保障了羅馬的未來，但內部爭鬥再次於西元前2世紀降臨，一開始是範圍僅限於羅馬的政治鬥爭，由反對格拉古兄弟（Gracques）改革的人士發起。30年後，提供大量軍力但只享有拉丁權的義大利盟國為了爭取完整的羅馬公民權，在西元前90～前88年引爆了激烈的「同盟者戰爭」，名稱源自拉丁文的盟邦（socii）一字。羅馬於西元前89年頒布《普勞提烏斯·帕皮利烏斯法案》（loi Plautia Papiria），賦予住在波河（Pô）以南的義大利人羅馬公民權，這場血腥的內戰終於落幕。戰爭中幾位支持起義的政治人物，比如馬略，趁機運用自己的軍權擴大在羅馬的政治勢力。馬略在西元前107年推動軍事改革，自此之後軍團士兵必須服役25年，此舉連帶引發政治問題，因為軍團士兵往往在從軍期間和退役後都效忠於最活躍或最有魅力的指揮官。

這直接引發了西元前1世紀上半葉的多場戰爭。勢力龐大的強人，如馬略與蘇拉（Sylla），以及後來的克拉蘇（Crassus）、龐培和凱撒，和一些野心家趁著義大利各城與其他行省發生軍事問題時爭取指揮權，求取精彩的勝利，藉此不只擴展在羅馬的權勢還能劫掠各地，取得更多資源。西元前88年，米特里達梯六世帶領本都王國和諸多希臘城邦，反抗羅馬及其盟國比提尼亞，第一次米特里達梯戰爭爆發，最後由羅馬取得勝利，米特里達梯只得放棄其所征服的領土並回到本都。西元前83年，雙方為爭奪小亞細亞衝突再起，米特里達梯六世對戰蘇拉旗下軍官並取得勝利。西元前74年，因尼科美德四世（Nicomède IV）的遺願是將比提尼亞王國贈與羅馬，戰爭再次爆發。羅馬數名軍隊指揮官向米特里達梯出兵，特別是盧庫魯斯（Lucullus），雖然羅馬打了勝仗，但戰局在西元前69年陷入膠著。此外，西元前73～前72年，同盟者戰爭在義大利半島南部所造成的混亂一直沒有解決，東邊又戰火不斷，一名色雷斯（Thrace）角鬥士斯巴達克斯（Spartacus）成功帶領當地奴隸起義。至於已經在同盟者戰爭中大放異采的龐培，則在西元前67年出兵攻擊散佈達爾馬提亞沿岸的海盜。他在西元前66年揮軍對抗並徹底擊潰米特里達梯，並巡視亞細亞和敘利亞行省。過了不久，執政官凱撒宣稱日耳曼人對納博訥（Narbonnaise）造成嚴重威脅，點燃了高盧戰爭。

為了贏得至高無上的權位，以上種種情況引爆了最終對決。與龐培、凱撒組成了非正式三頭同盟的克拉蘇，為了強化自己的地位而出兵攻擊帕提亞王國，但這場征戰在西元前63年演變成一場災難，克拉蘇不幸陣亡，旗下軍士也多半喪命。當凱撒打算在西元前50年再次競選執政官，龐培和凱撒之間的衝突愈演愈烈。傾向龐培的元老院激烈反對凱撒支持者如馬克·安東尼等人的提議，於是凱撒在西元前49年1月11日帶軍回到義大利，向羅馬進軍。龐培和部分元老相偕逃離羅馬，落腳希臘和馬其頓。凱撒先解決羅馬事務，接著轉向西班牙，擊潰當地效忠龐培的軍團。他在西元前48年贏得選舉，再次成為執政官，接著橫越亞得里亞海突襲龐培，但未能分出勝負。西元前48年8月，他引誘龐培到色薩利（Thessalie），在法薩盧斯（Pharsale）擊敗龐培。西元前48年9月28日，龐培前往埃及尋求庇護，但在埃及王托勒密十三世（Ptolémée XIII）的命令下慘遭刺殺。

凱撒在西元前44年3月15日被刺身亡後，內戰再次爆發。「共和派」和凱撒派隨情勢變化時而結盟，時而對立。手握大權的馬克·安東尼、凱撒養子屋大維和雷比達爭奪凱撒遺留的權勢。西元前44年，共和派與安東尼決裂，並試圖分裂凱撒派。西元前43年1月1日，元老院賦予屋大維代行法務官的指揮權和其他特權，包括同意他在比法定年齡少10歲時即可參選執政官一職。西元前43年4月的莫德納（Modène）一役中，屋大維加入的共和派擊敗了安東尼。屋大維帶兵進入羅馬，在西元前43年8月19日當選執政官。與此同時，屋大維親近安東尼、雷比達，在11月經平民會議表決成立「重建共和國的三頭同盟」。三人分擔治理行省的責任，建立反對者名單，並剝奪他們的公民權。

三頭同盟的首要任務是剷除凱撒暗殺事件的同謀，其中一部分人士藏匿於埃及或東方。兩方人馬在西元前42年9月和10月，分別於腓力比（Philippes）和馬其頓發生2場大戰，凱撒派取得勝利。這次的勝利很快掀起新一波的衝突，在三頭同盟的最後一段期間，屋大維和安東尼兩人爭奪權力。安東尼握有東方豐沛的資源，屋大維則掌握羅馬和義大利的勢力。自西元前34年起，兩方關係一再惡化。最後在西元前31年9月2日，屋大維的艦隊與馬克·安東尼和克麗奧佩脫拉的艦隊於亞克興一決勝負，屋大維獲勝後又攻克亞歷山大港（西元前30年8月30日），至此內戰終於落幕。

這些事件造就後來的帝國體制，但未能解決內戰問題。帝國維持了相對穩定的局面，但西元235年後戰火再起，渴望取得帝位的各方人士讓羅馬帝國陷入30年的內戰之中。

出現於
西元前133年

貴族派		平民派	

「最優秀」

保守派

「屬於人民」

改革派

政治勢力

元老院　政務官

護民官　政務官　人民大會

政治目標

- 權力歸於元老院
- 維持寡頭政治
- 菁英才能成為政務官

- 鞏固並擴增人民自由
- 具體改善人民的物質生活

政治改革

拒絕改變 **0**

1 土地法 (重新分配公用地，建立殖民地，限制公用地的地產面積)

2 小麥法 (以控制羅馬的小麥價格為目標，近乎免費)

3 減少債務

4 開放義大利盟國人民取得公民權

5 建立騎士法院

主要人物

蓋納烏斯 & 馬庫斯·
奧大維烏斯

蓋烏斯·桑普尼烏斯·
格拉古

提貝里烏斯·
格拉古

馬庫斯·李錫尼·
克拉蘇

盧基烏斯·科內留斯·
蘇拉

蓋烏斯·
馬略

馬庫斯·波希烏斯·
加圖

盧基烏斯·科內留斯·
辛納

喀提林

蓋烏斯·卡西烏斯·
朗基努斯

普伯里烏斯·克洛狄烏斯·
普爾徹

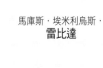

蓋烏斯·帕比瑞烏斯·
卡伯

馬庫斯·圖利烏斯·
西塞羅

蓋納烏斯·馬格努斯·
龐培

蓋烏斯·尤利烏斯·
凱撒

盧基烏斯·李錫尼·
盧庫魯斯

馬庫斯·埃米利烏斯·
雷比達

盧基烏斯·
奧比繆斯

馬庫斯·尤尼烏斯·
布魯圖斯

馬克·
安東尼

蓋烏斯·
凱撒 (屋大維)

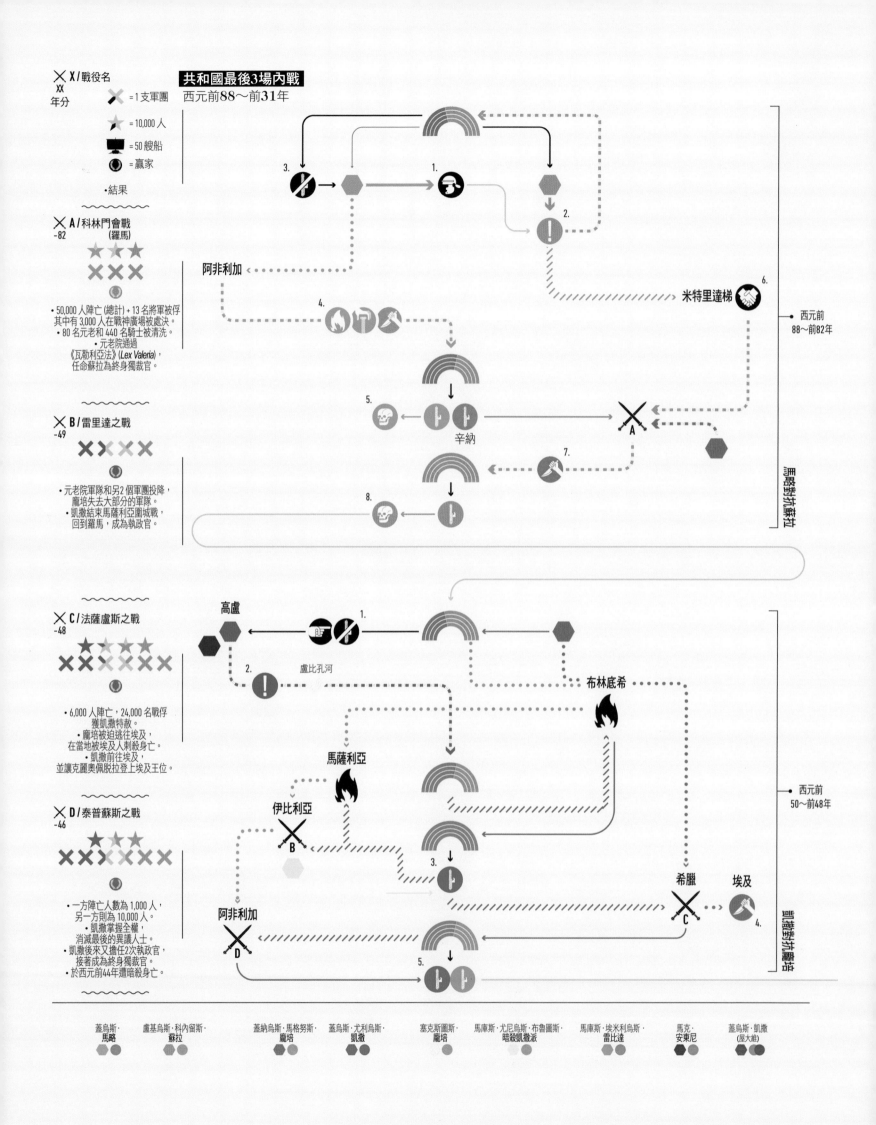

共和國最後3場內戰
西元前88～前31年

X / 戰役名
年分

= 1支軍團
★ = 10,000 人
= 50 艘船
= 贏家
・結果

X A / 科林門會戰
-82 （羅馬）

★★★
✕✕✕

・50,000 人陣亡（總計）+ 13 名將軍被俘
其中有 3,000 人在戰神廣場被處決。
・80 名元老和 440 名騎士被清洗。
・元老院通過
《瓦勒利亞法》(Lex Valeria)，
任命蘇拉為終身獨裁官。

X B / 雷里達之戰
-49

✕✕✕

・元老院軍隊和另2個軍團投降，
龐培失去大部分的軍隊。
・凱撒結束馬薩利亞圍城戰，
回到羅馬，成為執政官。

X C / 法薩盧斯之戰
-48

★ ★
✕✕✕✕✕✕

・6,000 人陣亡，24,000 名戰俘
獲凱撒特赦。
・龐培被迫逃往埃及，
在當地被埃及人刺殺身亡。
・凱撒前往埃及，
並讓克麗奧佩脫拉登上埃及王位。

X D / 泰普蘇斯之戰
-46

★ ★★
✕✕✕✕✕✕

・一方陣亡人數為 1,000 人，
另一方則為 10,000 人。
・凱撒掌握全權，
消滅最後的異議人士。
・凱撒後來又擔任2次執政官，
接著成為終身獨裁官。
・於西元前44年遭暗殺身亡。

阿非利加
米特里達梯
辛納
高盧
盧比孔河
布林底希
馬薩利亞
伊比利亞
阿非利加
希臘
埃及

西元前
88～前82年

馬略對抗蘇拉

西元前
50～前48年

凱撒對抗龐培

蓋烏斯·
馬略

盧基烏斯·科內留斯·
蘇拉

蓋納烏斯·馬格努斯·
龐培

蓋烏斯·尤利烏斯·
凱撒

塞克圖斯·
龐培

馬庫斯·尤尼烏斯·布魯圖斯·
暗殺凱撒派

馬庫斯·埃米利烏斯·
雷比達

馬克·
安東尼

蓋烏斯·凱撒
（屋大維）

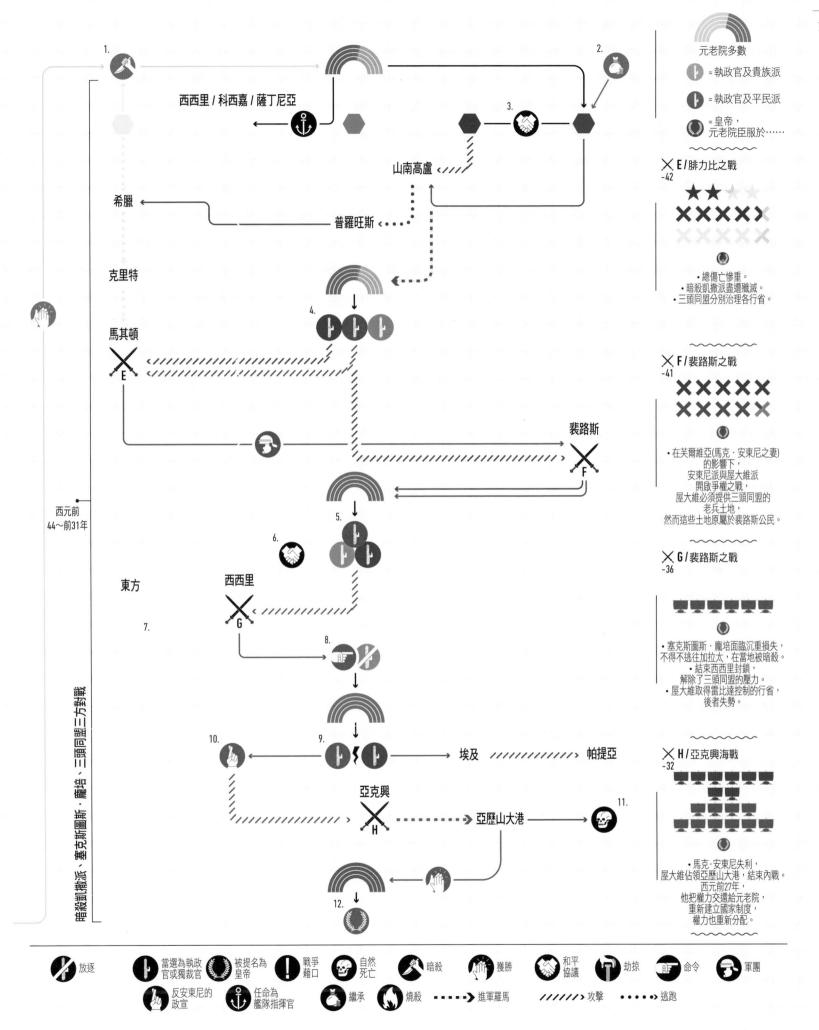

II. 迦太基

迦太基於西元前814年建國，積極朝海外發展。為了搶奪地中海貿易往來的重要基地，他們先與腓尼基人和希臘人作戰。位在半島的迦太基城，周圍建了近33公里的城牆。我們難以估量迦太基人口，但歷史學家史特拉波（Strabon）估計西元前149年迦太基約有700,000居民，此數字遠遠超過其他資料。西元前146年，迦太基指揮官掌握30,000兵力，到了迦太基城敗亡前的最後一刻，捍衛家園的人只剩下不到50,000人；由此看來，實際人口數應該不會比這兩個數字高太多，不過我們還得計入住在迦太基城附近，蘇斯（Sousse）與邦納（Bône）之間的居民。此外，迦太基自西元前3世紀起成了一個版圖龐大的帝國，掌控從特列母森（Tlemcen）到的黎波里塔尼亞（Tripolitaine）的非洲西岸，數個地中海島嶼（巴里亞利群島、薩丁尼亞島、西西里島，還有迦太基人不太重視的馬爾它），以及伊比利亞半島沿岸和腹地，這兒的礦產和其他資源都歸迦太基。

雖保留原有的貴族制傳統，但管理良好的迦太基王國在憲法中也列出民主原則。我們對布匿社會所知不多，但可確定的是貴族階級由船東、批發商、地主組成，他們掌握政治與宗教職位。中產階級是享有所有權利的公民，可在人民大會中行使投票權。但我們並不清楚他們妻子的地位。就像羅馬一樣，迦太基也有被釋奴，其中大部分人都頗為富裕，同時也有公共和私人奴隸。公共和私人奴隸的生活頗為舒適也較獨立，甚至可以合法結婚。就考古證據看來，與古代作者的著作相反，迦太基社會和布匿城市住了許多來自各地的外國人。

迦太基的政治體系貴族與民主制並行，深知避免暴君與獨裁之道。古代文獻提到了迦太基有「國王」，極有可能就是被稱為「蘇菲特」（suffètes）的行政長官，也可稱為「法務官」（相當於統帥）。蘇菲特行使治理權，有時也主持正義。只要擔任過此職位，就能保留頭銜。西元前3～2世紀，人民每年選出2名蘇菲特，而財富多寡是當選的最主要條件。蘇菲特多半在公開廣場主持審判，由卸任的蘇菲特擔任法官。除此之外還有由長者組成的議會，成員資格可能是經內部推舉而獲得，一旦選上就是終身職，約有數百名議員。長者議會嚴格監督蘇菲特，也與蘇菲特商議事務，頒佈法令，為開戰或維持和平而辯論，接待使節並派遣代表。長者議會中有個由30人組成的委員會，負責解決各種疑難雜症。另有一個由100名法官組成的委員會，其成員都從長者中選出，委員會控制各大家族，避免政治分歧，並在戰後評鑑指揮官的表現。蘇菲特有權召集人民大會，而人民大會只能討論蘇菲特提出的動議，諸如財政、解放公共奴隸和公共工程等議題。在和平時期，軍隊指揮官和總督等職務人選也由人民大會決定。

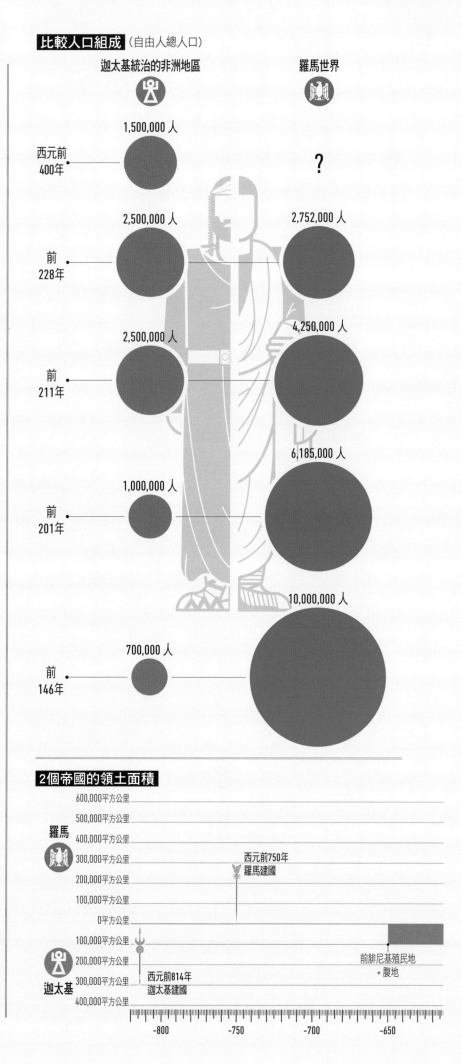

比較人口組成（自由人總人口）

迦太基統治的非洲地區　　　羅馬世界

	迦太基統治的非洲地區	羅馬世界
西元前400年	1,500,000 人	？
前228年	2,500,000 人	2,752,000 人
前211年	2,500,000 人	4,250,000 人
前201年	1,000,000 人	6,185,000 人
前146年	700,000 人	10,000,000 人

2個帝國的領土面積

羅馬

600,000平方公里
500,000平方公里
400,000平方公里
300,000平方公里　西元前750年　羅馬建國
200,000平方公里
100,000平方公里
0平方公里
100,000平方公里
200,000平方公里
300,000平方公里　西元前814年　迦太基建國
400,000平方公里

前腓尼基殖民地 + 腹地

迦太基

-800　-750　-700　-650

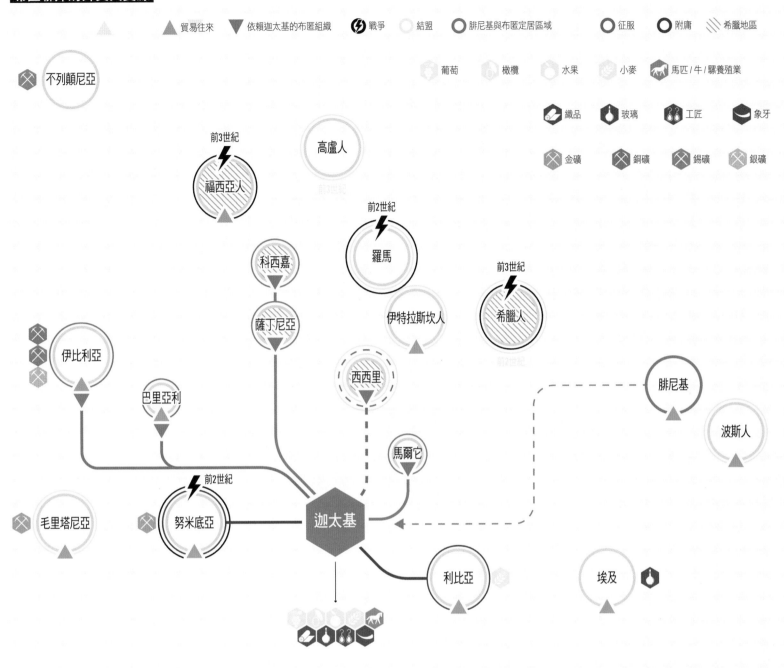

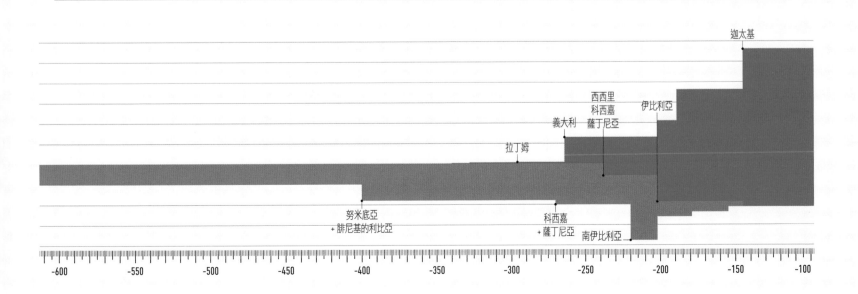

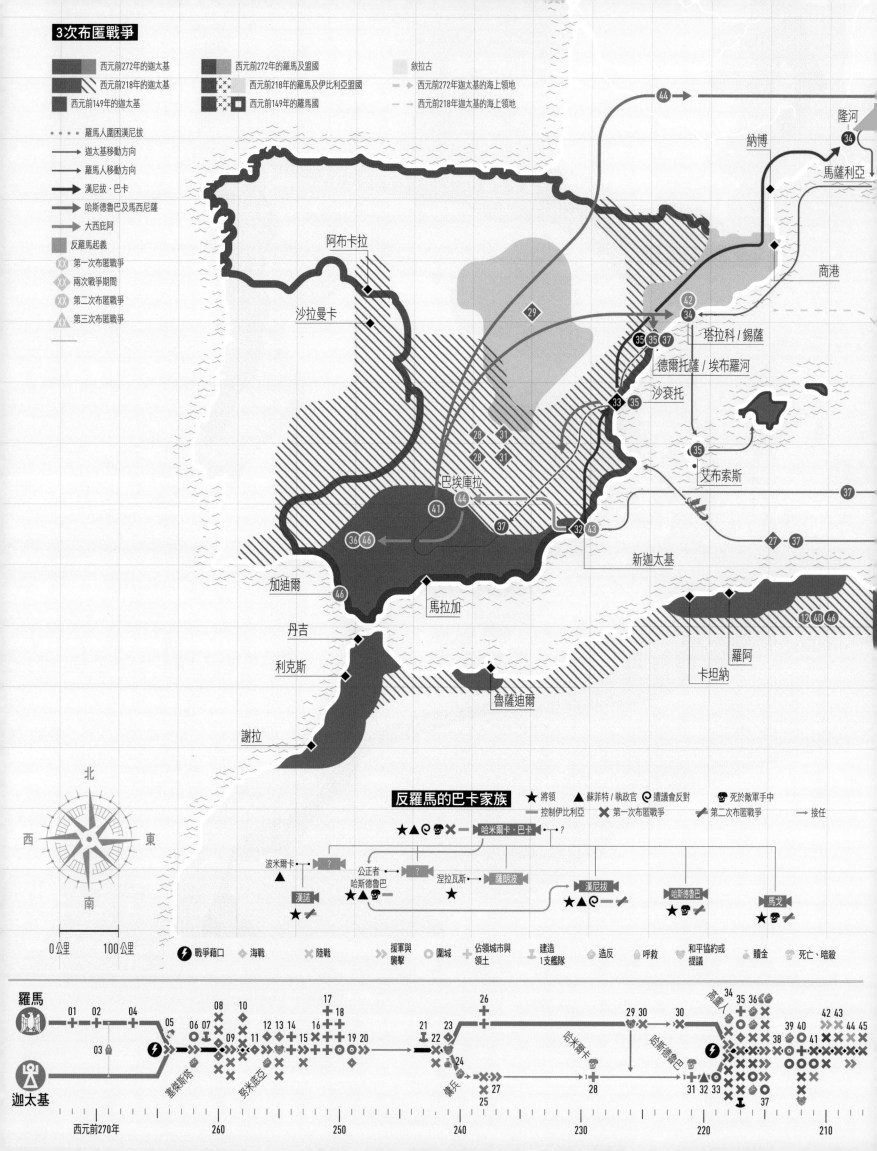

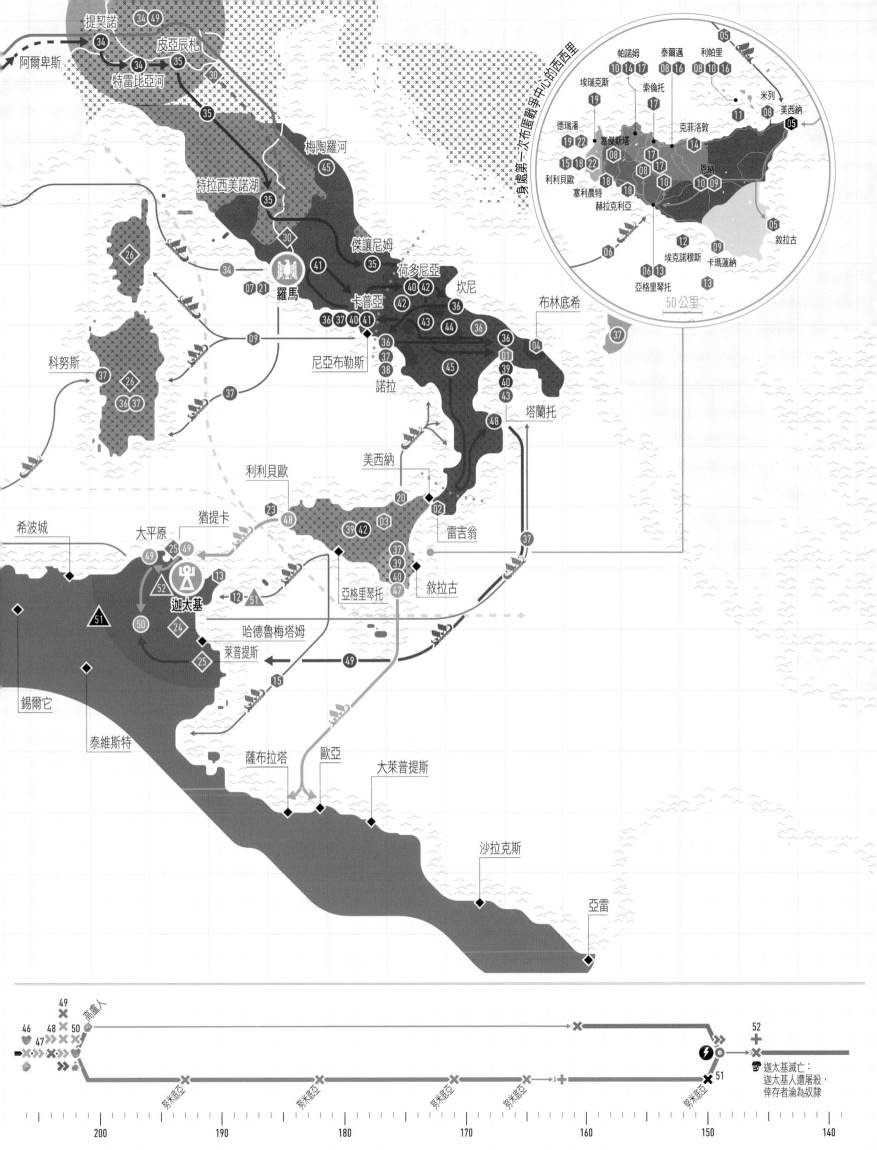

身處第二次布匿戰爭中心的西西里

提契諾 ㉞ ㊾
阿爾卑斯 ㉞
皮亞辰札 ㉟
特雷比亞河 ㉞
梅陶羅河 ㊺
特拉西美諾湖 ㉟
傑讓尼姆 ㉟
荷多尼亞
坎尼
布林底希
羅馬 ㊶ ⑦ ㉑ ㉚
卡普亞 ㊱ ㊲ ㊵ ㊶ ㊴ ㊵ ㊶
㊱ ㊲ ㊴
㊳ ㊹ ㊱
尼亞布勒斯 ㊱ ㊲ ㊳
諾拉 ㊴ ㊵ ㊹
科努斯 ㉖ ㊲ ⑨
塔蘭托 ㊱ ④ ①
㊴ ㊵ ㊹ ㊶
㉖ ㊱ ㊲ ㊲ ㊳

帕諾姆 ⑩ ⑭ ⑰
泰爾邁 ⑧ ⑯
利帕里 ⑧ ⑩ ⑯
埃瑞克斯 ⑲
索倫托 ⑰
米列 ⑪
美西納 ⑧ ⑤
德瑞潘 ⑲ ㉒
塞傑斯塔
克菲洛敦 ⑭
⑮ ⑱ ㉒ ⑧ ⑰ ⑰
恩納
利利貝歐
塞利農特 ⑱
⑧ ⑰ ⑩
赫拉克利亞 ⑩ ⑨
⑤
埃克諾穆斯 ⑫ ⑨
敘拉古
亞格里琴托 ⑥ ⑬
卡瑪蓮納 ⑬
50公里

美西納 ⑳ ②
利利貝歐 ㉓ ㊽
猶提卡 ③
希波城 大平原 ㊾ ㉕ ㊾
㉖ 亞格里琴托 ㊲ ㊴ 敘拉古
迦太基 ㊼ ⑬ ㊴ ㊼
㊶ 雷吉翁 ㊲
㊽ ㊸
錫爾它 ㊿ ⑤① 哈德魯梅塔姆 ⑫ ㊼
㉕ ㉔
萊普提斯 ㊾
㉕
泰維斯特 ⑮

薩布拉塔 歐亞
大萊普提斯

沙拉克斯

亞雷

㊾
⑯ ㊽ ㊿
⑰
高盧人
㊾
㉕ ㊼ ㊼
迦太基滅亡:
迦太基人遭屠殺,
倖存者淪為奴隸 ⑤①
努米底亞 努米底亞 努米底亞 努米底亞 努米底亞

200   190   180   170   160   150   140

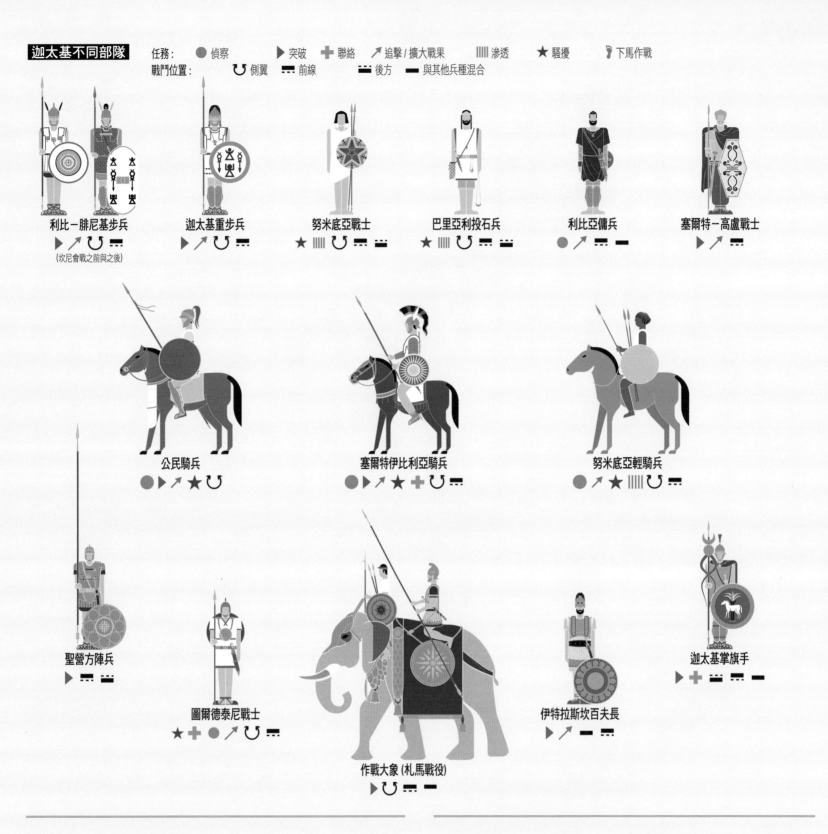

迦太基不同部隊

任務: ● 偵察　▶ 突破　✚ 聯絡　↗ 追擊／擴大戰果　‖‖ 滲透　★ 騷擾　🦶 下馬作戰

戰鬥位置: ↻ 側翼　▭ 前線　▤ 後方　▬ 與其他兵種混合

利比－腓尼基步兵
▶ ↗ ↻ ▭
(坎尼會戰之前與之後)

迦太基重步兵
↗ 🦶 ↻ ▤

努米底亞戰士
★ ‖‖ ↻ ▭ ▤

巴里亞利投石兵
★ ‖‖ ↻ ▭ ▤

利比亞傭兵
● ↗ ▭ ▤ ▬

塞爾特－高盧戰士
↗ ▭ ▬

公民騎兵
● ▶ ↗ ★ ↻

塞爾特伊比利亞騎兵
● ▶ ↗ ★ ✚ ↻ ▬

努米底亞輕騎兵
● ↗ ★ ‖‖ ↻ ▬

聖營方陣兵
▶ ▭ ▤

圖爾德泰尼戰士
★ ✚ ● ↗ ↻ ▭

作戰大象 (札馬戰役)
▶ ↻ ▭ ▤

伊特拉斯坎百夫長
▶ ↗ ▬ ▭ ▤

迦太基掌旗手
▶ ✚ ▭ ▤ ▬

　　迦太基並未設有長期軍隊，也不信任這種制度。迦太基的軍隊由人民大會選出的司令官指揮，受長者議會監督，士兵是公民或來自迦太基控制地區的居民所組成，也有來自同盟國軍隊的士兵或傭兵。我們不清楚迦太基軍隊的階級制度，而兵士數目常常只是憑空想像的數字。

　　迦太基的軍隊由各種民族構成，非常多元，作戰時也以「國」為單位戰鬥，士官也多半由同國人擔任，但高階軍官都是由迦太基的貴族擔任。公民人數很少，都擔任步兵。來自迦太基控制地區的士兵有非洲人、伊比利亞人和巴里亞利群島的戰士：非洲人（利比亞人）組成一支輕步兵軍隊，以標槍、短

刀和圓盾為武器。地位比較接近盟友的伊比利亞人也組成輕步兵，而巴里亞利群島的戰士則擔任投石兵。迦太基的主要援軍是擁有優秀騎兵、戰力特別高的努米底亞人，山北、山南高盧人（Cisalpine），利古里亞人，和包括卡普亞在內的幾個義大利城邦。

　　迦太基軍隊以步兵為主，其中的「聖營」（bataillon sacré）負責迎戰敵方的重步兵。他們作戰時多半形成緊密的方陣，組成數行，兩翼則由騎兵與大象護衛。文獻中鮮少提到弓箭兵，最矛盾的是，雖然迦太基海軍擁有五槳座戰船，卻鮮少扮演決定性的角色。

第二次布匿戰爭主要戰役
（編按：骷髏頭旁的色條分別代表：黑色→陣亡%；深灰色→負傷%；土黃色→盟軍%；黃褐色→犯人%；淺灰色／白色→其他%）

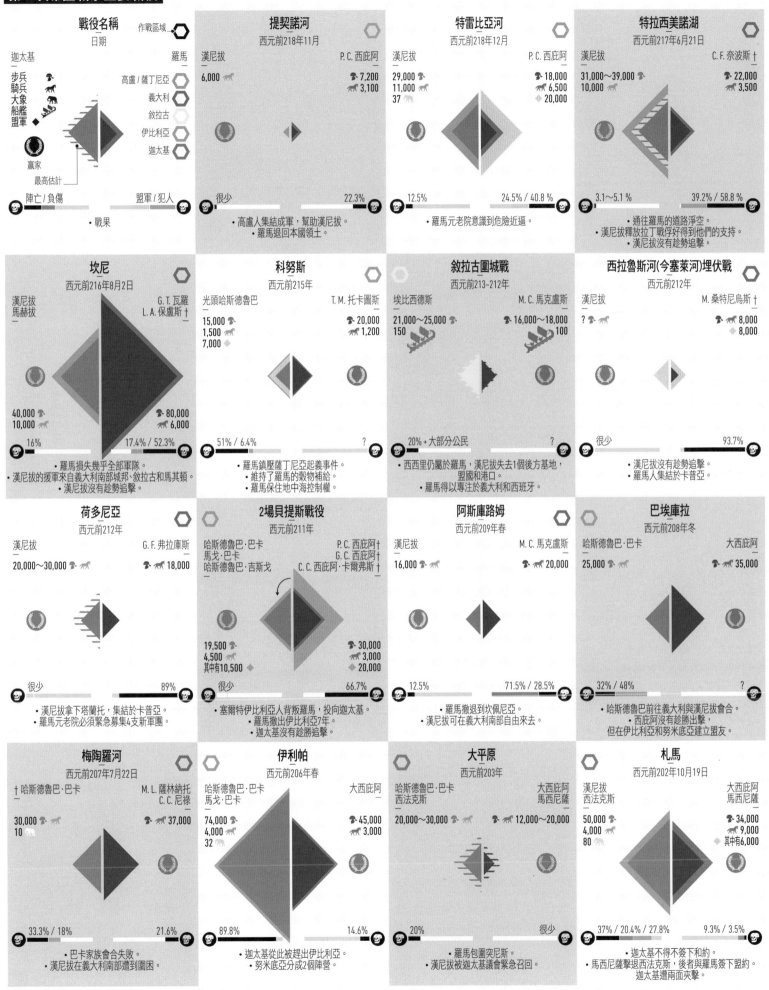

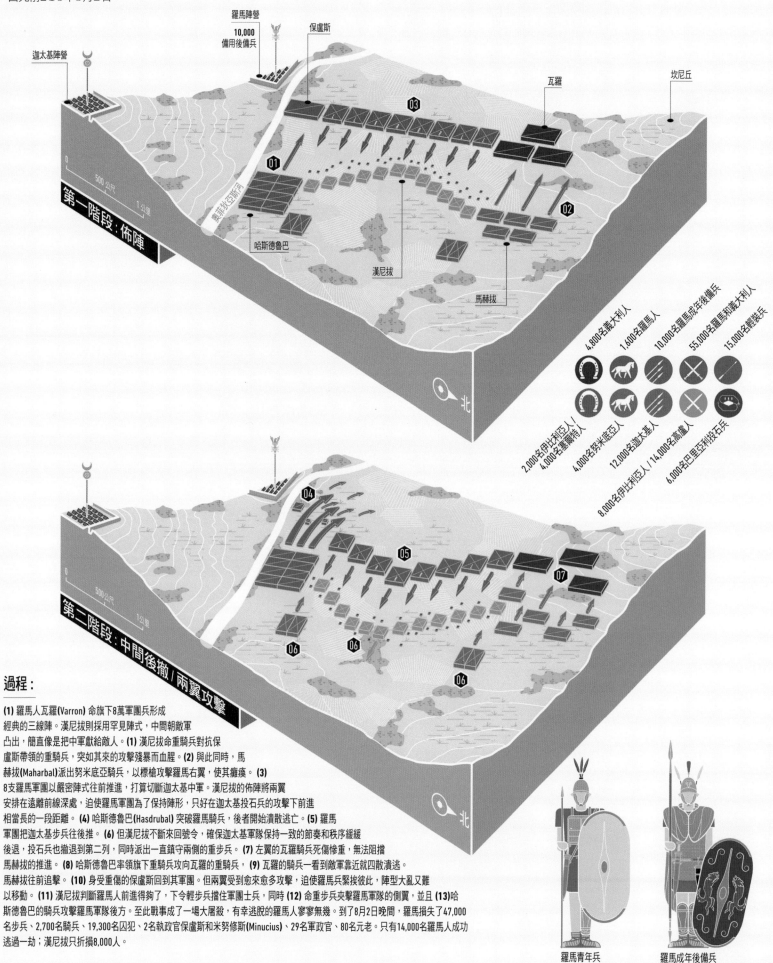

坎尼會戰，戰術模型，被遺忘的策略
西元前216年8月2日

重騎兵/輕騎兵　　重步兵/輕步兵　　輕裝兵　投石兵

迦太基陣營

羅馬陣營
10,000
備用後備兵
保盧斯

瓦羅

坎尼丘

03

01

02

哈斯德魯巴

漢尼拔

馬赫拔

第一階段：佈陣

500公尺
1公里

北

4,800名義大利人　1,600名羅馬人　10,000名羅馬成年後備兵　55,000名羅馬和義大利人　15,000名輕裝兵

2,000名伊比利亞人/4,000名塞爾特人　4,000名努米底亞人　12,000名迦太基人　8,000名伊比利亞人/14,000名高盧人　6,000名巴里亞利投石兵

04

05

07

06

06

06

第二階段：中間後撤/兩翼攻擊

500公尺
1公里

北

過程：

(1) 羅馬人瓦羅(Varron) 命旗下8萬軍團兵形成經典的三線陣。漢尼拔則採用罕見陣式，中間朝敵軍凸出，簡直像是把中軍獻給敵人。(1) 漢尼拔命重騎兵對抗保盧斯帶領的重騎兵，突如其來的攻擊殘暴而血腥。(2) 與此同時，馬赫拔(Maharbal)派出努米底亞騎兵，以標槍攻擊羅馬右翼，使其癱瘓。(3) 8支羅馬軍團以嚴密前線陣式往前推進，打算切斷迦太基中軍。漢尼拔的佈陣將兩翼安排在遠離前線深處，迫使羅馬軍團為了保持陣形，只好在迦太基投石兵的攻擊下前進相當長的一段距離。(4) 哈斯德魯巴(Hasdrubal) 突破羅馬騎兵，後者開始潰散逃亡。(5) 羅馬軍團把迦太基步兵往後推。(6) 但漢尼拔不斷來回號令，確保迦太基軍隊保持一致的節奏和秩序緩緩後退，投石兵也撤退到第二列，同時派出一直鎮守兩側的重步兵。(7) 左翼的瓦羅騎兵死傷慘重，無法阻擋馬赫拔的推進。(8) 哈斯德魯巴率領旗下重騎兵攻向瓦羅的重騎兵，(9) 瓦羅的騎兵一看到敵軍靠近就四散潰逃。馬赫拔往前追擊。(10) 身受重傷的保盧斯回到其軍團。但兩翼受到愈來愈多攻擊，迫使羅馬兵緊挨彼此，陣型大亂又難以移動。(11) 漢尼拔判斷羅馬人前進得夠了，下令輕步兵擋住軍團士兵，同時 (12) 命重步兵夾擊羅馬軍隊的側翼，並且 (13)哈斯德魯巴的騎兵攻擊羅馬軍隊後方。至此戰事成了一場大屠殺，有幸逃脫的羅馬人寥寥無幾。到8月2日晚間，羅馬損失了47,000名步兵、2,700名騎兵、19,300名囚犯、2名執政官保盧斯和米努修斯(Minucius)、29名軍政官、80名元老。只有14,000名羅馬人成功逃過一劫；漢尼拔只折損8,000人。

羅馬青年兵

羅馬成年後備兵

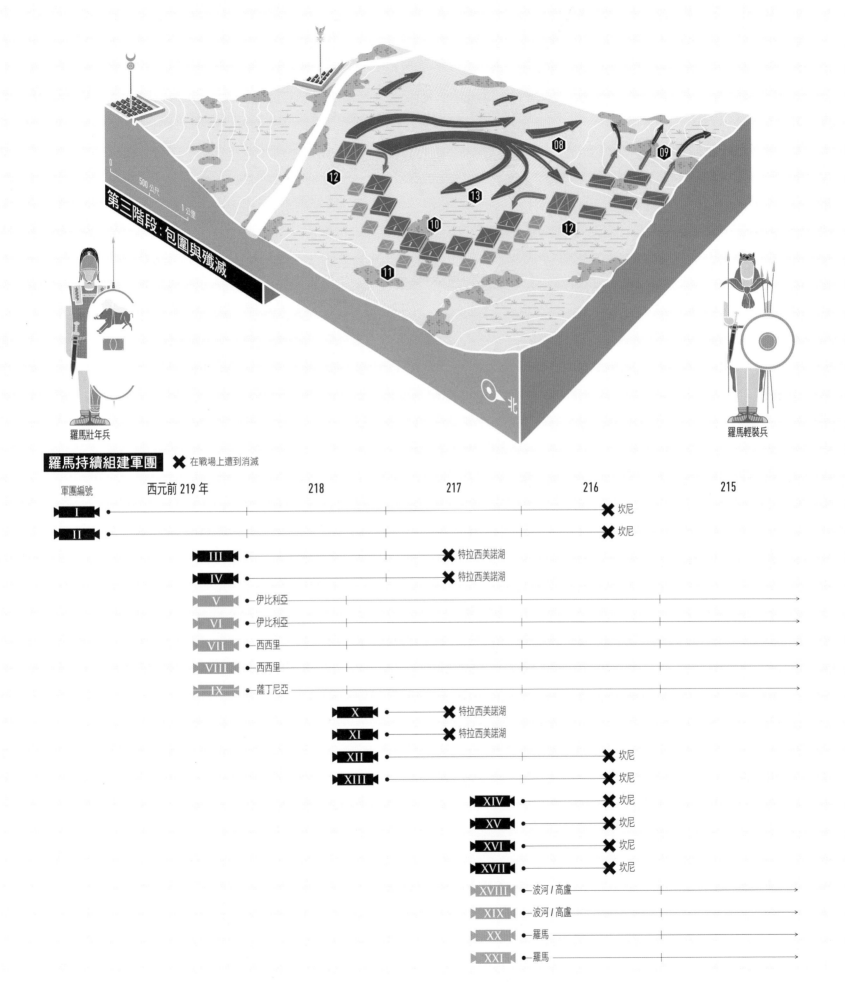

第三階段:包圍與殲滅

羅馬壯年兵

羅馬輕裝兵

北

羅馬持續組建軍團 ✖ 在戰場上遭到消滅

軍團編號	西元前 219 年	218	217	216	215
I	●			✖ 坎尼	
II	●			✖ 坎尼	
III		●	✖ 特拉西美諾湖		
IV		●	✖ 特拉西美諾湖		
V	● 伊比利亞				→
VI	● 伊比利亞				→
VII	● 西西里				→
VIII	● 西西里				→
IX	● 薩丁尼亞				→
X			● ✖ 特拉西美諾湖		
XI			● ✖ 特拉西美諾湖		
XII			●	✖ 坎尼	
XIII			●	✖ 坎尼	
XIV				● ✖ 坎尼	
XV				● ✖ 坎尼	
XVI				● ✖ 坎尼	
XVII				● ✖ 坎尼	
XVIII				● 波河 / 高盧	→
XIX				● 波河 / 高盧	→
XX				● 羅馬	→
XXI				● 羅馬	→

第一次布匿戰爭主要是海戰，第二次則是陸地戰爭。其中有2場讓人印象特別深刻的戰役：發生於義大利南部普利亞（Pouilles）地區的坎尼（Cannes）會戰，以及突尼西亞的札馬（Zama）會戰。

坎尼會戰如前所述，爆發於西元前216年8月2日（天文日期為7月1日）。一般來說執政官各自率領軍隊分開戰鬥，但2位執政官盧基烏斯·埃米利烏斯·保盧斯（Lucius Aemilius Paullus）和蓋烏斯·特倫提烏斯·瓦羅（Gaius Terentius Varro）在坎尼取得1座基地和1座兵站後，聯合起來對抗漢尼拔。2位執政官旗下共有8支軍團，另有兵力相當的輔助部隊。2名執政官每天輪流擔任統帥，但兩者的作戰方式大不相同。保盧斯的佈軍風格比較謹慎，而自負的瓦羅則不計一切後果只想取得勝利。漢尼拔等待瓦羅擔

札馬會戰，決定性的勝利
西元前202年10月19日

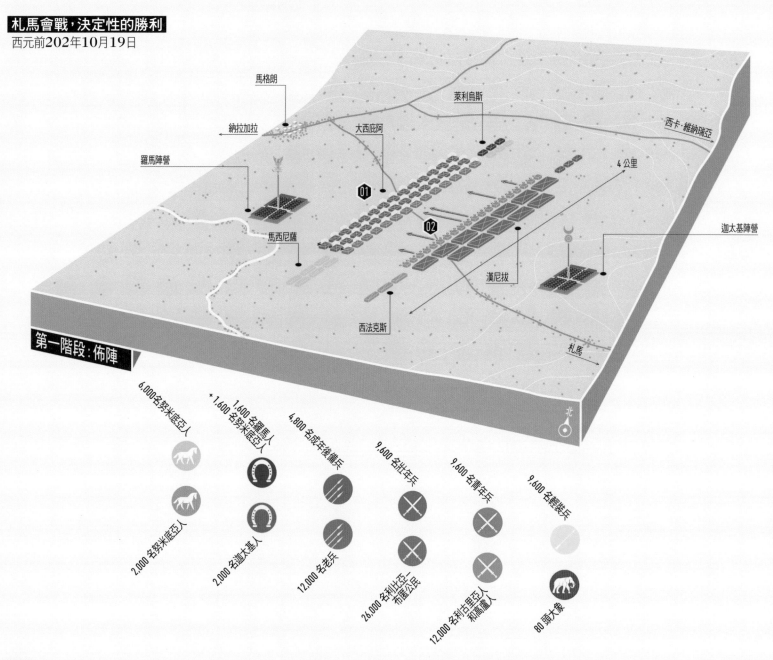

第一階段：佈陣

6,000名努米底亞人
2,000名努米底亞人
1,600名羅馬人
+ 1,600名努米底亞人
2,000名迦太基人
4,800名成年後備兵
12,000名老兵
9,600名壯年兵
26,000名利比亞─布匿公民
9,600名青年兵
12,000名利古里亞人和高盧人
9,600名輕裝兵
80頭大象

過程：

就本質而言，札馬是場決定性的戰役。經歷了16年的節節敗退後，羅馬人終於改變局勢，踏上迦太基的領土。打了一連串敗戰的迦太基急急召回漢尼拔，原本駐紮在義大利的漢尼拔不得不回撤。西元前202年10月19日，情勢對漢尼拔不利：他缺少騎兵，大象沒有受過完整訓練，大多士兵受緊急徵召而來，有實戰經驗的士兵少之又少。漢尼拔心知己方騎兵不夠，打算先攻破羅馬人的首波陣線後，再派出經驗豐富的老兵上場，他決定將80頭大象安排在第一排的利古里亞和高盧傭兵前方，在非洲徵召的士兵排在第二排，第三排則是經驗夠、最優秀的老兵。右翼安排布匿重騎兵，努米底亞騎兵則在左翼，迎戰剛與羅馬結盟的同族騎兵。**1.**大西庇阿命步兵部隊排成三線陣，但與平常不同的是不採梅花陣型。壯年兵位在第一排的青年兵之後，成年後備兵在兩者之後，但在這三排之間各插入一排輕裝兵，讓漢尼拔以為羅馬人採用傳統陣型。**2.**漢尼拔派出大象攻擊，但羅馬號角的聲音讓大象驚慌起來，跑向左翼的努米底亞騎兵，**3.**打亂了漢尼拔軍的陣型。**4.**馬西尼薩和萊利烏斯（Laelius）的騎兵趁機驅趕布匿騎兵。其他陷入羅馬三線陣的大象，被安插在各

列間的輕裝兵釋放。**5.**漢尼拔命傭兵攻擊，但羅馬的首排士兵成功抵抗。**6.**迦太基軍的傭兵與其纏鬥多時，得不到第二排士兵的支援，漸漸敗下陣來，退到第二排，羅馬人出手。**7.**布匿騎兵四散逃命，戰事中斷一段時間，大西庇阿趁機召回追擊逃兵的青年兵，並抬走傷患。**8.**接著青年兵移到前線中間，壯年兵和成年後備兵則移到前線左右兩端，包圍住整個迦太基戰線。漢尼拔試圖派出老兵迎戰，但**9.**之前追擊敵軍的馬西尼薩和萊利烏斯剛好回來，攻擊迦太基軍後方，同時羅馬側翼將敵軍團團包圍。戰事已分出勝負。根據不同文獻，大西庇阿軍隊折損了1,500~2,500人，漢尼拔軍隊則失去了10,000~25,000人，還有數目相近的士兵淪為戰囚。漢尼拔必須逃回迦太基，好通知大議會（Grand Conseil）戰敗的消息，迦太基只能投降。

雙方簽訂和平條約，迦太基必須在50年間賠償羅馬10,000塔蘭特幣，幾乎失去所有領土，艦隊也被消滅，迦太基對地中海的野心就此徹底毀滅，再也無法恢復往日勢力。

任統帥的日子到來才出擊。

　　戰場的選擇也不利於羅馬人。羅馬軍隊右邊有條河流，讓他們無法回撤。更糟的是陽光直射以致視野不佳，再加上迎面強風所帶來的沙塵也遮蔽了他們的視線。瓦羅執政官、2名財務官、29名軍事護民官、80名元老和未來政務官候選人都在此役中陣亡。羅馬共失去約50,000名軍士，而漢尼拔只折損了8,000

名精銳士兵。這場後來聲名大噪的戰役，也是羅馬軍團最後一次以「方陣」形式作戰，此後羅馬會想辦法創造出更靈活的陣式。同時羅馬也捨棄輪流指揮的傳統，改採單一統帥。另一場戰役則於西元前202年秋，在離馬克塔（Maktar）30公里的札馬附近展開。漢尼拔這一回掌握了人數優勢。但他少了馬西尼薩（Massinissa）的精良騎兵援助，後者當時正與迦太基作戰。

117

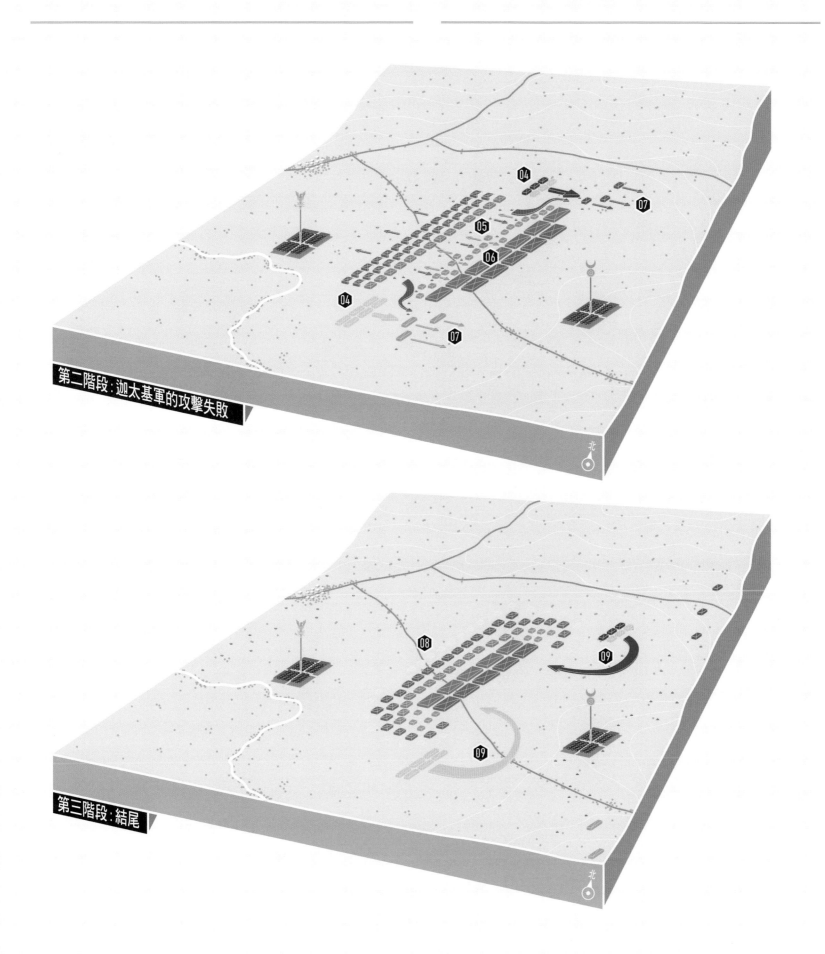

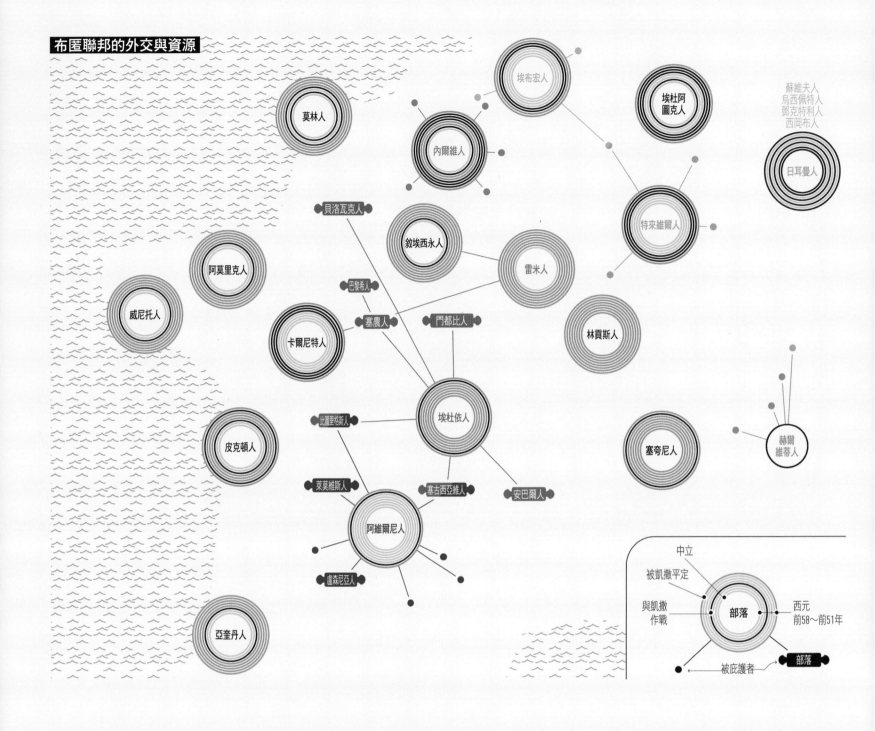

布匿聯邦的外交與資源

莫林人

埃布宏人

埃杜阿圖克人

蘇維夫人
烏西佩特利人
鄧克特利人
西岡布人

內爾維人

日耳曼人

貝洛瓦克人

敘埃西永人

特來維爾人

阿莫里克人

雷米人

威尼托人

巴黎齊人

塞農人

門都比人

林貢斯人

卡爾尼特人

皮克頓人

比圖里格斯人

埃杜依人

塞夸尼人

赫爾維蒂人

萊莫維斯人

塞古西亞維人

安巴爾人

阿維爾尼人

亞奎丹人

盧森尼亞人

中立
被凱撒平定
與凱撒作戰
被庇護者

部落

西元前58～前51年

部落

III. 高盧戰爭

西元前1世紀中期，自由高盧陷入左右為難的處境。過去100年來，不同族群的高盧人漸漸進化成地中海式的「城邦」，和納博訥、義大利保持各式各樣的往來關係，同時也逐漸陷入雙重危險。日耳曼人自西元前1世紀初就開始再次朝西南方進軍。他們幾乎佔據了赫爾維蒂人（Helvètes）大半的領地，而蘇維夫人（Suèves）的國王阿里奧維斯特（Arioviste）也率領1支日耳曼聯軍穿越萊茵河上游。對辛布里人（Cimbres）和條頓人（Teutons）的入侵記憶猶新的羅馬人嚴密注意這些事件。不只如此，當時羅馬本身正處於3大強人克拉蘇、龐培與凱撒爭權的時代。前兩者於近期取得勝利，積極擴大政治勢力，龐培更是聲勢

看漲，凱撒則尋求一個增進名聲和開拓財源的機會。卸任執政官後，他於西元前59年擔任高盧代行執政官，立刻看準時機開戰。

當時的高盧人不僅不團結，也不認為自己屬於高盧「國」的一分子。正好相反，他們彼此征戰，跟隨非常富裕的貴族階級「騎士」的號召，而各騎士都受門下眾多「被庇護者」擁護。在這些高盧民族中，位置偏中部的阿維爾尼人（Arvernes）佔據一定優勢，但他們的勢力漸漸轉移到羅馬盟友埃杜依人（Éduens）手中。於是阿維爾尼人和塞夸尼人（Séquanes）在西元前71年勸說阿里奧維斯特王加入他們，後者接受了。經過十多年的征戰，塞夸尼人率領的軍隊獲得勝利。

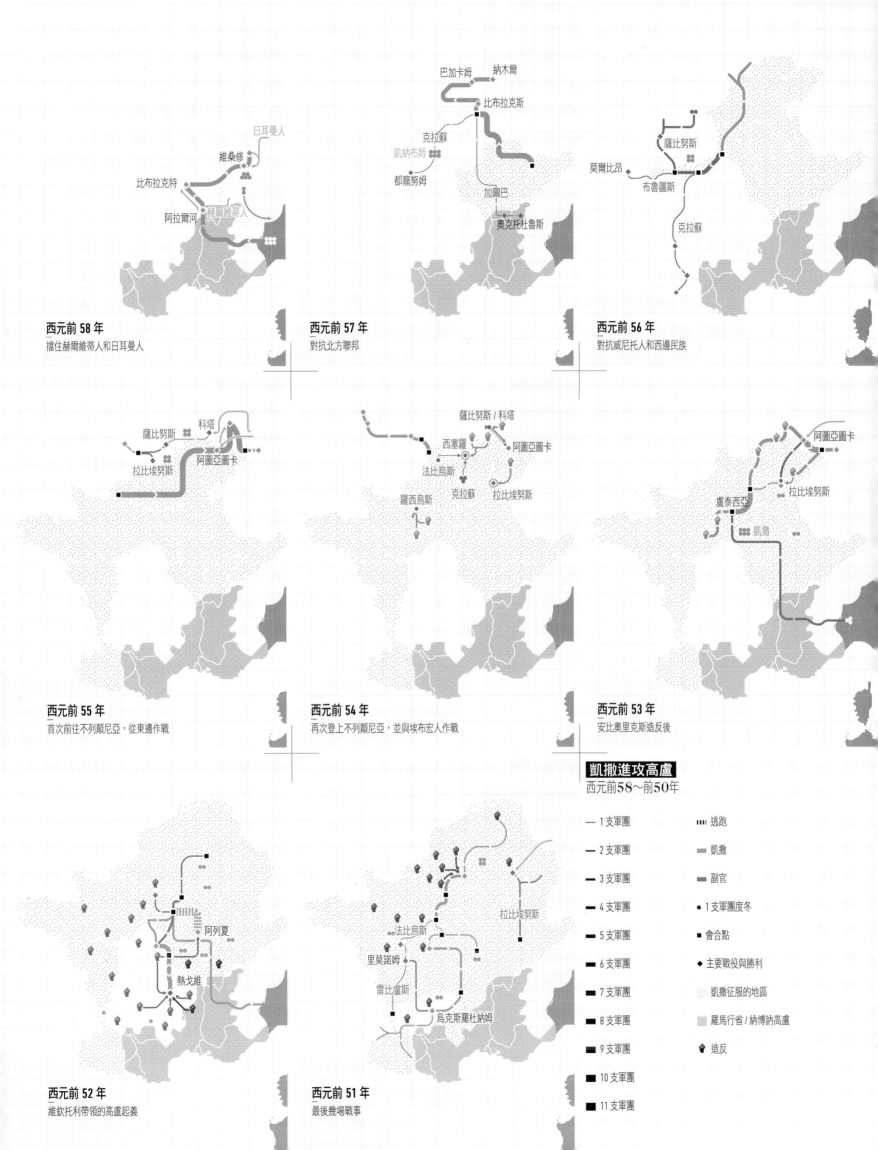

西元前 58 年
擋住赫爾維蒂人和日耳曼人

西元前 57 年
對抗北方聯邦

西元前 56 年
對抗威里托人和西邊民族

西元前 55 年
首次前往不列顛尼亞，從東邊作戰

西元前 54 年
再次登上不列顛尼亞，並與埃布宏人作戰

西元前 53 年
安比奧里克斯造反後

凱撒進攻高盧
西元前58～前50年

西元前 52 年
維欽托利帶領的高盧起義

西元前 51 年
最後幾場戰事

圖例	
— 1 支軍團	⫶⫶⫶ 逃跑
— 2 支軍團	▬ 凱撒
— 3 支軍團	▬ 副官
— 4 支軍團	• 1 支軍團度冬
— 5 支軍團	■ 會合點
— 6 支軍團	◆ 主要戰役與勝利
— 7 支軍團	⣿ 凱撒征服的地區
— 8 支軍團	羅馬行省 / 納博訥高盧
— 9 支軍團	⬠ 造反
— 10 支軍團	
— 11 支軍團	

當赫爾維蒂人決定西移至聖多治（Saintonge），打算在埃杜依人的幫助下建立一個高盧王國，新上任的代行執政官決定出手干預。凱撒接受阿里奧維斯特王的提議，達成和平協議，共同對抗赫爾維蒂人；凱撒認為分裂成對立兩派的埃杜依人不再可靠。凱撒迎戰赫爾維蒂人和其盟友洛拉蓋人（Rauraques）、圖林治人（Tulinges）、拉托布利克人（Latobriges）和1支波伊人（Boïens），迫使他們穿越塞夸尼人的領地。凱撒擁有3支從山南高盧動員的軍團，加上2支臨時組建的新軍團，以及1支駐紮於塞古西亞維人（Ségusiaves）的領地、由拉比埃努斯（Labienus）指揮的軍團。拉比埃努斯首戰得勝後，必須補給軍需的凱撒無法趁勝追擊赫爾維蒂人，朝波費山（mont Beuvray）的比布拉克特（Bibracte）行軍。赫爾維蒂人追擊凱撒，但在比布拉克特打了一

場敗仗，損失慘重。凱撒讓赫爾維蒂人前往隆格黑和第戎之間林貢斯人（Lingons）的領地，當作迎戰阿里奧維斯特王的基地。與此同時，凱撒與阿里奧維斯特王展開談判，但沒有結果。凱撒前往貝桑松，接著前往阿爾薩斯。阿里奧維斯特王要求再次會面，途中他試圖逮捕凱撒。接著發生默路斯（Mulhouse）一戰，羅馬人取得勝利。

過了西元前71年冬，凱撒顯然認為萊茵河是雙方邊界，而比利時民族，除了羅馬盟友雷米人（Rèmes）之外，全都起義反抗。他們組成一支大軍，在艾內（Aisne）河畔建造一座十分堅固的堡壘，以致雙方對峙，戰況停滯不前。最終高盧軍隊因害怕缺糧而四散逃逸。凱撒取得勝利，分別平定了貝洛瓦克人（Bellovaques）、安比亞人（Ambiens）、敘埃西

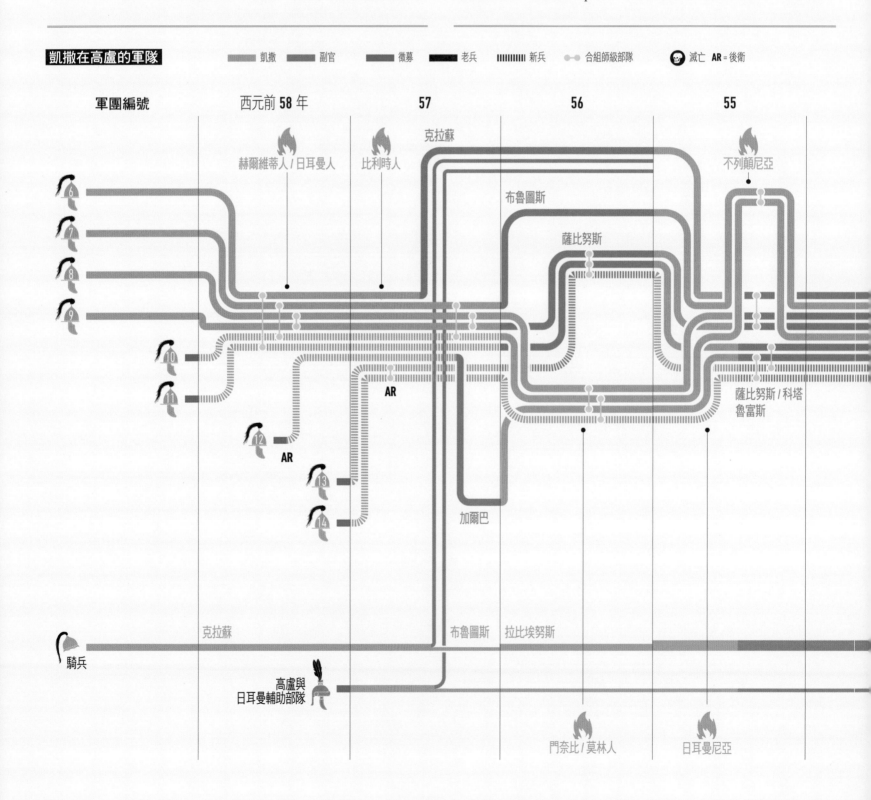

永人（Suessions）、埃杜阿圖克人（Aduatuques）和內爾維人（Nerviens）。諾曼第人（Normandie）投降後，凱撒安排軍隊分別駐紮在卡爾尼特人（Carnutes，今奧略昂）、都龍人（今土倫）及安德卡夫人（今安朱）的領地過冬，看似征服了整個高盧。然而西元前56年秋，莫爾比昂（Morbihan）的威尼托人（Vénetes）起義，迫使羅馬人再次出戰。凱撒打敗了威尼托人，與此同時他旗下的數名軍團長平定了諾曼第，前往對抗門奈比人（Ménapiens）和莫林人（Morins）。由於收成不佳，凱撒必須建造數個冬季軍營過冬，軍隊處於脆弱狀態。埃布宏人（Éburon）領袖安比奧里克斯（Ambiorix）因此在西元前54年冬，於列日（Liège）附近誘使羅馬軍團出營，趁機殲滅了1.5個軍團。內爾維、埃杜阿圖克和特來維爾人（Trévires）接連起義，但都被鎮壓

下來。隔年春天，羅馬人懲罰所有造反的民族。埃布宏人幾乎滅亡。高盧各族領袖清楚凱撒在羅馬遭遇政治困境，趁著凱撒回到羅馬，策劃一場規模更大的反抗行動。卡爾尼特人自西元前52年冬起義，接著在阿維爾尼國王維欽托利（Vercingétorix）的號召下，高盧人群起響應，而特來維爾人在東邊試圖鼓動日耳曼人加入造反陣營。

凱撒率領數支新軍團橫掃高盧，從內爾維人和塞農人（Sénons）開始鎮壓。接著他派軍團長拉比埃努斯對抗特來維爾人，後者被徹底擊潰，同時凱撒也平定了門奈比人。當他為了與烏比安人（Ubiens）談判穿越萊茵河，才得知日耳曼人早已撤退的消息。

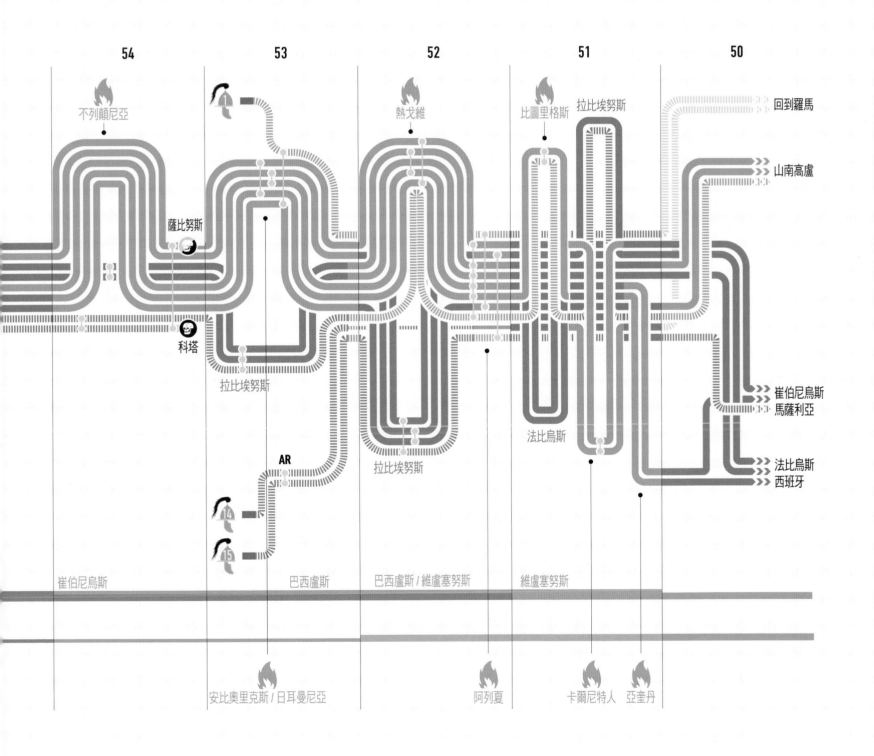

阿列夏圍城戰
西元前52年9月27日

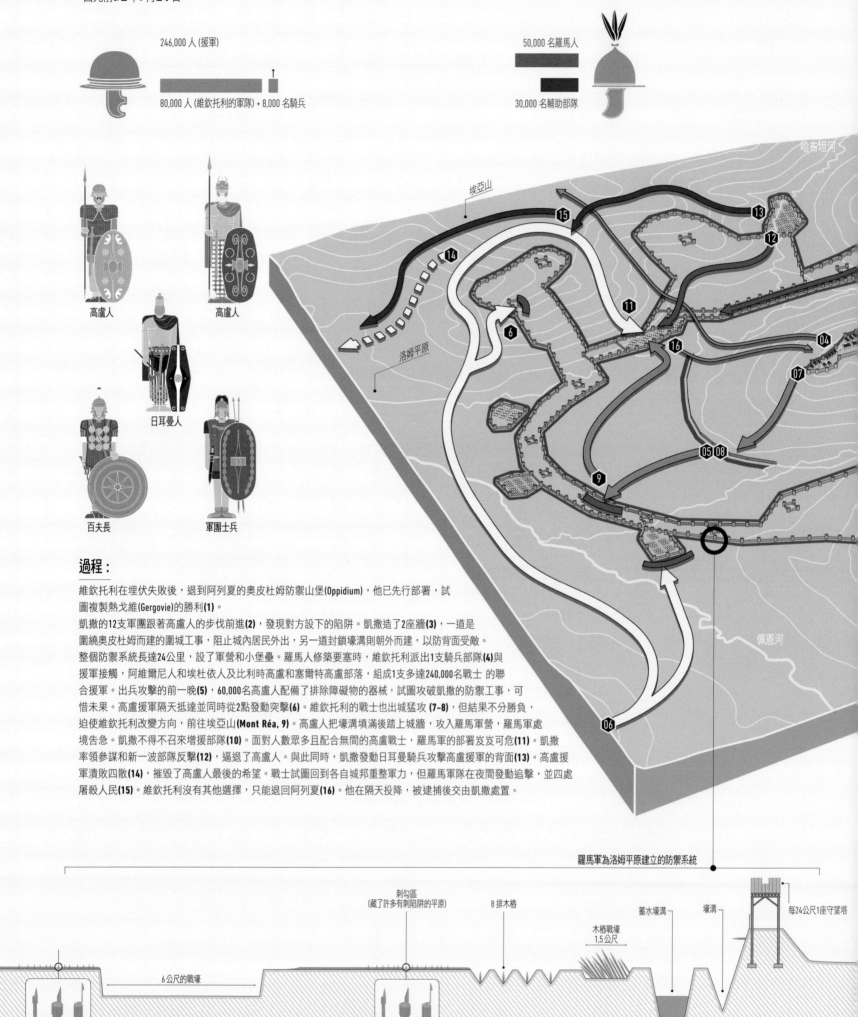

246,000 人 (援軍)

80,000 人 (維欽托利的軍隊) + 8,000 名騎兵

50,000 名羅馬人

30,000 名輔助部隊

高盧人

高盧人

日耳曼人

百夫長

軍團士兵

哈希坦河

埃亞山

洛姆平原

佩恩河

過程：

維欽托利在埋伏失敗後，退到阿列夏的奧皮杜姆防禦山堡(Oppidium)，他已先行部署，試圖複製熱戈維(Gergovie)的勝利(1)。

凱撒的12支軍團跟著高盧人的步伐前進(2)，發現對方設下的陷阱。凱撒造了2座牆(3)，一道是圍繞奧皮杜姆而建的圍城工事，阻止城內居民外出，另一道封鎖壕溝則朝外而建，以防背面受敵。整個防禦系統長達24公里，設了軍營和小堡壘。羅馬人修築要塞時，維欽托利派出1支騎兵部隊(4)與援軍接觸，阿維爾尼人和埃杜依人及比利時高盧和塞爾特高盧部落，組成1支多達240,000名戰士 的聯合援軍。出兵攻擊的前一晚(5)，60,000名高盧人配備了排除障礙物的器械，試圖攻破凱撒的防禦工事，可惜未果。高盧援軍隔天抵達並同時從2點發動突擊(6)。維欽托利的戰士也出城猛攻 (7-8)，但結果不分勝負，迫使維欽托利改變方向，前往埃亞山(Mont Réa, 9)。高盧人把壕溝填滿後踏上城牆，攻入羅馬軍營，羅馬軍處境告急。凱撒不得不召來增援部隊(10)。面對人數眾多且配合無間的高盧戰士，羅馬軍的部署岌岌可危(11)。凱撒率領參謀和新一波部隊反擊(12)，逼退了高盧人。與此同時，凱撒發動日耳曼騎兵攻擊高盧援軍的背面(13)。高盧援軍潰敗四散(14)，摧毀了高盧人最後的希望。戰士試圖回到各自城邦重整軍力，但羅馬軍隊在夜間發動追擊，並四處屠殺人民(15)。維欽托利沒有其他選擇，只能退回阿列夏(16)。他在隔天投降，被逮捕後交由凱撒處置。

羅馬軍為洛姆平原建立的防禦系統

刺勾區
(藏了許多有刺陷阱的平原)

8 排木樁

蓄水壕溝

壕溝

每24公尺1座守望塔

木樁戰壕
1,5公尺

6公尺的戰壕

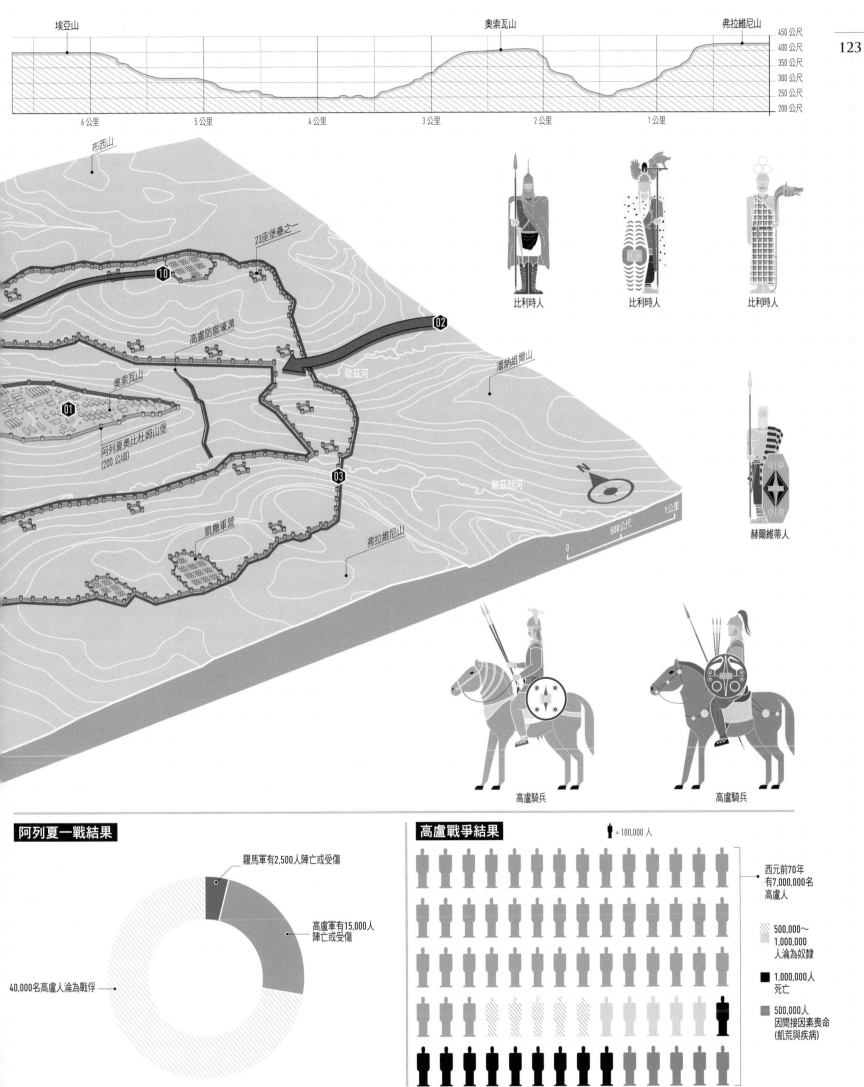

埃亞山　　　　　　　　　　　　　奧索瓦山　　　　　　　弗拉維尼山

450公尺
400公尺
350公尺
300公尺
250公尺
200公尺

6公里　　5公里　　4公里　　3公里　　2公里　　1公里

布西山

23座堡壘之一

10

02

高盧防禦壕溝

歐茲河

潘奈維爾山

奧索瓦山

01

阿列夏奧比杜姆山堡
(200公頃)

03

凱撒軍營

弗拉維尼山

歐茲朗河

N

500公尺

1公里

0

比利時人

比利時人

比利時人

赫爾維蒂人

高盧騎兵

高盧騎兵

阿列夏一戰結果

羅馬軍有2,500人陣亡或受傷

高盧軍有15,000人
陣亡或受傷

40,000名高盧人淪為戰俘

高盧戰爭結果

= 100,000人

西元前70年
有7,000,000名
高盧人

500,000～
1,000,000
人淪為奴隸

1,000,000人
死亡

500,000人
因間接因素喪命
(飢荒與疾病)

IV. 斯巴達克斯

羅馬共和時期發生許多奴隸反抗事件，但規模通常不大，只有其中3場隨著當時的各種對立與難題而擴大為戰爭。頭2場奴隸戰爭發生於西西里。奴隸尤努斯（Eunus）在西元前140～前139年和前132年，和其他鄉下奴隸建立了希臘式王國，而奴隸薩維烏斯·特里豐（Salvius Tryphon）則於西元前104～前100年仿效他的作法。

多虧了導演史丹利·庫柏力克（Stanley Kubrick），最廣為人知的奴隸反抗事件當屬發生於西元前73～71年，在當時引起重大影響的斯巴達克斯事件。這場起義不是發生在羅馬行省而是義大利境內，讓同時代的作家爭相記述。當時羅馬社會正因同盟者戰爭而陷入混亂，特別是南義大利。色雷斯人斯巴達克斯因不明原因淪為奴隸，被送入角鬥士營區。他偕同70～78名色雷斯、日耳

曼和高盧角鬥士在卡普亞起義(1)，接著這群核心人士集結許多大莊園的牧羊人和奴隸，增加勢力。他們朝拿波里進軍時，非常多的奴隸加入陣營(2)，並藏身於維蘇威火山的斜坡(3)。當地相當富庶，他們到處搶劫農作物與住家。

雖然取得耀眼勝利，但斯巴達克斯從未掌握情勢，也未能將他的想法明確傳達給部眾。這場起義沒有穩固的組織，由戰士集會共同做決定。雖然斯巴達克斯和2名塞爾特人克雷斯（Crixus）、奧諾馬烏斯（œnomaüs）當選為領袖，但他們所帶領的可不是一群角鬥士，而是由鄉下奴隸組成的部隊。斯巴達克斯的部隊（約莫70,000人）在坎佩尼亞（Campanie）過冬；由於有經驗的軍團都身在西班牙和小亞細亞，羅馬只能派出1名法務官，帶領著幾無作戰能力的3,000人前去迎擊。這群軍士被斯巴達克斯殲滅，第二名法務官帶著7,000人的軍隊到來，我們不確

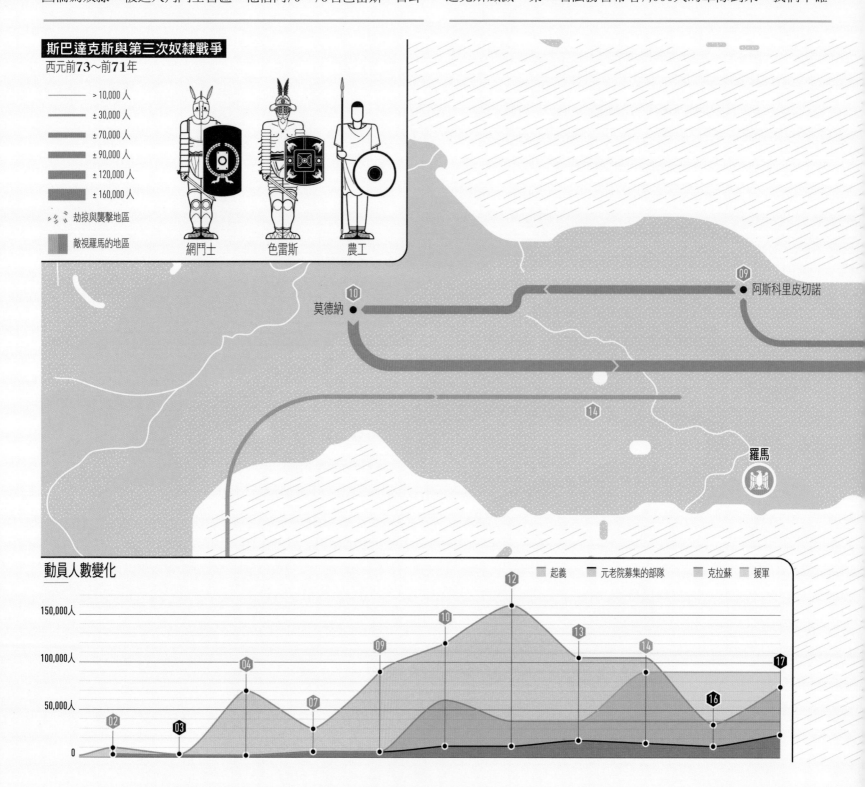

斯巴達克斯與第三次奴隸戰爭
西元前73～前71年

— > 10,000 人
— ± 30,000 人
— ± 70,000 人
— ± 90,000 人
— ± 120,000 人
— ± 160,000 人

劫掠與襲擊地區

敵視羅馬的地區

網鬥士　　色雷斯　　農工

莫德納　　　　　　　　　阿斯科里皮切諾

羅馬

動員人數變化

起義　　元老院募集的部隊　　克拉蘇　　援軍

150,000人

100,000人

50,000人

0

定這些人是民兵還是士兵，總之他們也被打得落花流水。春天降臨，奴隸大軍朝呂坎尼（Lucanie）進發，但奧諾馬烏斯在幾次襲擊中失蹤(4～6)。斯巴達克斯預期羅馬這次會派來有經驗的部隊，並依此組建了1支足以對抗的軍隊，但沒人清楚他的真正目標。不管如何，這場起義並非如現代人所推測般是為了終結奴隸制而戰。斯巴達克斯帶著擴增到150,000人的軍隊朝阿爾卑斯前進，打算經山路前往高盧，但克雷斯帶著30,000名日耳曼及高盧人繼續戰鬥，與他分別。克雷斯前往普利亞，在加爾干諾山（mont Gargano）附近被執政官蓋利烏斯·帕伯利可拉（Gellius Publicola）率領的軍隊打敗陣亡(7)。

接下來的發展，各家歷史資料的說法分歧。斯巴達克斯似乎攻擊了蓋利烏斯的軍隊，打了場勝仗(8)，接著又在阿斯科里皮切諾（Ascoli Piceno）打敗第二名執政官科內留斯·藍圖盧斯（Cornelius Lentulus）(9)。山南高盧總督卡西烏斯·朗吉努斯（Cassius Longinus）在莫德納（Modéne）率領10,000名兵士對抗斯巴達克斯，但也被後者打敗(10)。羅馬又募集了6支共計40,000～50,000人的新軍團和執政官軍團，由非常富有的前執政官李錫尼·克拉蘇率領，力求終結這場叛亂(12)。正與米特里達梯打第三場戰爭的馬其頓代行執政官特倫修斯·瓦羅·盧庫魯斯為了支援克拉蘇，朝布林底希（Brindisi）前進(14)。斯巴達克斯大軍轉向圖利（Thurii）(11)，接著前往雷久卡拉布里亞（Reggio Calabria）(13)，打算從這兒前往西西里，但被克拉蘇的軍隊追擊並團團包圍。眼看軍隊漸漸潰逃，斯巴達克斯先前往佩特利亞（Petelia，今斯通哥里〔Strongoli〕）(16)，後又回到帕埃斯圖姆（Paestum）附近，不得不在塞內爾基亞（Senerchia）與羅馬人作戰(17)，最後以失敗陣亡告終。

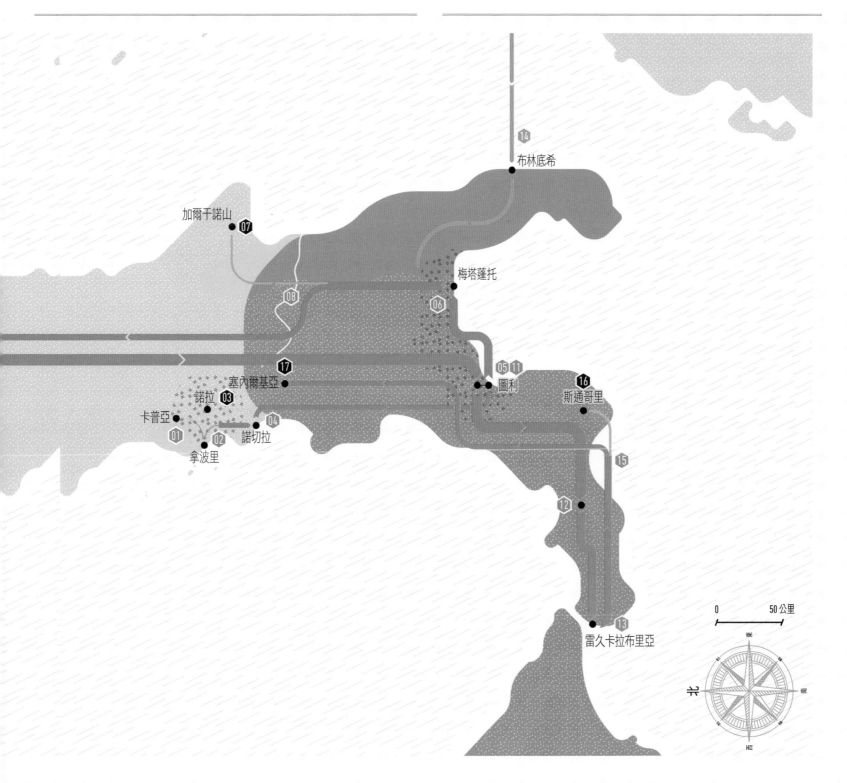

參考書目與來源

古風時期

BRIQUEL (D.), *Le Regard des autres : les origines de Rome vues par ses ennemis (début du IVe siècle-début du Ier siècle av. J.-C.)*, Paris, Les Belles Lettres, 1997.

CORNELL (T. J.), *The Beginnings of Rome. Italy and Rome from the Bronze Age to the Punic Wars (c. 1000-264 BC)*, Londres-New York, Routledge, 1995.

GRANDAZZI (A.), *La Fondation de Rome : réflexion sur l'histoire*, Paris, Les Belles Lettres, 1991.

POUCET (J.), *Les Origines de Rome. Tradition et histoire*, Bruxelles, Facultés universitaires Saint-Louis, 1985.

–, *Les Rois de Rome : tradition et histoire*, Bruxelles, Académie royale de Belgique, 2000.

SMITH (Chr.), *Early Rome and Latium : Economy and Society c. 1000 to 500 BC*, Oxford-New York, Clarendon Press, 1996.

羅馬

COARELLI (F.), *Guide archéologique de Rome*, Paris, Hachette, 1994 (1re éd., Rome, 1980).

–, *Il Foro Romano. II. Periodo repubblicano e augusteo*, Rome, Quasar, 1985.

–, *Il Foro Boario dalle origini alla fine della Repubblica*, Rome, Quasar, 1988.

–, *Il Campo Marzio*, Rome, Quasar, 1997.

–, *Palatium. Il Palatino dalle origini all'impero*, Rome, Quasar, 2012.

GRANDAZZI (A.), *Urbs. Histoire de la ville de Rome des origines à la mort d'Auguste*, Paris, Perrin, 2017.

GROS (P.), *L'Architecture romaine du début du IIIe siècle av. J.-C. à la fin du Haut-Empire*, t. I, *Les Monuments publics*, Paris, 1996 ; t. II, *Maisons, palais, villas et tombeaux*, Paris, A. et J. Picard, 2001.

ZIOLKOWSKI (A.), *The Temples of Mid-Republican Rome and their Historical and Topographical Context*, Rome, L'Erma di Bretschneider, 1992.

體制

BOWMAN (A.), CHAMPLIN (E.) et al., *The Cambridge Ancient History*, vol. 10 : *The Augustan Empire, 43 BC-AD 69*, Cambridge, Cambridge University Press, 1996.

BOWMAN (A.), GARNSEY (P.) et al. (éd.), *The Cambridge Ancient History*, vol. 11 : *The High Empire, AD 70-192*, Cambridge, Cambridge University Press, 2000.

BOWMAN (A.), CAMERON (A.) et al. (éd.), *The Cambridge Ancient History*, vol. 12 : *The Crisis of Empire, AD 193-337*, Cambridge, Cambridge University Press, 2005.

CAMERON (A.), GARNSEY (P.), (éd.), *The Cambridge Ancient History*, vol. 13 : *The Late Empire, AD 337-425*, Cambridge, Cambridge University Press, 1997.

CHASTAGNOL (A.), *L'Évolution politique sociale et économique du monde romain de Dioclétien à Julien. La mise en place du régime du Bas-Empire (284-363)*, Paris, Société d'édition d'enseignement supérieur, 1995.

CHRISTOL (M.), *L'Empire romain du IIIe siècle. Histoire politique : de 192, mort de Commode, à 325, concile de Nicée*, Paris, Errance, 1997.

CROOK (J.), LINTOTT (A.) et al. (éd.), *The Cambridge Ancient History*, vol. 9 : *The Last Age of the Roman Republic, 146-33 BC*, Cambridge, Cambridge University Press, 1994.

DAVID (J.-M.), *La République romaine, de la deuxième guerre punique à la bataille d'Actium (218-31) : crise d'une aristocratie*, Paris, Seuil, 2000.

JACQUES (F.), SCHEID (J.), *Rome et l'intégration de l'Empire (44 av. J.-C.-260 apr. J.-C.)*, t. I., *Les Structures de l'Empire romain*, Paris, PUF, 1990.

LE ROUX (P.), *Le Haut-Empire romain en Occident d'Auguste aux Sévères*, Paris, Seuil, 1998.

LEPELLEY (C.) (éd.), *Rome et l'intégration de l'Empire*, t. II, *Approches régionales de Haut-Empire romain*, Paris, PUF, 1998.

MILLAR (F.), *Rome, the Greek World, and the East*, vol. 2, *Government, Society and Culture in the Roman Empire*, Chapel Hill, University of North Carolina Press, 2004.

NICOLET (Cl.), *L'Inventaire du monde. Géographie et politique aux origines de l'Empire romain*, Paris, Fayard, 1988.

–, *Le Métier de citoyen dans la Rome républicaine*, Paris, Gallimard, 1976.

–, *Rome et la conquête du monde méditerranéen (264-27 avant J.-C.)*, t. I, *Les structures de l'Italie romaine*, Paris, PUF, 2001 (10e éd.) ; t. II, *Genèse d'un empire*, Paris, PUF, 1993 (4e éd.).

SYME (R.), *La Révolution romaine*, Paris, Gallimard, 2016.

WALBANK (F.), ASTIN (A.) et al. (éd.), *The Cambridge Ancient History*, vol. 7, *The Rise of Rome to 220 BC*, Cambridge, Cambridge University Press, 1990 ; vol. 8, *Rome and the Mediterranean to 133 BC*, Cambridge, Cambridge University Press, 1989.

城邦

CHRISTOL (M.), *Une histoire provinciale. La Gaule narbonnaise de la fin du IIe siècle av. J.-C. au IIIe siècle apr. J.-C.*, Paris, Publications de la Sorbonne, 2010.

FERRARY (J.-L.), *Philhellénisme et impérialisme. Aspects idéologiques de la conquête romaine du monde hellénistique*, Rome, École française de Rome, 1988.

HELLER (A.), « Domination subie, domination choisie : les cités d'Asie Mineure face au pouvoir romain, de la République à l'Empire », *Pallas, revue des études antiques*, no 96, 2014, p. 217-232.

HURLET (F.) (dir.), *Rome et l'Occident. Gouverner l'Empire (IIe siècle av. J.-C.-IIe siècle apr. J.-C.)*, Rennes, Presses universitaires de Rennes, 2009.

JACQUES (F.), *Le Privilège de liberté. Politique impériale et autonomie municipale dans les cités de l'Occident romain (161-244)*, Rome, École française de Rome, 1984.

–, *Les Cités de l'Occident romain*, Paris, Les Belles Lettres, 1990.

LE ROUX (P.), *La Péninsule Ibérique aux époques romaines, 206 av. J.-C-409 apr. J.-C.*, Paris, A. Colin, 2010.

–, *Romains d'Espagne. Cités et politique dans les provinces*, Paris, A. Colin, 1995.

MILLAR (F.), *Rome, the Greek World, and the East*, t. I., *The Roman Republic and the Augustan Revolution*, Chapel Hill, University of North Carolina Press, 2002.

–, *The Roman Near East (31 BC-AD 337)*, Cambridge (États-Unis), Harvard University Press, 1993.

社會

ANDREAU (J.), DESCAT (J.), *Esclave en Grèce et à Rome*, Paris, Hachette

Littératures 2006.

DUMONT (J.-C.), *Servus. Rome et l'esclavage sous la République*, Rome, École française de Rome, 1987.

GIARDINA (A.) (éd.), *L'Homme romain*, Paris, Seuil, 1992.

GIARDINA (A.), SCHIAVONE (dir.), *Società romana e produzione schiavistica*, vol. I., *Italia insediamenti forme economiche* ; vol. 2, *Merci, mercati e scambi nel Mediterraneo* ; vol. 3, *Modelli etici, diritto e trasformazioni sociali*, Rome-Bari, Editori Laterza, 1981.

GOUREVITCH (D.), RAEPSAET-CHARLIER (M.-Th.), *La Femme dans la Rome antique*, Paris, Hachette Littératures, 2001.

VEYNE (P.), *Le Pain et le Cirque*, Paris, Seuil, 1976.

—, *La Société romaine*, Paris, Seuil, 2001.

皇帝

MILLAR (F.), *The Emperor in the Roman World*, 31 BC-AD 337, New York, Cornell University Press, 1977.

SPEIDEL (M.), *Riding for Caesar : The Roman Emperors' Horse Guards*, Londres, Batsford, 1994.

宗教

BEARD (M.), NORTH (J.) et al., *Religions of Rome*, vol. 1, *A History* ; vol. 2, *A Sourcebook*, Cambridge, Cambridge University Press, 1998 (trad. française, Paris, Picard, 2006).

BERTHELET (Y.), *Gouverner avec les dieux. Autorité, auspices et pouvoir, sous la République romaine et sous Auguste*, Paris, Les Belles Lettres, 2015.

CUMONT (Fr.), *Les Religions orientales dans le paganisme romain*, Bruxelles, Institut historique belge (1re éd. 1906).

DUMÉZIL (G.), *La Religion romaine archaïque*, Paris, Payot, 1987 (2e éd.).

FISHWICK (D.), *The Imperial Cult in the Latin West. Studies in the Ruler Cult of the Western Provinces of the Roman Empire*, vol. 1, Part 1-2, Leyde, Brill, 1987 ; vol. 2, Part 2.2, Leyde, Brill, 1991-1992 ; vol. 3, *Provincial Cult. Part 1 : Institutions and Evolution. Part 2 : The Provincial Priesthood. Part 3 : The Centre. Provincial Cult. Part 4 : Bibliography, Indices, Addenda*, Leyde, Brill, 2002-2005.

FOX-LANE (R.), *Païens et chrétiens. La religion et la vie religieuse dans l'Empire romain de la mort de Commode au concile de Nicée*, Toulouse, Presses universitaires du Mirail, 1997.

FRASCHETTI (A.), *Rome et le prince*, Paris, Belin, 1994.

GRAF (F.), *La Magie dans l'Antiquité gréco-romaine*, Paris, Les Belles Lettres, 1994.

MARAVAL (P.), MIMOUNI (S. C.) et al., (éd.), *Le Christianisme des origines à Constantin*, Paris, PUF, 2006.

MITCHELL (M.), YOUNG (F.) (éd.), *The Cambridge History of Christianity*, vol. 1, *Origins to Constantine*, Cambridge, Cambridge University Press, 2006.

SCHEID (J.), « D'indispensables "étrangères". Les rôles religieux des femmes à Rome », in DUBY (G.), PERROT (M.) (éd.), *Histoire des femmes en Occident*, t. I, *L'Antiquité*, dirigé par SCHMITT-PANTEL (P.), Paris, Plon, 1991, p. 405-437.

—, « Les rôles religieux des femmes à Rome. Un complément », in FREI-STOLBA (R.), BIELMAN (A.), BIANCHI (O.) (éd.), *Les Femmes antiques entre sphère privée et sphère publique*, Berne, P. Lang, 2003, p. 137-151.

—, *La Religion des Romains*, Paris, A Colin, 2017 (3e éd.).

TURCAN (R.), *Mithra et le mithriacisme*, Paris, 1993.

VAN HAEPEREN (Fr.), « Les acteurs du culte de *Magna Mater* à Rome et dans les provinces occidentales de l'Empire », in BENOIST (St.), DAGUET-GAGEY (A.) et al. (éd.), *Figures d'empire, fragments de mémoire*, Villeneuve-d'Ascq, Septentrion, 2011, p. 467-484.

經濟

ANDREAU (J.), *L'Économie du monde romain*, Paris, Ellipses, 2010.

—, *La Vie financière dans le monde romain : les métiers de manieurs d'argent : IVe siècle av. J.-C.-IIIe siècle apr. J.-C.*, Rome, École française de Rome, 1987.

NICOLET (C.), *Censeurs et publicains. Économie et fiscalité dans la Rome antique*, Paris, Fayard, 2000.

—, *Rendre à César. Économie et société dans la Rome antique*, Paris, Gallimard, 1988.

SCHEIDEL (W.), MORRIS (I.) et al. (éd.), *The Cambridge Economic History of the Greco-Roman World*, Cambridge, Cambridge University Press, 2007.

TENNEY (F.), *An Economic Survey of Ancient Rome*, vol. 1, *Rome and the Italy of the Republic*, Baltimore, The John Hopkins Press, 1933 ; vol. 5, *Rome and Italy of the Empire*, Baltimore, The John Hopkins Press, 1940.

軍隊

COSME (P.), *L'Armée romaine, VIIIe siècle av. J.-C.-Ve siècle apr. J.-C.*, Paris, A. Colin, 2012.

ERDKAMP (P.), *Companion to the Roman Army*, Oxford, Blackwell, 2011.

LE BOHEC (Y.), *L'Armée romaine en Afrique et en Gaule*, Stuttgart, F. Steiner, 2007.

LE ROUX (P.), *L'Armée romaine et l'organisation des provinces ibériques d'Auguste à l'invasion de 409*, De Boccard, Paris, 1982.

NICOLET (C.), « Les guerres puniques », in NICOLET (C.), *Rome et la conquête du monde méditerranéen*, 1997, PUF, p. 594-626.

REDDÉ (M.), SCHNURBEIN (S. von) (éd.), *Alésia et la bataille du Teutoburg : un parallèle critique des sources*, Ostfildern, Thorbecke, 2008.

—, *Alésia : fouilles et recherches franco-allemandes sur les travaux militaires romains autour du Mont-Auxois (1991-1997)*, t. I, *Les Fouilles* ; t. II, *Le Matériel* ; t. III, *Planches hors texte*, Paris, Institut de France, 2001.

REDDÉ (M.), *Mare nostrum. Les infrastructures, le dispositif et l'histoire de la marine militaire sous l'Empire romain*, Rome, École française de Rome, 1986, p. 5-737.

SOUTHERN (P.), *The Roman Army. A Social and Institutional History*, Oxford, ABC-CLIO, 2007.

文化

INGLEBERT (H.) (dir.), *Histoire de la civilisation romaine*, Paris, PUF, 2005.

MILLAR (F.), *Rome, the Greek World, and the East*, t. II, *Government, Society and Culture in the Roman Empire*, Chapel Hill, University of North Carolina Press, 2004.

國家圖書館出版品預行編目資料

用資訊圖表讀懂古羅馬／約翰‧施德（John Scheid），米蘭‧梅洛可（Milan Melocco）著；尼可拉‧吉耶哈（Nicolas Guillerat）繪；
洪夏天譯. -- 初版. -- 臺北市：商周出版，2021.10
　面；　公分. -- (漫遊歷史；25)
譯自：Infographie de la Rome Antique
ISBN 978-626-7012-64-2(平裝)

1.古羅馬 2.歷史 3.圖表

740.22　　　　　　　　　　　　　110013193

線上版讀者回函卡

漫遊歷史25

用資訊圖表讀懂古羅馬

作　　　者／約翰‧施德（John Scheid）、米蘭‧梅洛可（Milan Melocco）
資 料 設 計／尼可拉‧吉耶哈（Nicolas Guillerat）
譯　　　者／洪夏天
企 劃 選 書／羅珮芳
責 任 編 輯／羅珮芳
版　　　權／黃淑敏、吳亭儀、江欣瑜
行 銷 業 務／周佑潔、黃崇華、張媖茜
總 編 輯／黃靖卉
總 經 理／彭之琬
事 業 群
總 經 理／黃淑貞
發 行 人／何飛鵬
法 律 顧 問／元禾法律事務所王子文律師
出　　　版／商周出版
　　　　　　台北市104民生東路二段141號9樓
　　　　　　電話：(02) 25007008　傳真：(02)25007759
　　　　　　E-mail:bwp.service@cite.com.tw
發　　　行／英屬蓋曼群島商家庭傳媒股份有限公司城邦分公司
　　　　　　台北市中山區民生東路二段141號2樓
　　　　　　書虫客服服務專線：02-25007718；25007719
　　　　　　服務時間：週一至週五上午09:30-12:00；下午13:30-17:00
　　　　　　24小時傳真專線：02-25001990；25001991
　　　　　　劃撥帳號：19863813；戶名：書虫股份有限公司
　　　　　　讀者服務信箱：service@readingclub.com.tw
　　　　　　城邦讀書花園：www.cite.com.tw
香港發行所／城邦（香港）出版集團
　　　　　　香港灣仔駱克道193號東超商業中心1F E-mail: hkcite@biznetvigator.com
　　　　　　電話：(852) 25086231　傳真：(852) 25789337
馬新發行所／城邦（馬新）出版集團【Cite (M) Sdn Bhd】
　　　　　　41, Jalan Radin Anum, Bandar Baru Sri Petaling,
　　　　　　57000 Kuala Lumpur, Malaysia.
　　　　　　電話：(603) 90578822　傳真：(603) 90576622
　　　　　　Email: cite@cite.com.my

封 面 設 計／徐璽設計工作室
內 頁 排 版／陳健美
印　　　刷／中原造像股份有限公司
經　　　銷／聯合發行股份有限公司
　　　　　　地址：新北市231新店區寶橋路235巷6弄6號2樓
　　　　　　電話：(02)2917-8022　傳真：(02)2911-0053

■2021年10月14日初版　　　　　　　　　　　　　　　　Printed in Taiwan

定價650元

城邦讀書花園
www.cite.com.tw

Infographie de la Rome antique
© Passes / Composes / Humensis, Infographie de la Rome antique, 2020.
Complex Chinese Translation copyright © 2021 by Business Weekly Publications, a division of Cité Publishing Ltd.
All rights reserved